地　产
数智化经营

爱德地产研究院 ◎ 编著

中信出版集团 | 北京

图书在版编目（CIP）数据

地产数智化经营／爱德地产研究院编著 . -- 北京：
中信出版社，2020.12
ISBN 978-7-5217-2584-1

Ⅰ . ①地… Ⅱ . ①爱… Ⅲ . ①房地产企业 – 企业经营
管理 – 决策支持系统 – 研究 Ⅳ . ① F293.34-39

中国版本图书馆 CIP 数据核字（2020）第 252988 号

地产数智化经营

编 著 者：爱德地产研究院
出版发行：中信出版集团股份有限公司
　　　　　（北京市朝阳区惠新东街甲 4 号富盛大厦 2 座　邮编　100029）
承 印 者：北京启航东方印刷有限公司

开　　本：787mm×1092mm　1/16　　　印　张：26.5　　　字　数：317 千字
版　　次：2020 年 12 月第 1 版　　　印　次：2020 年 12 月第 1 次印刷
审 图 号：GS（2016）2923 号
书　　号：ISBN 978-7-5217-2584-1
定　　价：98.00 元

《地产数智化经营》编委会

总　编：马玉冰　　张松涛

主　编：姜皓天

编　委：黄　平　　廖　焰　　黄永福　　郑文婕　　蔡　丽

　　　　林雨欣　　吴婧涵　　周　希　　曾富荣　　丁国荣

　　　　史　欢　　吕　娜

顾　问：高　阳　　高建忠　　郭清军　　徐海波　　魏　庚

　　　　朱江峰　　孙赫俊　　徐新军　　蔺　鑫

目 录

理念篇 ⟶ 039

第四章 / 041
预见性经营决策 4P 体系，为经营决策服务

第一节
房企经营预测三要素 ___042

第二节
爱德地产的 4P 经营逻辑 ___043

第五章 / 049
预测：把业务经验沉淀为数据测算模型

第一节
业务预测识别销售与利润风险 ___050

第六章 / 075

预演：从战略目标到业务运营的场景化推导

第七章 / 101

预警：经营过程风险的预先识别与控制

案例篇 ———➔ 159

第十二章 / 237

预控案例：4 000 亿级多元化 V 企的目标预控与在线激励

数据篇 ——→ 343

第十六章 / 345

四大都市圈核心城市发展趋势分析

第十七章 / 361
前 10 强房企经营指标趋势分析

第十八章 / 381
15 家标杆房企运营指标趋势分析

第一节
核心能力指标趋势 ____382

第二节
十大房企运营指标参考 ____393

后记 / 403
万亿时代的数智化起点

序

2019 年爱德地产研究院出版的《地产新管理》获得了较多地产同人的好评。当时，我们的焦点还在于，统筹做好纵向的业务条线管理，同时在业务管理之上用大运营的思路来关注经营目标的实现。我们致力于用数字化手段打通业务与经营的管理通道，让地产经营管理更具智慧。

2020 年虽然有疫情影响，我们依然完成了诸多 50 强企业的数智化运营平台建设，辅助房企在战略测算、经营分析、风控预警、动态货值、投测模型等方面进行有益的探索，并提炼出运营管理数字化转型中急需关注和实现的核心要素——管理的"预见性"。

我们总结出"预测（prospect）、预演（preview）、预警（pre-alert）、预控（pre-control）"的"预见性经营决策 4P 体系"，即如何即时或定期地基于过去已发生情况和当下环境对未来进行预测，对经营管理场景进行预演，及时发现问题和预警风险，自动归因寻找风险产生的源头，推动管理层采取预控手段防患于未然，达到"数字化运营管理推动智慧化经营决策"的目的。

尽管大运营的思想在各地产企业已经被"念念碎"，但是极少有企业高管能够真正在"大屏"上看到实时的、及时更新的、真实可靠的企业经营动态数据和业务运营动态信息。各企业职业团队通过线上、线下的努力，去采集数据、搜集信息、填写大量的数据指标，还是摆脱不了数据不接轨、经营指标与业务运营严重脱节等现状。我们认为其核心问题无外乎以下几点：企业有数据，但可用、能被用好的数据不多；对未来的数据预测没依据，基本靠拍脑袋；经营测算模型不能贴近企业自身的业务运营能力，更不能根据项目进度及时调整计算粒度和深度，很多企业还依赖 Excel（电子表格软件）来建模，无法实现多项目、多数据、多维度实时运算和深度协同。

爱德地产研究院按照自己的"数据化智慧化"发展规划，跟随地产行业的步伐，将以每年一本书的节奏向地产圈朋友汇报我们在地产数字化运营管理实践中的进步。我们希望以此方式提炼总结大家的宝贵经验，提出行业遇到的共性问题，与大家一起探讨更好的、与时代并轨的解决方案，让数字化真正助力地产行业的转型和腾飞。

为此，我们在本书中通过对已实践案例的解读、分享，对行业共性进行总结、提炼，详细阐述"预见性经营决策 4P 体系"的内容、做法、价值和实现手段。本书解读如何用"人工智能"实现经营管理，通过"数据—建模—运算"三部曲，来实现地产企业经营管理的"可预见"。我们希望借此达到地产企业间共享经验、共同应对和解决问题、共同提升的目的。

爱德数智根据中国地产企业用户的应用习惯和喜好，自主开发出"地产企业数智化运营管理平台"（2.0 版）。该平台在 20 多家地产企业的数字化运营实践中不断完善，实现了主数据管理、数据治理、数据对接、建模预测、秒级运算、敏感性分析、预警寻源、动态 BI（商业智能）展示等功能。同时，我们也在总结诸多标杆企业经验的基础上，总结行业规律，提炼各类经营和运营指标合理阈值，为诸多中小型房企提供了业务数据化、数据治理等方面的业务梳理咨询服务，助力它们实现"地产经营管理智慧化"的企业愿景。

我们要共同努力从当下做起，开拓"预见性管理"的手段和能力，顺畅联通现在和未来，立足当下，创造更好的明天！

爱德地产研究院学术委员会主任　张松涛

1

趋势篇

外部市场环境与经济走势，内部房地产行业的高规模与高聚集度，都决定了行业的发展进入低增长期。房企的权益净利也进入低增长周期，甚至出现下滑。房企向管理要效益已经成为必然。

如何评价房企的运营管理能力，用什么样的手段才能提高企业和项目的运营能力，如何用有限的资源为企业和社会创造更大的价值，是时下大家关心和发力的焦点。

第一章

环境分析：房地产行业进入低增长周期

研究发现，城镇化的提升、人口的增长、土地的成交，均进入了新的低速增长区间。这些因素严重限制了房地产行业发展的增速和利润空间。

从量价周期走势来看，房地产行业进入了低增长、长跨度的时代。在全国商品房销售增速下滑前提下，房企的战略布局需要更加谨慎。

第一节 宏观环境分析：人口与城镇化的推动力在减弱

本节从人口、城镇化、土地供应等直接影响因素进行分析，研究房地产行业未来发展的走势。

一、人口增长持续走低，将进入 0.3% 的低速新区间

城市的发展建设需要人口支撑，人口的增长将影响房地产市场需求的变化。

如图 1-1 所示，2019 年我国人口已接近 14 亿，但从总体来看，近年总人口的增长速度呈现下降趋势，其中 2015—2016 年人口增速出现回升主要是因为二孩政策的全面放开。

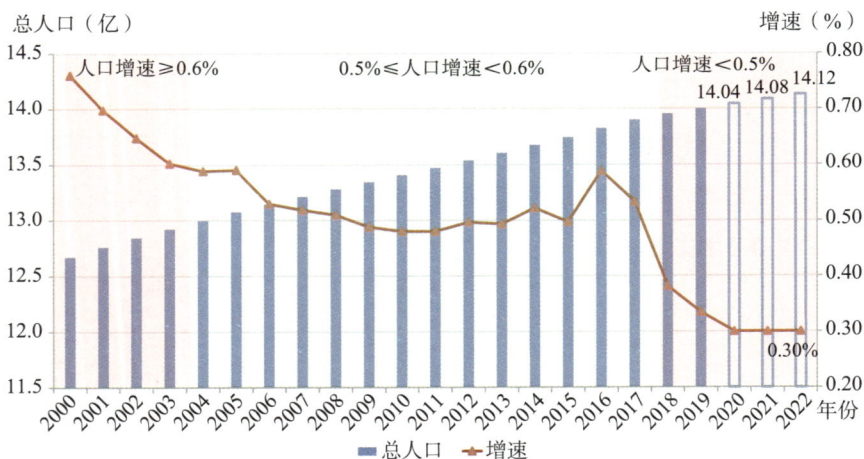

图 1-1 总人口及增速走势

数据来源：Wind[1]。

---

[1] Wind 是一家金融数据和分析工具服务商，总部位于上海。——编者注

2000—2004 年，总人口小于 13 亿，人口平均增速约 0.7%，处于高速增长阶段；

2004—2017 年，总人口实现一个亿的增长，人口平均增速约 0.5%，保持中速增长；

2018 年以后，总人口跨越到 14 亿，人口增速进一步放缓，进入低速增长时期。

目前，我国人口已处于新的增速区间，若按照平均增速 0.3% 测算，2020—2022 年总人口将分别为 14.04 亿、14.08 亿、14.12 亿。总体来看，低速增长时期的平均增速比中速时期的平均增速下降了 40%。

人口增速的下降，将长期削弱人们对房屋的购买需求。

二、城镇化率平均增速将降低至 1% 左右

2019 年，中国城镇化率突破 60%，相较 2018 年上涨一个百分点。但与美、日、英、法等发达国家基本已达 80% 的城镇化率相比，中国在城镇化道路上仍有较大的增长空间（见表 1–1）。

根据发达国家城镇化的发展经验，城镇化率达到 70% 之后，进程将会明显放缓。相较于城镇化水平较高的发达国家来说，当前实现 60.6% 城镇化的中国仍处于有较强发展动力的区间。

表 1–1　中国与主要发达国家城镇化率对比

年份	中国	美国	英国	法国	日本
2003	40.53%	79.58%	79.34%	76.63%	83.20%
2010	49.95%	80.77%	81.30%	78.37%	90.81%
2018	59.58%	82.26%	83.40%	80.44%	91.62%

自 2001 年以来，中国城镇化率稳步提升，但其增长速度总体上呈现下降的趋势。根据城镇化率的不同阶段划分，我们发现：2019 年中国

城镇化率增长速度再创历史新低，进入一个缓慢发展的新阶段，未来中国的城镇化更注重"质"，而非"量"。

2003—2010 年，城镇化率实现 40% ~ 50%，平均增速为 3.1%，处于高速增长阶段；

2011—2018 年，城镇化率实现 50% ~ 60%，平均增速为 2.2%，处于中速增长阶段；

自 2019 年起，城镇化率迈向 60%，增速进一步放缓，中国的城镇化水平进入低速增长阶段。

从高速增长阶段到中速增长阶段，平均增速下跌了约 30%；2019年，我国已进入城镇化率低速增长期，2022 年城镇化率将达到 63.6%（见图 1-2）。

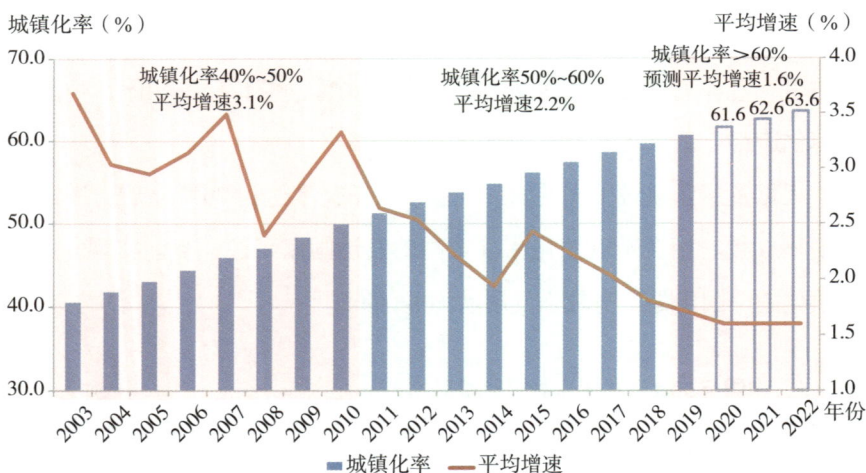

图 1-2　中国城镇化率增长速度走势

数据来源：Wind。

国家新型城镇化建设重点任务要求：将继续高质量地推进城镇化，实现常住人口和户籍人口城镇化率年均提高一个百分点以上；在优化城镇化布局形态方面，将深入推进城市群发展，构建现代化都市圈，推动大中小城市协调发展。

我国持续推进的城镇化进程，将对房地产行业提供有力的支撑。

三、土地成交体量将保持在 4% 的低速增长区间

土地市场是楼市的基础，同样也是判断房地产市场未来趋势的风向标。下面我们从土地成交面积维度，探讨低增长时代各城市土地市场的未来走势。

近 10 年，100 个大中城市（以下简称"百城"）住宅类土地成交面积的走势经历了三个阶段，由负增长转向正增长，并逐步趋向平稳：

2010—2012 年，百城土地成交量由 8.0 亿平方米降到了 6.6 亿平方米，平均增速约 –9%；

2013—2016 年，百城土地成交量由 8.4 亿平方米降至 4.5 亿平方米，平均增速约 –15%；

2017—2019 年，百城土地成交量已回升至 6.3 亿平方米，平均增速达 7%。

在"房住不炒"的基调下，维护楼市供需关系是关键，而土地成交量的稳定增长是对楼市供给端的有力支撑。根据近 10 年百城土地成交面积平均增长速度（4%）来测算，2020—2022 年百城住宅类土地成交面积将实现 6.5 亿平方米、6.7 亿平方米、7.0 亿平方米。我们预计，下一阶段的土地成交面积将维持低速增长趋势（见图 1–3）。

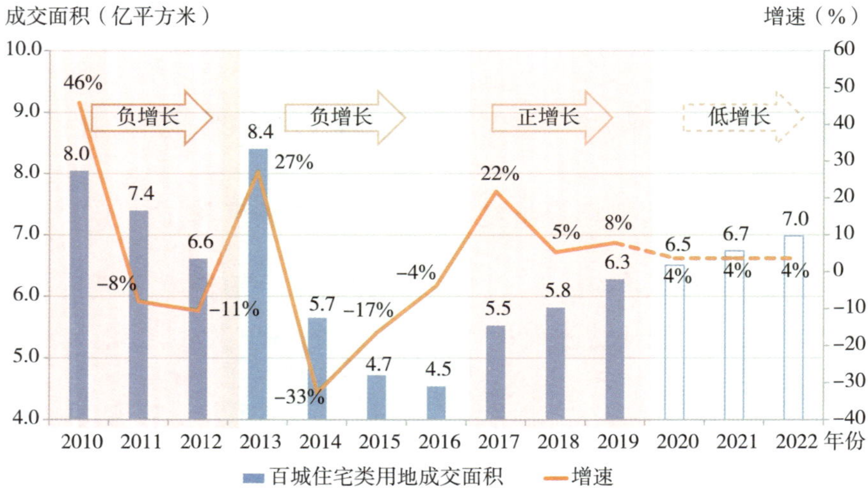

图1-3　百城住宅类用地成交面积走势

数据来源：Wind。

第二节　行业分析：量价全面进入低增长阶段

在对地产行业的直接影响因素进行初步分析的基础上，我们再从房地产量价指标来研究地产行业本身的发展态势。

一、销售面积累计增长：峰值更低，周期更长

自2008年以来，全国商品房销售面积累计同比增长历经了三个周期。周期的峰值在逐步降低，周期的跨度在不断拉长。

2008年12月—2012年3月，历时约3.5年，峰值达53%；

2012年4月—2015年2月，历时约3年，峰值达50%；

2015年3月—2020年，历时约5年，峰值达37%。

上一轮的下降周期被显著拉长，房地产销量持续低增长。这其中主要有两层原因：第一是，供给侧改革促进楼市稳定健康发展；第二是，

棚改货币化安置比例提升，拉动销量，减缓了销量的周期性下降趋势。

销量的增减变化是楼市调控的参考指标之一。当前是新一轮周期的开始，在"房住不炒"的基调下，2020 年四季度～2021 年一季度，商品房销量将恢复正常水平（见图 1-4）。

图 1-4　全国商品房销售面积累计同比

二、未来三年商品房销售面积或将持续负增长

如图 1-5 所示，自 2016 年高点转向后，商品房销售面积一直保持低速增长走势，2018—2019 年其同比增速接近零；2020 年上半年，全国商品房销售面积达到 6.9 亿平方米，同比下降了 8%。

中科院预测，2020 年全国商品房成交均价增速为 6.1%。由于楼市政策调控仍然维稳，难以出现较大程度的放松，按此增速预测可得，2020—2022 年全国商品房成交均价分别为 9 878 元 / 平方米、10 481 元 / 平方米、11 120 元 / 平方米。根据销售额、销售均价计算销售面积，2020—2022 年的销售面积将分别为 16.7 亿平方米、16.6 亿平方米、16.4 亿平方米。

销售面积（亿平方米）　　　　　　　　　　　　　　同比增速（%）

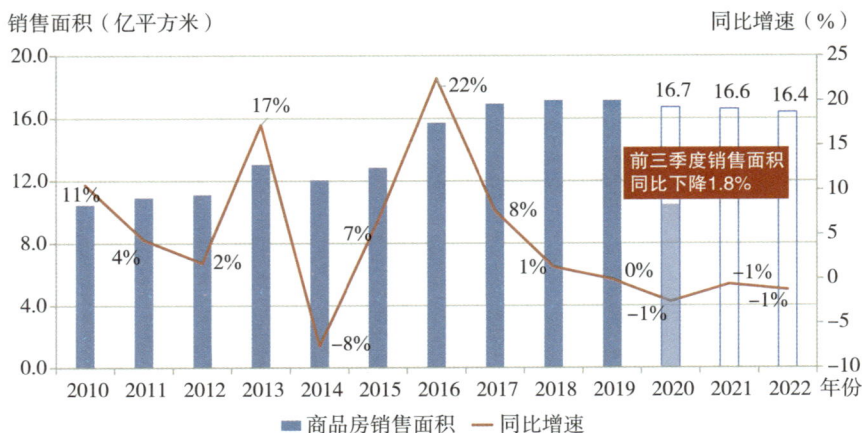

注：销售面积 = 销售额 / 销售均价。

图 1-5　全国商品房销售面积走势及预测

数据来源：Wind。

三、全国商品房销售额增长放缓

在近年政策调控下，楼市趋于平稳发展，2017—2019 年全国商品房成交额保持年均 11% 的增长。受疫情影响，2020 年上半年的商品房成交额为 6.7 万亿元，同比减少 5%，销售市场短期将承压。

如图 1-6 所示，商品房销售额增速与个人住房贷款余额增速存在明显的相关关系，其变动幅度相近。因此，根据个人住房贷款余额的未来走势预测，2020—2022 年全国商品房销售规模将分别达到 16.5 万亿元、17.4 万亿元和 18.2 万亿元。

四、房价指数将降低至 5% 以下

2016 年以前，房地产行业政策调控主要针对整体房价水平，与百城住宅价格指数走势基本吻合。

2016 年以后，在因城施策背景下，百城价格指数走势波动较大。整体来看，2016 年房价飞涨，随后限价政策出台，房价指数转向，出现下跌；2018年年中，限价转向稳价，总体房价走势趋向平稳，但热点一、二线城市的政策敏感性更强，限价的放开推动其房价指数出现小幅上涨。

销售额（万亿元）　　　　　　　　　　　　　　　　　　　　　　增速（%）

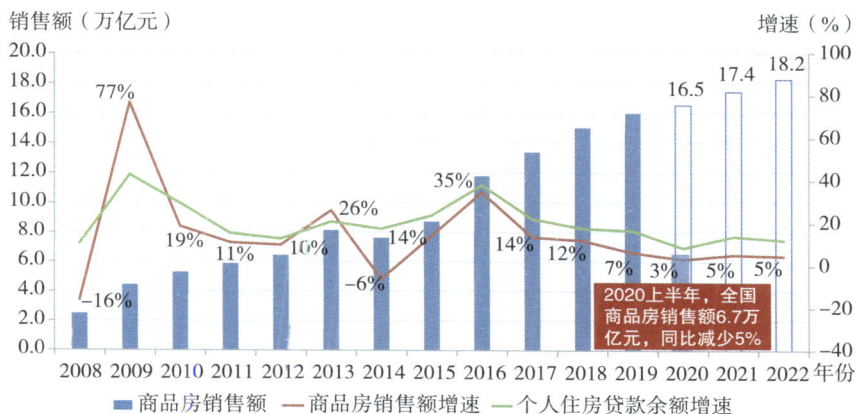

图1-6　全国商品房销售金额走势及预测

数据来源：Wind。

　　自2019年下半年以来，百城住宅价格指数随着"六稳"工作的逐步落实，房价水平将维持在5%以下的低速增长区间（见图1-7）。

百城价格指数

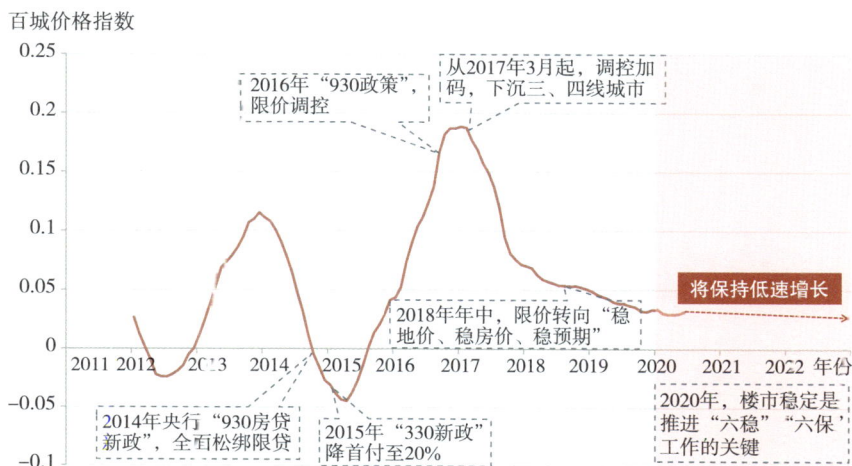

图1-7　百城住宅价格指数

链接

更详细的人口、城镇化、土地成交趋势分析及城市分析简易模型，请参考第十六章。我们将从城市群角度出发，选取20个样本城市，建立"城镇化—人口流入—土地出让"模型，展现每个城市不同指标的走势，并由此分析样本城市的投资价值，为房企提供更多参考借鉴。

第二章

经营分析：房企权益净利持续低增长

本章从房企的权益净利出发，通过对权益净利的指标结构和子指标的研究，深入挖掘和梳理房企的年报数据，简要分析前10强房企的经营实力，并阐述指标体系的运用场景，为经营者评判过去、衡量现在和预测未来提供新的思路，也为行业提供一个可供参考的企业对标维度。

基础数据来源于 2009 年以来 A 股上市房企年报。

第一节　利润为王：权益净利是房企经营决策更核心的指标依据

作为衡量房企经营能力的更核心指标，权益净利在延续了权益销售收入强调权益和当年销售情况特点的基础上，还引入了净利润率来反映企业的赢利能力。

对于房企股东来说，能体现出股东收益的指标才是关键指标，因此权益利润在反映企业经营能力上比收入指标更硬核。无论销售规模有多大，房企最终为股东创造更多的利润才更具投资价值，才更能被资本市场认可。

目前，行业内通常用于衡量企业经营能力的营业收入和销售收入指标，在实践中存在着一定的片面性。由于房企先预售再结算的特点，报表中披露的营业收入数据对于洞察房企经营状况有 1 ~ 2 年的滞后性。因此，销售收入并不能真实地反映出房企股东视角下的实际销售额。

一、权益净利指标体系的价值与修正逻辑

权益净利可以拆分成净资产、资产产出率、权益乘数和净利润率四个指标。全方位解读这些指标带来的综合优势和增长潜力，可以为分析企业权益净利增长提供一个新的思路（见图 2-1）。

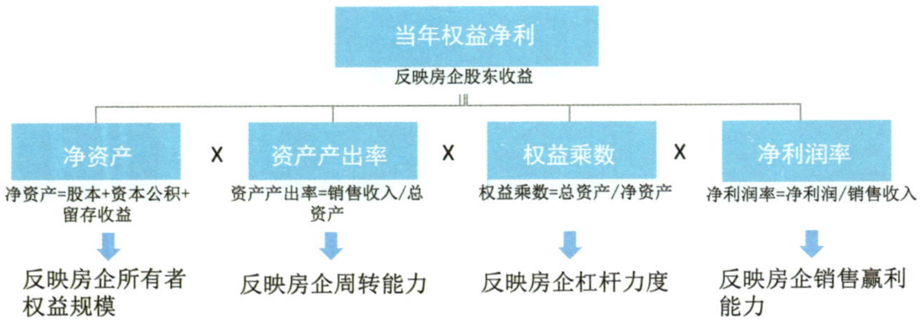

图 2-1　权益净利指标拆解

完整版权益净利计算公式与 ROE（净资产收益率）指标的计算过程类似，可视作是 ROE 的一个衍生公式。与 ROE 相比，权益净利更加强调以下三个因素。

1. 强调净资产的规模价值

对于房企而言，"家底厚、实力强"是硬道理，净资产是房企发展的根基和资本。净资产规模越大，对权益净利的贡献程度越高。

2. 强调以当年销售收入计算的资产周转率

权益净利率与总资产周转率的计算原理相同，它们都能反映企业的周转能力，它们最大的区别在于，权益净利率的计算过程中将"营业收入"替换成了"当年销售收入"。当年销售收入更加精准、及时地反映出房企的周转能力。

3. 强调净利润率的时效性

为控制因数据错配而导致的偏差，及时反映企业当年的赢利能力，我们对销售净利的报表数据进行了时间维度的修正。

由于地产行业结转利润的滞后性，净利润由营业收入结算而来，而当年的营业收入通常来自两年前的销售额。因此，要想更准确地计算权益净利，我们必须对净利润率进行一定的修正。

为方便研究，我们以后两年的净利润率的均值代表当年的净利润率水平。因 2020 年的报表数据暂未披露，所以 2018—2020 年的修正净利润率实际上是个预测值。

二、权益净利进入中低速增长阶段

基于各项指标变化趋势和地产行业的实际情况分析，我们发现，自

2009 年以来，行业发展存在显著的四个周期（见图 2-2）。本节预测值是基于经济发展、行业周期、企业动能、财务属性等多重因素测算得出的。

图 2-2　A 股上市房企权益净利变化趋势图（单位：亿元）

数据来源：Wind。

周期 1：2009—2013 年，中速期，年均增速在 12% 以上。自 2008 年金融危机后，国家实行"4 万亿"的经济刺激政策，房价进入一个历史性的上涨期。行业资产产出率处于高位，杠杆倍数持续提升，但因土地和资金成本的上升，以及随之而来的地产调控，行业净利润率大幅下滑。这一阶段的行业权益净利增幅较缓。

周期 2：2013—2017 年，高速期，年均增速达 39.4%。2013—2017 年，受惠于地产去库存政策的推动，地产行业的资产周转率、杠杆率、利润率全面处于提升阶段。权益净利增速出现 39.4% 的高度繁荣景象。

周期 3：2017—2020 年，低速期，年均增速下降到 10.8%。2017—2020 年，地产行业进入调控期，整体去杠杆趋势显著。房企周转减速，去杠杆明显，利润率下降，净资产增速减缓，从而导致行业权益净利增速下降到 10.8%。

周期 4：2020—2022 年，年均增速处于低谷期，跌破 10%。预计随着地产长效机制和去杠杆的持续推进，房企净资产、资产产出率和净利润率都较为稳定，但去杠杆将持续推进，本周期行业权益净利增速可能只有 9.5% 左右。

三、四项子指标的周期性变化趋势

根据行业发展的新周期特征，我们分别对构成权益净利的四大子指标进行拆解和趋势性分析，以此获得更加深入的洞察，从而更加精准地辅助经营决策。

1. 净资产进入最慢增长阶段

根据前三个周期的变化趋势和规律，并结合对未来货币政策、土地市场的预判以及疫情的考虑，我们预计 2020—2022 年净资产会以每年 12% 的增速上涨（见图 2-3）。

净资产（亿元）

图 2-3　A 股上市房企净资产变化趋势图

2. 资产产出率将维持高位波动

如图 2-4 所示，2020—2022 年，因为销售稳定、生产节奏加快，资产产出率将维持高位波动。

图 2-4　A 股上市房企资产产出率趋势图

3. 权益乘数将进入全面下降周期

考虑到地产长效机制下的产业调控政策与"三道红线"的具体要求，权益乘数将首次迎来显著的下降周期（见图 2-5）。

图 2-5　A 股上市房企权益乘数变化趋势图

根据前三个周期的变化影响因子推测，我们预计 2020—2022 年权益乘数会以每年 0.1 的幅度下降。

4. 销售净利润率将持续下降

从 2018 年开始，房地产行业正式进入白银时代。受制于地价和资金成本因素，房企的赢利空间逐渐被压缩。预计 2020—2022 年，房企净利润率仍将震荡下滑（见图 2-6）。

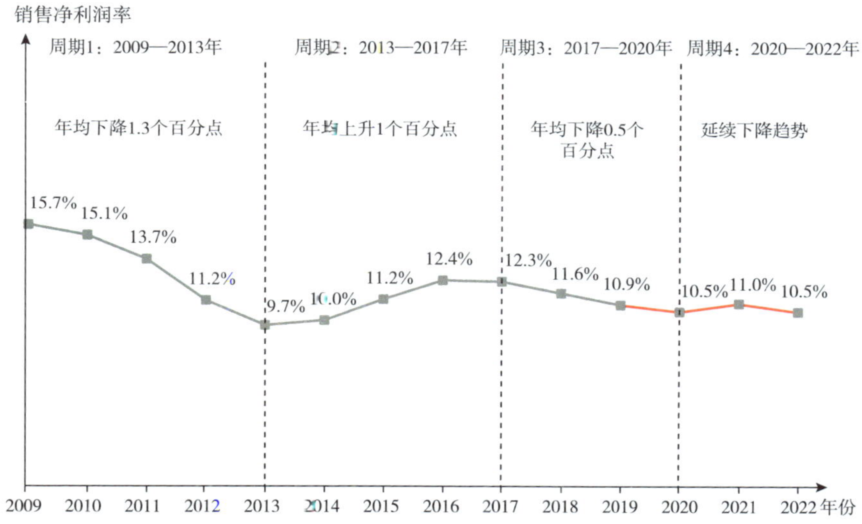

图 2-6　A 股上市房企销售净利润率变化趋势图

四、权益净利分析体系的四大应用场景

1. 战略层面：发现企业过去、现在和未来的增长动力

基于过去各项指标变化规律及行业周期性特点，我们可以相对科学地指导房企规划未来三年战略和经营计划。权益净利分析体系将房企当前的战略发展划分成四类：

规模优势战略：企业通过提高净资产来提高权益净利。这类企业重视净资产的保值增值，认为动态货值管理更加重要。

速度优势战略：企业通过提高资产产出率来提高权益净利。这类企业重视权益销售规模的增长，能制定出切实可行且具有一定挑战性的销售目标，并能适度控制拿地规模和合作项目的数量。

杠杆优势战略：企业通过提高权益乘数来提高权益净利，这类企业通常处于上升期。更大规模的举债经营可以为企业创造出更多价值，但是在行业去杠杆环境下，加杠杆的难度太大。

利润优势战略：企业通过提高净利润率来提高权益净利。这类企业重视成本和费用控制，深耕细作，发力利润型慢周转的项目，也会对产业进行多元化的布局，多方寻求新的利润增长点。

2. 经营层面：综合分析房企的经营能力

衡量企业核心的经营成果通常会用到权益净利指标，这一指标可以满足市场上全面分析企业资产规模、周转能力、杠杆力度以及赢利能力的需求。权益净利还通过对周转率和净利润率的修正，真实反映当年销售情况，从而成为当前衡量企业经营能力的核心指标。同时，结合权益净利分析体系划分的房企发展四大战略，房企还可编制相对应的投资计划、融资计划、销售计划和成本费用控制目标。

3. 运营层面：房企成长路径的合理切换

从一个战略维度到另一个战略维度，房企可以更加顺畅地切换不同发展周期下的运营策略。

从"杠杆优势"到"速度优势"：房企往往面临融资渠道和融资规模收紧时期，这个阶段的运营会更加注重效率和高质量的周转，以保证资金回笼。

　　从"速度优势"到"杠杆优势"：房企有时面临宽松的融资环境和高涨的市场需求，因此大量快速拿地，进而加大房企背后的杠杆规模。

　　从"规模优势"到"速度优势"：房企的运营实际处于去库存的时期，它们会将重点放在"高增长"上。一方面，房企通过谨慎拿地，减少投资失误；另一方面，房企通过快周转回笼资金。

　　从"均衡发展"到"规模优势"：在这种战略维度的切换场景下，房企可能面临着较大的融资风险和销售风险。为了保证未来充裕的可售项目，以及基于净资产具有保值增值作用的考虑，房企会减少对杠杆和周转的投入，发力净资产的增长，以此达到控制风险的目的。

4. 风控层面：均衡发展抗风险

　　"均衡发展"代表着企业全面稳健发展，是权益净利分析体系下最理想的发展状态。房企应根据行业的变化和自身的发展阶段，判断企业增长动力是否可持续，并分析其他指标增长的可能性，及时调整战略方向和运营策略，以实现四大战略指标共同发展。

总结

　　"杠杆—周转—规模—利润"体现了房企各项指标阶段性的推动作用。从成长期到稳定期，从加杠杆增长到寻求利润的增长点，构成了房企经营实力增长的完整闭环。

　　从权益净利对比分析的结果来看，单一指标对权益净利的推动作用始终有限，仅靠权益乘数带动不了现阶段的权益净利向更高水平和更高增速发展。

　　而权益净利水平始终在均值上方的企业，比如万科、碧桂园、中海和融创等，都在逐步调整发展模式，补齐短板，朝着更均衡的方向发展。因此，只有净资产、资产产出率、权益乘数、净利润率四项指标均衡发展，才能给权益净利带来更为稳定、持久的增长动力。

第二节　权益利润之争：前 10 强房企谁是未来的利润之王

本节在进一步拆解权益净利指标的基础上，通过对权益净利指标变化和预测的详细分析，找出前 10 强房企权益净利增长的关键性指标，并验证房企各项指标对其权益净利影响程度的相关结论。

需要指出的是，文中权益数据是根据研究需要对资产产出率和净利润率进行修正后测算得出的，与房企正式公布的净利总额和归属母公司的净利润都有较大出入，该数据不构成对房企的投资建议和权威评价。基础数据来自企业年报和 Wind 数据库。

一、趋势分析：中海超越房企三巨头

从 2017—2019 年前 10 强房企权益净利变化图（见图 2-7）来看，中海、碧桂园、万科、恒大、融创和保利的权益净利均维持在均值以上。根据图中增长的趋势，我们可以将前 10 强房企大致分为以下四类。

1. 快速增长类：由一项或多项指标加速增长所做出的贡献

在地产行业的下行周期，房企净利润率指标提升困难，快速增长类的房企多是因为净资产、资产产出率和权益乘数的一项或多项指标提升，从而获得权益净利的快速上升。

权益净利（亿元）

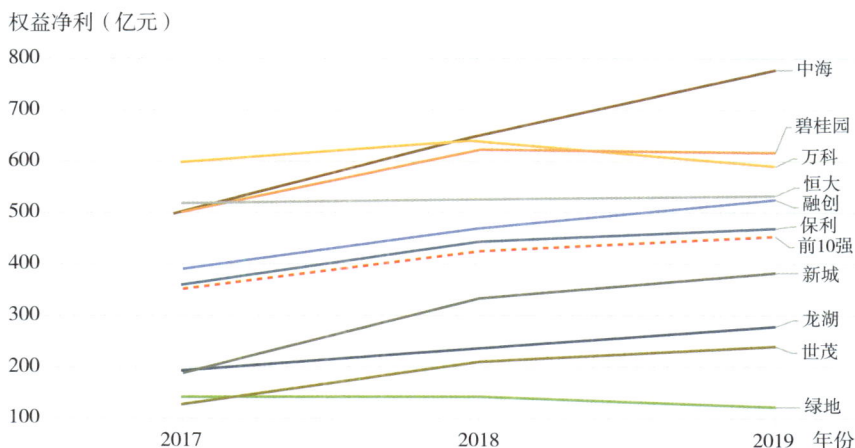

图 2-7 2017—2019 年前 10 强房企权益净利变化

中海：自 2017 年的第四名开始逐年上升，2019 年超越碧桂园成为第一。

融创：从 2017 年开始稳步提升，直至 2019 年其权益净利追赶上恒大。

新城：增速保持得不如前两家企业平稳，2017—2018 年的增长势头显著。

2. 平稳增长类：企业经营处于变革期，增长维度轮动，导致权益净利整体增长并不显著

以下四家房企，分别在负债降低、净资产提升、杠杆加大、周转提速等维度进行调整和转换。

恒大：2017—2019 年，权益净利稳中有进，上升幅度较小。

保利：2017—2018 年，权益净利增长速度加快，2018—2019 年增速放缓。

龙湖：2017—2019 年，权益净利上升幅度明显大于恒大。

世茂：与保利类似，其权益净利先加快增长后放缓脚步。

3. 先涨后跌类：单个或多个指标在逐步下降

受行业严厉调控的影响，此类房企的资产周转率和净利润率下降显著，对权益净利的影响逐步显现。万科在 2017 年权益净利排名第一，经过 2018 年小幅增长后，于 2019 年下跌至第三。碧桂园的权益净利在 2017—2019 年也经历了先涨后跌的轮换。

4. 整体下滑类：杠杆率和资产产出率双双下降

在四个影响因子中，权益乘数的优势逐渐消失，权益净利逐年下跌。绿地是此类房企的典型代表。

二、增长率分析：融创、碧桂园成为高基数、高增长的代表

如表 2-1 所示，前 10 强三年增长率均值为 22%，其中以融创为首的六家企业权益净利增长率高于均值。

表 2-1　前 10 强房企权益净利增长率均值

排名	企业	2017 年		2018 年		2019 年		三年增长率均值（%）
		数值（亿元）	增长率（%）	数值（亿元）	增长率（%）	数值（亿元）	增长率（%）	
1	融创	392	147	470	20	525	12	60
2	新城	192	64	334	74	382	15	51
3	世茂	128	44	211	64	240	14	41
4	碧桂园	501	68	622	24	617	−1	30
5	龙湖	194	46	240	24	279	16	29
6	保利	360	52	443	23	469	6	27
—	前 10 强房企三年均值	352	39	427	21	453	6	22
7	中海	501	1	651	30	778	19	17

（续表）

排名	企业	2017 年		2018 年		2019 年		三年增长率均值（%）
		数值（亿元）	增长率（%）	数值（亿元）	增长率（%）	数值（亿元）	增长率（%）	
8	万科	595	42	640	8	590	−8	14
9	恒大	513	12	520	0	533	3	5
10	绿地	143	22	144	1	122	−15	3

　　为了方便研究，我们以 2019 年权益净利的规模基数和 2017—2019 年的三年增长率均值对企业进行划分。规模小于 453 亿元为低基数，大于 453 亿元为高基数。三年增长率均值小于 22% 属于低基数、低增长，三年增长率均值大于 22% 属于高增长。

　　根据企业增长模式，我们将企业分为四大类。

1. 高基数、高增长：头部企业处于高速发展时期，净资产规模扩张快

　　融创：以 60% 的增长率占据榜首，得益于 2017 年权益净利增长 147%。这一年的融创，其净资产大幅增长 71%，推动权益净利的大规模上升。

　　碧桂园：三年增长率均值为 30%，排名第四。2017 年，碧桂园净资产增长 43%，带动当年权益净利上升 68%。

2. 低基数、高增长：第二梯队企业开始发力，资产产出率和净资产增长较快

　　第二梯队的企业基数较低，具备发展潜力和上升空间。三年增长率均值高，这说明企业拥有保持高增长的连续性。

　　新城：以 51% 的增长率排名第二，得益于 2018 年净资产增长 96%——推动当年权益净利上涨 74%。

　　世茂：三年增长率均值为 41%，排行第三，这是因为其 2018 年权

益净利提升64%。权益净利提升的背后是，当年资产产出率上涨41%。

龙湖：三年增长率均值为29%，排名第五。

3. 高基数、低增长：企业进入了调整期和稳定期

在高基数低增长的企业中，万科和恒大属于大型的龙头企业，它们已经进入低增长时期，增长率较低且保持平稳。中海表现持续稳健，尽管增长率较低，但是由于其基数较高，从而获得了较大增量，权益净利从第四逆袭到行业第一。

万科：三年增长率均值为14%，排行第八。

恒大：三年增长率均值仅为5%，排行第九。

中海：三年增长率均值为17%，排行第七。

4. 低基数、低增长：企业发展进入低谷

排在末尾的房企，其权益净利的基数和增长率双低，在经历曾经的高增长过后，进入低谷期。

三、预测分析：万科一路攀升将重回行业第一

权益净利预测分析是根据企业过去三年（2017—2019年）均值、行业均值，以及企业和行业当下的新变化，做出的综合评测。如图2-8所示，万科、碧桂园、中海、融创的权益净利仍将保持在均值上方。

万科的权益净利的增速加快，将重回行业第一，这主要是因为万科由前期依靠净利润率带动增长转变为净利润率、净资产和权益乘数三项指标共同发展。

与上一轮的变化相比，碧桂园仍将保持较大的上升幅度，其原因在于，其权益净利增长模式由高杠杆带动的单一增长模式转变为由"规模＋杠杆"双项指标拉动模式。

中海的上升态势虽较为平稳，但其权益净利水平仍将保持在高位，也是得益于其前期净利润率指标的推动作用。

融创前期发展迅猛，成为行业的一匹黑马，未来其权益净利有可能持续上升。前期主要依靠"杠杆＋利润"增长的融创，只要后期净资产规模跟上，"杠杆＋周转"相辅相成，就能在增收的同时实现增利。

权益净利（亿元）

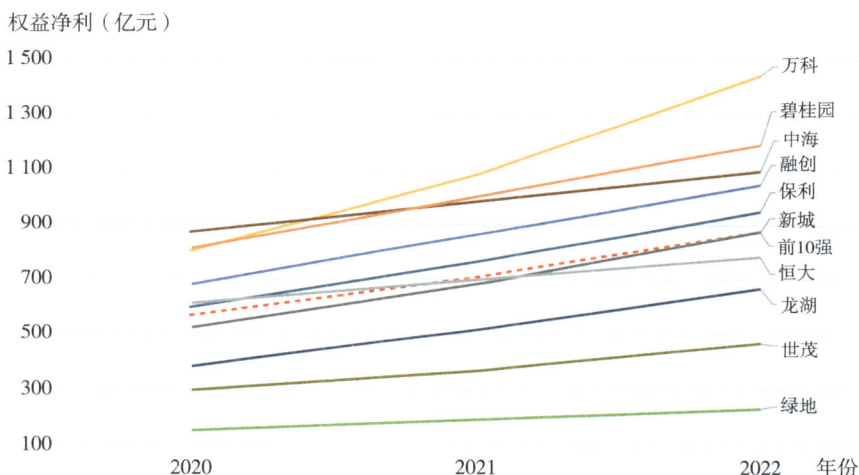

指标说明：权益净利预测值＝净资产预测值 × 资产产出率预测值 × 权益乘数预测值 × 净利润率预测值。

图 2-8　2020—2022 年前 10 强房企权益净利预测

四、前 10 强均值趋势：规模和利润影响权重逐步加大

如图 2-9 所示，对比 2019 年和 2022 年指标均值能级分布，我们可以看出当前各指标对权益净利的影响程度和未来发展的方向。结合表 2-2，我们可以看出，2019 年，权益乘数和净利润率对权益净利的贡献程度较高，而资产产出率和净资产规模较为落后。2022 年，行业内的净利润率或将成为权益净利的主要增长动力。同时，随着行业集中程度的不断提高，净资产规模的短板也将被补齐。

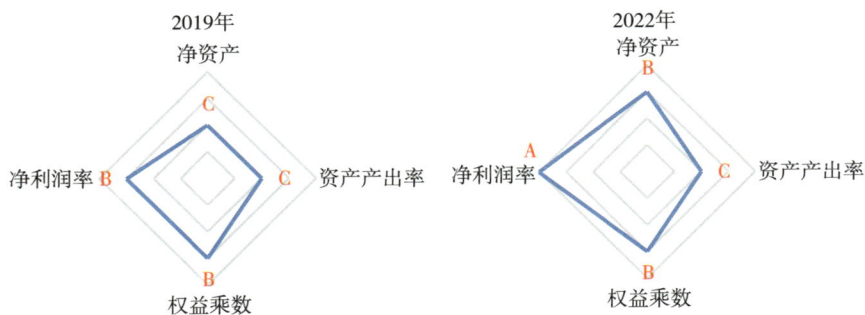

图 2-9　2019 年、2022 年各指标均值能级分布

表 2-2　各指标等级划分标准

等级划分	净资产（亿元）	资产产出率（%）	权益乘数	净利润率（%）
A	> 3 000	> 0.40	> 7.5	> 15.0
B	2 000～3 000（含）	0.35～0.40（含）	5.5～7.5（含）	12.5～15.0（含）
C	1 000～2 000（含）	0.30～0.35（含）	3.5～5.5（含）	10.0～12.5（含）
D	≤ 1 000	≤ 0.30	≤ 3.5	≤ 10.0

如果将前 10 强房企均值作为一个"分水岭"，我们就能看到，权益净利高于均值的企业，其增收创利能力在行业中可谓是佼佼者，而低于均值的企业未来还存在很大的上升空间。

链接

前 10 强房企的权益净利的指标分解及能级分析，请见第十七章。

第三章

运营分析：低增长时代的精益运营之道

过去，土地快速升值给房地产开发带来了非常可期的利润，房企靠土地和资本红利，快速扩大土储规模，能够获得更高的利润、更少的风险和更小的人力资源投入。

如今，随着高增长时代的终结，在某些城市圈地越多，带来的风险和亏损可能越多，因此房企开始寻求低利润、快周转的"精益运营"模式。如何提高房企运营效益？爱德地产研究院综合标杆房企"精益运营"模型，通过头部房企四大核心能力的变迁，分析其具体运营指标的变化，辅助房企提高运营效益。

第一节　15家标杆房企精益运营指标分析

爱德地产研究院通过发展能力、杠杆能力、周转能力和赢利能力这四大能力，建立了一套房企"精益运营"模型，在房地产运营指标中选取了销售增长率、储销比来反映房企的发展能力，选取地货比、权益比来代表房企的杠杆能力，选取存销比、建销比和现金短债比来反映房企的周转能力，选取净利润率、三费费率（管理费用率、营销费用率、财务费用率）来反映房企的赢利能力（见图3-1）。

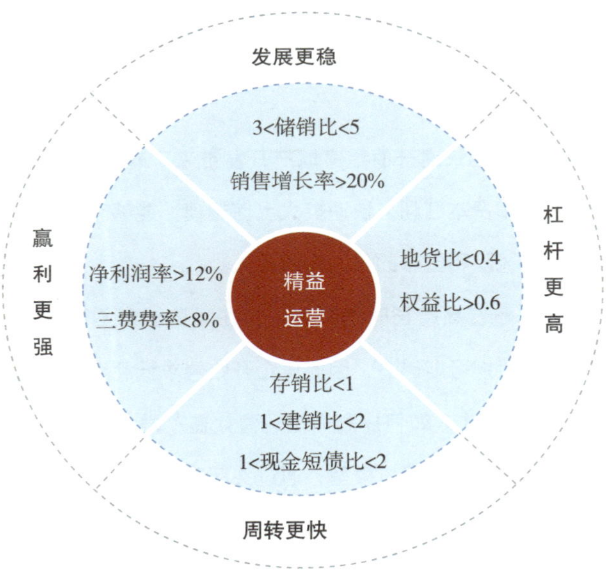

图3-1　房企"精益运营"模型

我们以大运营各项指标为基础，以2017—2019年前15强房企三个梯队的生产运营数据为研究样本，合理预测了其2020—2022年的运营指标数据（见表3-1、表3-2）。需要说明的是，因房企年报口径差异与未来时事政策变化，预测数据仅供参考。

表 3-1　前 15 强房企分析样本

第一梯队	碧桂园	万科地产	中国恒大	融创中国	保利发展
第二梯队	绿地控股	中海地产	新城控股	世茂房地产	华润置地
第三梯队	绿城中国	龙湖集团	金地集团	阳光城	旭辉集团

表 3-2　2017—2019 年运营指标行业均值参考

优秀值 / 预警值	行业水平	一梯队	二梯队	三梯队
销售增长率	70%～25%	69%～13% ↓	51%～23% ↓	96%～20% ↓
储销比	5～3	5.2～4.4 ↓	5.7～4.2 ↓	4.8～5.1 ↑
地货比	0.7～0.3	0.3～0.4 ↑	0.5～0.3 ↓	0.4～0.3 ↓
权益比	0.8～0.6	0.8～0.7 ↓	0.8～0.7 ↓	0.7～0.6 ↓
存销比	1～0.5	1.2～1.4 ↑	1～0.9 ↓	0.7～1.1 ↑
建销比	2～1.2	2.1～2.3 ↑	2.6～2.9 ↑	1.6～2 ↑
现金短债比	1～2	1.8～1.4 ↓	2.1～3.7 ↑	4.6～3.5 ↓
净利润率	17%～11%	14%～13% ↓	18%～22% ↑	21%～17% ↓
管理费用率	5%～3%	4.3%～3.5% ↓	3.8%～3.3% ↓	4.2%～4.8% ↑
营销费用率	4%～2%	4.1%～3.2% ↓	2.8%～3.2% ↑	2.2%～2.9% ↓
财务费用率	3%～1%	2.8%～1.6% ↓	1.3%～1% ↓	0.4%～0.7% ↑

注："行业水平"取自 2019 年百强房企各项运营指标均值。

一、房企的发展能力指标

1. 销售增长率

从表3-2可以看出、一、二、三梯队房企销售增长率都是从高到低，与行业趋势一致。

销售面积增长率是房企本年销售面积增长值同上年销售面积之比，通常用来评价企业成长状况和发展能力，指数越大，表明其增长速度越快，企业的市场发展前景越好。

2. 储销比

目前，处于低增长环境下，储销比过高需预警——土储消耗过高资金，会侵蚀企业利润。三梯队储销比本来就高，还呈现上升趋势，所以尤其需要预警。

储销比是总土地储备面积与当年销售面积的比值，系数越高，代表土地储备越丰富，房企更容易灵活应对市场变化。储销比代表未来是否有足够的资源进行开发，决定销售增长的可持续性，但土地储备也不是越多越好，而要与房企自身的销售能力相匹配。

储销比预警值与优秀值的判定三要素：一是，在房价高增长时期，房价越高，土地价格越高，储销比越高越好；二是，在资金利息高的时期，存地资金成本高企，储销比越低越好；三是，在房价低增长时代，储销比通常在 3 左右更合理。

二、房企的杠杆能力指标

1. 地货比

地货比越低越优秀，越高则越需预警。一、二、三梯队都处于行业正常水平内，其中三梯队地货比属于优秀值。

地货比是土地成交价款与预计销售总收入的比值。土地成交价款仅需根据利润指标阐明三个关键节点土地价格即可，即起始地价（收购要约价）、要求利润率指标地价、盈亏平衡地价。在预计销售总收入方面，房地产市场本身受政策、金融信贷等影响巨大，强排及定位阶段的资料较少，导致主观判断及推理成分较大，从而增大了预计销售总收入的不确定性。

2. 权益比

权益比越高，房企越优秀；权益比越低，则越需要预警。三梯队的权益比在行业水平内，但是处于低值下行的趋势，需要提高警惕。三梯队的房企以民企居多，其合作杠杆大导致权益比低。

销售金额权益比是当年权益金额与销售金额的比值。与全口径销售额相比，权益口径更能反映企业自身的资金运用情况、战略把控水平、运营水平及投资潜力等综合能力，是房企高质量发展的核心指标。

三、房企的周转能力指标

1. 存销比

一梯队存销比高于行业水平并呈上升趋势，其原因在于存货积存过多，去化周期超过一年。一梯队的房企大多已认识到加大销售的必要性，部分房企采用诸如增加销售人员（比如万科）、线上销售（比如恒大）、打折出售等各种方式采促销。

存销比是存货总货值与年度销售额的比值，反映了存货周转效率，其比值越大，说明存货周转率越低，存在滞重风险，需要预警；其比值越低，说明周转越快，指标越优秀。

存销比数值的高低取决于两个影响因素：一是，土储转化高，即更多开工建设的货量转化为存货，大量存货待售；二是，销售受阻，没有跟上供货速度，导致存货周转不畅。

2. 建销比

一、二梯队建销比超出行业水平且处于上升趋势，在建未售面积积压情况较为普遍。由于新开工建设项目通常在半年以后才能达到销售状态，一、二梯队建销比过高或是销售能力不足的结果。

建销比是在建面积和当年销售面积的比值，反映房企土储转化能力和供货效率，比值过高或过低都需要预警。比值过高，说明土储转化快，上半年开工下半年供货，在销售速度没有得到提升的情况下，就会导致销售面积的积压；比值过低，又会存在断货风险。所以，建销比需要双向预警——高于或低于行业水平，均是开启预警的标志。

3. 现金短债比

现金短债比小于1则需预警，大于2的现金短债比为优秀指标。二、三梯队现金短债比都属于优秀值，具有更强的短期偿债能力。

现金短债比是货币资金与短期借款的比值，它是衡量企业短期偿债能力的重要指标，能反映企业在一定时点下的经营风险和安全性。该指标大于1，说明短期内房企现金回笼快，在手现金对流动负债的覆盖能力较好，企业偿还短期债务能力相对较高；当该指标小于1时，房企应高度重视现金流安全性，加强现金流管理，将加快销售、提高经营效率作为其稳健发展的重要支撑。

四、房企的赢利能力指标

1. 净利润率

净利润率越高，指标越优秀，二梯队房企属于优秀范畴。二梯队房企大部分为央企、国企，受2018年政策调控影响小，资金压力小，成为土拍市场的活跃者。

净利润率是房企年报中净利润与营业总收入的比值，是反映公司赢利能力的一项重要指标，是扣除所有成本、费用和企业所得税后的利润率。

影响房企利润的影响因子是销售行情、融资成本和拿地能力。一、三梯队的净利润率都处于下滑状态，造成下滑的三方面原因：一是，销售难度加大，虽然全国一、二线城市房地产市场回暖，但三、四线城市房地产市场依然处于调整过程中；二是，融资成本持续增加，对于企业来说，对内、对外融资的成本都吞噬了利润；三是，土地竞争激烈，房企一、二线城市拿地艰难，过去依赖土地升值获得利润的发展模式难以维持。

2. 三费费率

三费费率与净利润率呈反向关系，销售行情、融资成本、拿地能力的上升，都将在一定程度上带动三费费率的上升。

三费费率的数值越低，表明房企的管控能力越强，数值偏高则需要预警。一、二、三梯队的房企三费费率都在行业水平内，其中三梯队的财务费用率达到优秀值，它们在规模扩张过程中凭借精细化的管理能力，合理控制财务费用，实现了成本规模递减。

三费费率偏高的影响因素：一是，信托收紧，融资空间缩减，利息支出增多，增加了财务费用率；二是，企业为扩大规模，有了更多的开发在建、在售业务，导致销售费用和管理费用的增加。

第二节　核心能力评级：三大梯队能力变迁

为了更好地分析前 15 强房企的四大能力，爱德地产研究院基于多项业务维度对运营指标进行了五层评级，从中我们可以窥视到一、二、三梯队房企核心能力的变迁史（见表 3-3、表 3-4）。

通过对各项指标的综合测算与合理推测，我们计算得出三个梯队房企在过去三年与未来三年各项能力的分布等级，这样将更加直观地展现各梯队的能力模型与变化趋势。2020—2022 年的预测分析是根据企业过去三年（2017—2019 年）均值、行业均值，以及企业和行业当下的新变化，做出的综合评测。

表 3-3　房企四大能力分级表

四大能力分级		A	B	C	D	E
发展能力	销售增长率	>70%	55%～70%	40%～55%	25%～40%	<25%
	储销比	>5	5～4.4	4.4～3.7	3.7～3	<3
杠杆能力	地货比	<0.3	0.3～0.43	0.43～0.56	0.56～0.7	>0.7
	权益比	>0.8	0.74～0.8	0.67～0.74	0.6～0.67	<0.6
周转能力	存销比	<0.5	0.5～0.7	0.7～0.8	0.8～0.9	>1
	建销比	<1.2	1.2～1.6	1.6～1.8	1.8～2	>2
	现金短债比	>2	1.8～2	1.4～1.8	1～1.4	<1
赢利能力	净利润率	>17%	15%～17%	13%～15%	11%～13%	<11%
	管理费率	<3%	3%～3.7%	3.7%～4.4%	4.4%～5%	>5%
	营销费率	<2%	2%～2.7%	2.7%～3.4%	3.4%～4%	>4%
	财务费率	<1%	1%～1.7%	1.7%～2.4%	2.4%～3%	>3%

表 3-4　房企四大能力指标评级表

四项能力评级		发展能力	杠杆能力	周转能力	赢利能力
一梯队	2017—2019 年	D	A	B	C
	2020—2022 年	B	A	B	B
二梯队	2017—2019 年	D	A	C	B
	2020—2022 年	C	A	B	A
三梯队	2017—2019 年	C	C	B	B
	2020—2022 年	B	B	B	A

发展更稳：三梯队和一梯队。三梯队稳步上升，发展良好；一梯队发展较快，连升两级达到良好级别。

杠杆更高：一梯队和二梯队。2017—2022 年，一、二梯队杠杆能力始终保持在优秀级别。

周转更快：一梯队和三梯队。2017—2022 年，一、三梯队周转能力始终保持在良好级别。

赢利更强：二梯队和三梯队。2017—2022 年，二、三梯队赢利能力均稳健上升，从良好走向优秀级别。

一、第一梯队：发展能力和赢利能力将持续强化

如图 3-2 所示，一梯队房企的杠杆能力将始终保持优秀，2020—2022 年，一梯队的四项综合能力有望发展良好，且更为均衡。其中，发展能力将得到更快速的提升。

在高周转时代，一梯队的房企将更快回归"精益运营"，并更加注重利润和产品品质，坚持走可持续发展道路。

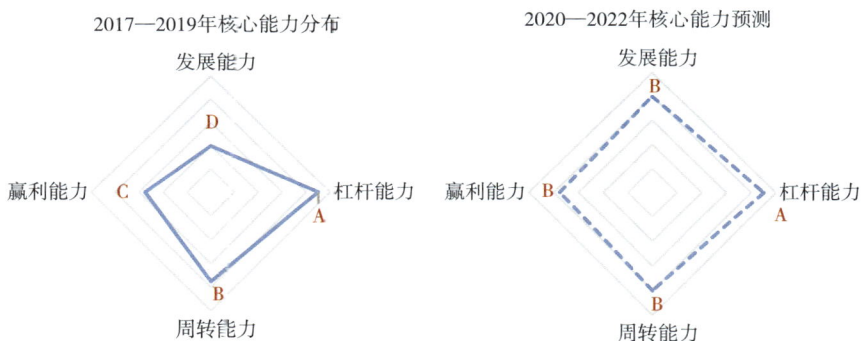

图 3-2　一梯队房企 2017—2020 年核心能力变迁

二、第二梯队：周转能力、赢利能力和发展能力都将得到强化

如图 3-3 所示，二梯队房企的杠杆能力也始终保持优秀，赢利能力也处于良好状态。2020—2022 年，其周转能力、赢利能力和发展能力都有望得到提升，周转能力达到良好，赢利能力达到优秀。

三、第三梯队：发展能力和杠杆能力将持续强化

如图 3-4 所示，2017—2019 年，三梯队房企的赢利能力和周转能力良好，发展能力和杠杆能力稍弱。2020—2022 年，其四项核心能力发展则比较均衡，且都处于良好状态，赢利能力达到优秀。

2017—2019年核心能力分布

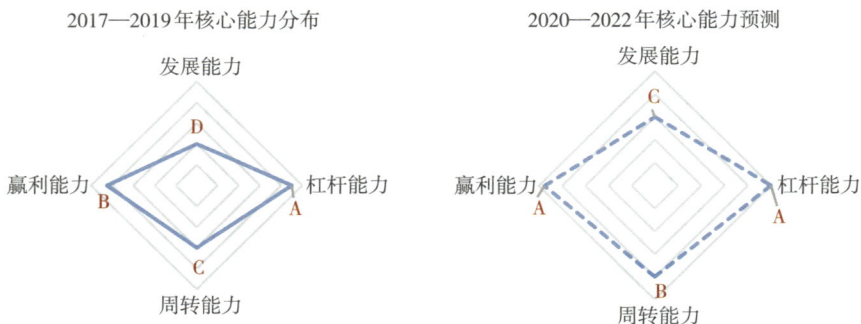

2020—2022年核心能力预测

图 3-3　二梯队房企 2017—2020 年核心能力变迁

2017—2019年核心能力分布

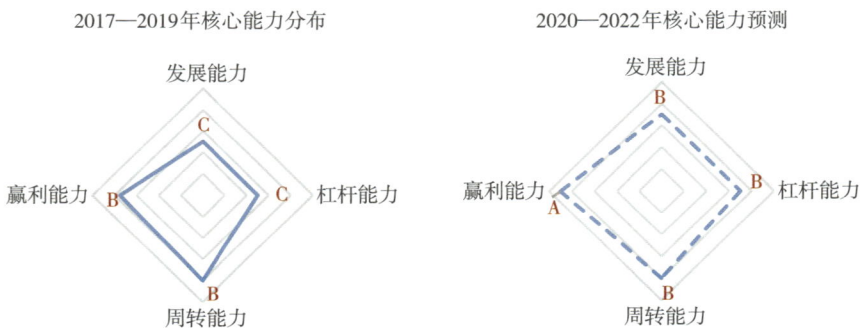

2020—2022年核心能力预测

图 3-4　三梯队房企 2017—2020 年核心能力变迁

从整体上看，一、二、三梯队的房企都强调"均好"及持续稳定成长的战略，其四大核心能力的发展更加注重平衡性。它们的四大核心能力都在逐步提升，发展愈加成熟。在 2020—2022 年的预测中，一梯队的发展能力提升最大；一、二梯队的杠杆能力始终保持优秀；二、三梯队的赢利能力达到最强；一、三梯队四大核心能力发展更为均衡。

链接

标杆房企运营能力趋势和指标分析，请见第十八章。

2

理念篇

"无预测不运营"。缺乏"预见性管理"的企业无法把握未来，更无法通过努力去"遇见"期待中的未来。

　　预见性经营决策 4P 体系，即通过预测、预演、预警、预控的手段，在项目全周期以及公司的全面经营管理中，及时了解动态，预知未来，揭示风险，发现问题，推动决策解决问题，将隐患消灭于未然，确保企业预期的经营指标、战略目标的实现。

　　本篇内容源于多家标杆房企的实践，在总结提炼观念的同时，梳理优化落地方法和工具，以期为更多的企业提供借鉴。

第四章

预见性经营决策 4P 体系，为经营决策服务

　　预见未来，制胜经营。数智化运营管理的应用场景有哪些实践？如何用 4P 体系诠释预见性管理？房企需要什么资源才能预测未来经营？

第一节　房企经营预测三要素

一、三要素经营逻辑

房企做经营预测，需要"数据、建模、运算"三要素的支撑（见图4-1）。

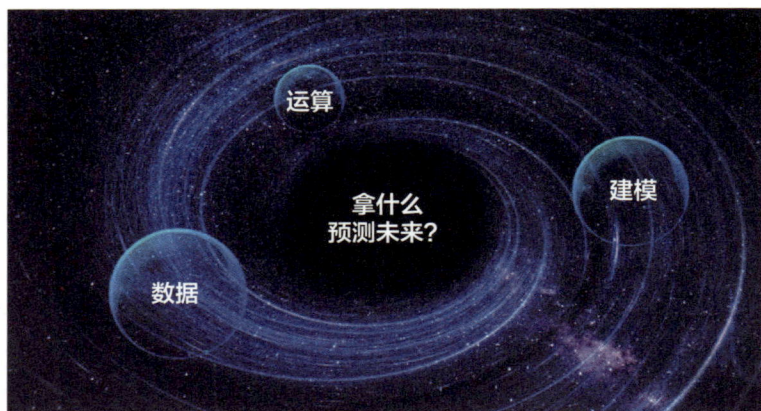

图 4-1　房企经营预测三要素

把大量经验沉淀成数据，是指对数据进行统计、归纳、分析、提炼，再把企业的经营逻辑、管理逻辑变成符合自身需求的数学模型，最后通过平台快速运算，输出我们想要的结果。

爱德地产研究院使用多维数据库快速建模、高速运算，实现用数字说话，让地产管理更智慧。

二、房地产行业的经营管理现状

目前，房地产行业的运营管理逻辑已基本打通，房企价值链上的项目投前投后全周期管理、企业生产经营管理、财务的现金流及经营管理已经相互融通，将为企业的战略目标服务。

我们发现，截至目前，众多房企缺乏关键业务的预测数据，房地产行业的数据基础依然薄弱。多年来，房企的项目多、覆盖面广，它们大多积累了大量的数据，但真正能用的却不多，这些数据无法为企业创造价值。

例如，还没有房企能做到对项目全周期销售量的准确预测，无法实现预测数据的及时更新。对于业务人员来说，他们无须做预测，仅仅依靠专业的系统就足够了。然而对于管理层来说，房企大运营没有各项业务的预测数据，就无法做运营管理。所以，房企没有高质量的预测数据，大运营管理寸步难行。

第二节　爱德地产的 4P 经营逻辑

爱德地产研究院在大运营管理中提炼的预见性经营决策 4P 体系——预测、预演、预警、预控（见图 4–2），有望为众多房企提供经营决策服务。

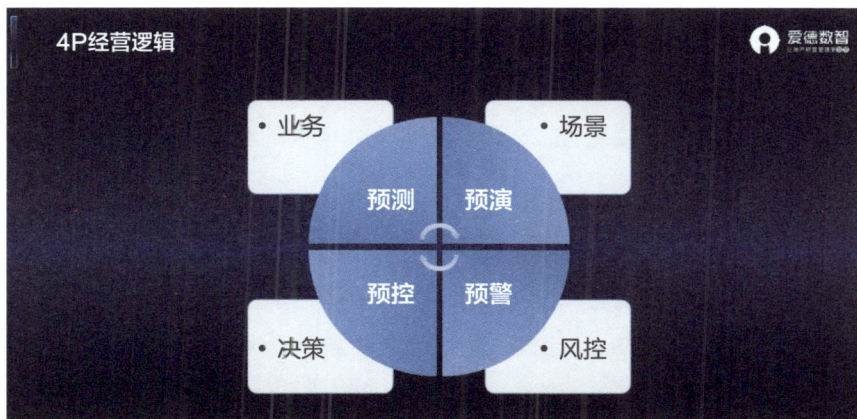

图 4–2　4P 体系

预测是整个预见性经营决策 4P 体系的第一步。在这一环节，大部分数据的沉淀已成事实，还有一部分数据需要通过预测的手段来实现对业务的预见。

预测是对各项业务未来运营情况进行铺排，在项目全周期、考核周期抑或战略规划周期等时间段内对未来的业务进行预测。

很多的业务预测最终要变成一个管理场景，比如"十四五规划"便是业务预测的一个场景预演——预演十四五规划后企业的发展景象。

预演的过程就是生成和公司有关的经营性目标的过程。在此基础上，4P 数智化运营平台将进行风控目标的设置。平台内部的风控分指标是经过预测和预演形成的，若某个分指标达到了设置的警戒线，该平台就会进行不同级别的报警。

预警偏差可能包括利润下跌、货值下跌、均价偏离、进度延误等。预警不是最终目的，它一定会触发平台的预控。在场景预演中，当某个指标达到预警状态时，多种有效预控手段可以解决潜在风险。也就是说，有预警就有相应的预控措施进行销项。

让预测目标与预演目标相匹配，让企业重回预定轨道，调整纠偏的过程涉及各类经营计划、注资计划等，同时会影响工程进度和去化节奏。因为实际数据发生变化，未来的预测也会顺势而变，所以整个经营决策过程又将进入预测环节。也就是说，预测是一个持续的动态更新过程，预见性经营决策 4P 体系会跟随整个企业的经营过程持续地动态循环。

在整个预见性经营决策 4P 体系中，预测的目的在于分析判断，引导预演、预警和预控这三个环节。预测的结果输出是预演、预警和预控实现的基础，这就是 4P 体系互相支撑的逻辑。4P 体系管理方式，将推动管理的预见性，最终为决策服务。

一、资产保值与增值：落专业、控减损、促增长

国有企业的货值管理中有一条红线，代表国有资产的保值与增值。民企在货值管理中也会考虑到控制全过程的货值折损。

货值管理大屏显示的并不只是计划完成率，还会根据当下的实际完成情况，实时刷新未来计划。企业都会对货值指标的未来走势进行预测，有预测结果就会产生预警，即货值管理是与预测、预警协同的管理。

整个项目全周期是从"预"到"实"的过程，最初的项目计划全是"预"，后来项目落地全是"实"。项目全周期的核心是预控，即把每件事做好，落专业、控减损、促增长（见图 4-3）。

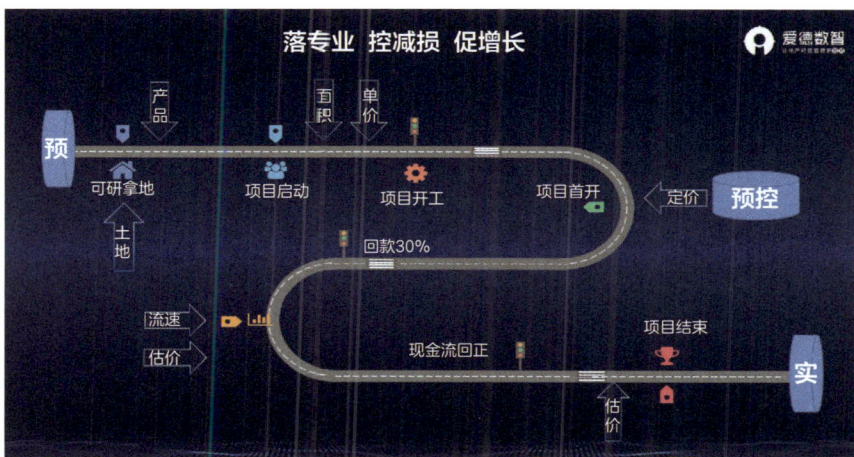

图 4-3　项目全周期从"预"到"实"过程示例

比如，企业是否在各专业考核中加入关于货值管理的相关考核？在设计端，除了设计好产品、完成任务计划等专业职责，从开始设计到施工图的落地，将对货值的可售率产生什么影响？能不能保障可售面积没有减损，能不能让产品价值提升？货值最终要落实到各个专业线、专业

部门的管理中，由运营总监从公司层面去推动完成。

二、销售与投资管理："预警"联动"预控"，防患于未然

如果预警已经发生，那我们该如何联动所有的预控措施防患于未然？

例如，某香港上市房企，在武汉投资准备拿下一块地，但付款时发现资金链出了问题，原因是北京某银行修正了抵押贷款放款条件，导致该房企北京销售物业的抵押贷款回款没有如期收到。

这家房企在形象进度不达标的这段时间里，会沉淀一大笔无法回流的资金，时间一长，对资金运营将产生很大的影响，便会失去原本在武汉投资拿地的机会。

经验丰富的房企应如何面对这类事情？事情一旦发生，经验型房企会立刻查看工程进度是否需要调整，还会查看哪些回款可以清欠，以此来加速回款。

更系统科学的办法是，在量化数据的加持下，房企在关键节点进行资产变现、权益变现，掌控土地的支付节奏，调整投拓计划、融资计划等，最终目的是保障全盘经营目标的实现（见图 4-4）。在风险管理中，这种方式叫风险传递，房企需要及时做出风险预案。在数智化运营平台上，我们可以基于业务数据支持，内置业务关联逻辑，让风险传递联动起来——当风险发生时，立即启动风险防控机制，随时解决问题，以保障经营目标的实现。

大量的数据需要一个内核管理，即建模。若是战略规划，用一个综合回款率来匡算即可。

随着项目的进展，测算内核的指标粒度也会更加精细，比如要细化到房源、购房贷款方式以及抵押贷款回款条件等（见图 4-5）。如果没有这些精细化的指标，风险联动就没办法进行。

图 4-4　保目标的几大关键节点

图 4-5　"预见"的内核

三、投后运营管理："预警"未来，溯源归因，推导当下决策管理

如果预测未来的结果不好，那么我们该怎么办？可以在当下进行决

策，做调整。

例如，某标杆企业做的项目全周期预测，是在投模运维管理会上对每个项目进行全周期的回溯。从股东视角来看，他们更加关注每个月汇报的预期利润情况、预期毛利润率和回正时间。这些指标的背后是一个计算模型，该模型每个月都会预测下一个月的基于全周期的指标数据。如果出现红色预警，该模型就会按照相应的权限推送相关领导，推送的目的是让领导在当下做决策（而不是审批），从而将问题发生的概率降到最低。

比如，一旦现金流回正超过了四个月，模型就可自主寻源，先判断融资、杠杆、回款是否出现了问题，然后判断具体是哪栋楼、哪个批次、哪个节点出了问题以致影响了现金流回正时间，最后将判断结果作为决策依据提交给相关领导。

找到关键问题的诱发点，这就是溯源归因。溯源归因、及时决策，及时消除未来可能发生问题的诱因，可以让未来变得更好。

总结

现在的企业管理能否像疫情追踪那样精准地发现问题和解决问题？在疫情追踪方面，大数据发挥了很大的作用。地产企业利用的预见性经营决策 4P 体系有数据、建模、运算，能够为决策提供不同导向的服务，也可以像应对疫情那样，及时发现企业的问题，将其消灭在萌芽状态。立足当下，创造未来，我们希望预见更加美好的未来。

第五章

预测：把业务经验沉淀为数据测算模型

面对市场环境的变化，房地产企业在开发投资过程中如何"活下去"，如何"活得更好"？做好精益运营，其中提升竞争力和运营力是关键。这一切与企业决策息息相关。要让决策更有力度，业务预测至关重要。

房地产业务运营的预测，是指运用数据化和智能化的方法与手段，对未来各种业务变化趋势进行估计和测算，以此指导管理者做出最佳的投资或营销决策，尽可能降低各种盲目性。

第一节　业务预测识别销售与利润风险

目前，很多企业已经布局了相关的 BI 看板。这些 BI 看板制作得十分绚丽，但在经营过程中能起到的作用有限。看板上所展示的这些指标，比如签约目标或执行值、支付目标或执行值、回款目标或执行值以及相关的达成率等，实际反映的都是当下的情况，本质上是对业务数据执行情况的汇总和展现。对于公司管理决策来说，这些指标缺乏更高的指引性，因此这样的看板算不上智能化的、高级的 BI 看板。

一、缺少全局观或使销售下滑

为什么缺乏预见性会对整个公司的经营决策产生很大的影响呢？我们来看一个案例：某企业总裁收到一份未经处理的信息报表（见表 5-1）。

表 5-1　未经处理的信息报表示例（截至 2020 年 3 月 31 日）

指标	全年计划（亿元）	当月完成（亿元）	当月计划完成率（％）	累计完成（亿元）	累计完成率（％）
签约	1 300	133	123	319	24.5
供货	1 860	383	110	550	29.6
存量供货	114	—	—	114	—
其中，滞重贷款	32	—	—	32	—
新增供货	1 690	270	120	404	23.9
存量项目供货	990	235	123	360	36
增量项目供货	670	34	105	43	6.4
全年综合去化率（％）	57	61	108	58	—

在这份 2020 年一季度的报表中，无论是签约、供货，还是去化率

的执行情况，看上去都非常好。

先看签约情况。年度签约计划是 1 300 亿元，一季度累计完成 24.5%，已经接近完成全年计划的 25%。当月签约数额达到 133 亿元，计划完成率甚至达到了 123%。

再看供货情况。全年计划供货 1 860 亿元，累计完成 550 亿元，累计完成率达到 29.6%，超过全年计划的 25%。

最后，跟计划数据相比，全年综合去化率等指标也很正常。

面对这样一份报表，这位总裁应该比较满意，也不会质疑后续的经营情况，会任由企业继续这样发展下去。

我们如果仔细分析这份报表，就能发现一些问题。比如，从细分结构来看，该公司的供货分为存量项目和增量项目两部分。存量项目的供货累计完成 36%，已经超出一季度应该完成的量。然而，其增量项目的供货完成率只有 6.4%，远低于应该完成的目标，其存量去化情况与年度计划有较大差距。

这位总裁如果能看到预测的情况，就会发现，从整个经营年度来看，该季度报表还存在如表 5–2 所示的一系列问题。

表 5–2　看全局、看偏差、看结构

指标	全年计划（亿元）	全年预计（亿元）	累计完成（亿元）	累计完成率（%）
签约	1 300	885	319	24.5
供货	1 860	1 526	550	29.6
存量供货	114	114	114	—
其中，滞重贷款	32	32	32	—
存量项目供货	990	1 120	360	36
增量项目供货	670	250	43	6.4
6月前新拓总货值	3 500	680	217	6.2
全年综合去化率	57%	58%	58%	

如果在这份报表里加入全年预测数据，管理者就会发现，由于增量项目全年预计供货量低于计划供货量，因此全年预计的签约量数据远低于计划数据。对于 2020 年的增量项目供货，公司全年预计只有 250 亿元，跟年度计划的 670 亿元相差甚远。对于在 6 月份前应该拓展的货值，年度计划是达到 3 500 亿元，但目前对于全年的预计只有 680 亿元。

这种情况说明，到目前为止，公司销售情况执行得不错，但已经过度透支了存量项目供货带来的销售额。未来几个月，该公司可能会因为增量供货不足及土地增量拓展不够，使得销量大幅下滑。

对企业来说，如果缺失时间维度的全局观，只看当下的情况，企业经营就将面临非常大的风险。

二、缺少决策力易使实效与初衷不匹配

一家企业如果已经意识到经营状况发生了偏差，就要对经营计划进行调整。以上述企业为例，一旦发现销售和回款低于计划值，企业总裁便要求尽快调整销售节奏、去化速度，以此来保证年度销售目标，同时加速项目确权，甚至将下一年启动的货值纳入当年的计划来增加供货。

表面来看，这个决策符合应对市场变化的调整策略。一方面，增加供货、提高去化等确实会带来销售额的增加；另一方面，这些举措也会影响其他相关核心指标，比如利润等——大量项目加快去化周期，均价下调，最终会带来整个项目货值的下跌，进而使企业年度利润下降。

调整的结果或许会导致项目货值发生较大的折损，导致年度利润和预期差距较大。针对企业经营的问题，总裁做出了一些决策来加以调整，却无法更精准、更系统地预见这些决策会对将来经营产生哪些后果，对其他指标又会带来哪些影响，最终导致调整之后发生的实际效果与决策初衷不相匹配。这一现象是由企业缺少决策力造成的。

三、缺少预测体系给企业带来的痛点

如果一家企业缺少相对完整的预测体系，那么它将面临三大痛点：首先，它将无法预见本年度各类经营指标的情况；其次，由于看不见预期的达成情况，它也不会做出相应的行动；最后，当风险真实发生的时候，它才能发现问题。正是这种事后暴露，让决策者不清楚偏差何时发生、为何发生，更遑论提前应对风险决策。

三大痛点无疑会影响企业全年目标的达成。对于这种情况，如图5-1所示，我们可以归因于两个"缺少"：其一是从时间维度来看，企业缺少全局观；其二是企业缺少决策力，即当问题发生的时候，企业缺少相对可靠的预测数据来支持它接下来的决策。

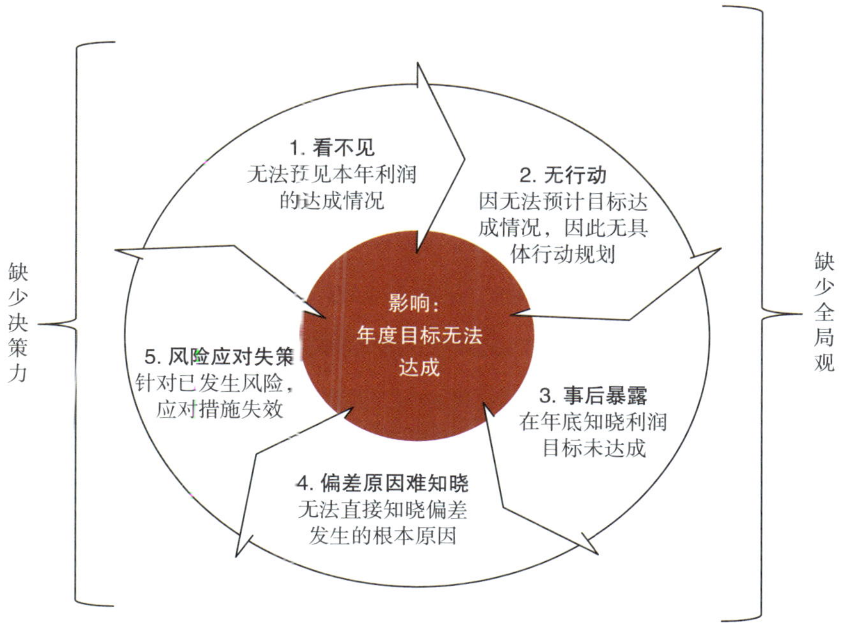

图 5-1　缺少预测体系影响年度目标的达成

┌─────────── **总结** ───────────┐

　　综上所述，整个预见性经营决策 4P 体系是一个动态循环过程。预测数据可谓牵一发而动全身，在其中扮演着至关重要的角色。

　　对任何企业来说，预测数据对年度经营指标都将产生深刻影响。一旦缺少预测，一方面或许会让风险随时暴露，另一方面或许会使企业发展面临瓶颈。

　　一个完整的预测体系，可以让决策者时刻保持对风险的预警和预控，以便其在经营过程中及时纠错。

└────────────────────────────┘

第二节　三大层级预测提升经营决策速度和质量

　　预测体系包含哪些内容，又会给企业带来哪些价值呢？本节将深入探讨预测内容的三大层级与管理价值。

一、预测内容：从项目到公司的三大层级

　　不同层级的管理，对应不同的预测内容。

　　预测的内容如图 5-2 所示，可以分为三个层级：就公司层级管理者而言，他们一般更加关注公司本年经营情况。根据从年初到当前时点的项目实际完成情况，管理者能够得到合理数据。对当前到年底这段时间的内容，他们就需要进行预测。有些企业的管理者会更具前瞻性，甚至会考虑企业未来几年的经营情况。

　　对项目层级管理者而言，他们一般更加关注项目的全周期运营。一方面，针对已拿地项目的全周期预测，他们关注项目整体经营状况的考核情况，即基于项目启动到当前时点发生的情况，预测项目从当前时点到结束时的运营情况。另一方面，项目层级管理者关注的是拟拿地项目

的全周期预测，这部分是企业重要的战略储备资源，不容小觑。

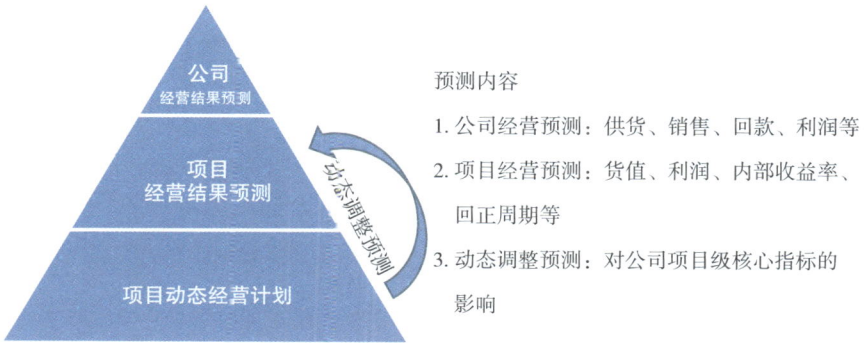

预测内容

1. 公司经营预测：供货、销售、回款、利润等
2. 项目经营预测：货值、利润、内部收益率、回正周期等
3. 动态调整预测：对公司项目级核心指标的影响

图 5-2　预测的三大层级

公司层级的管理是基于年度切片的管理，项目层级的管理是基于全周期的管理（见图 5-3）。

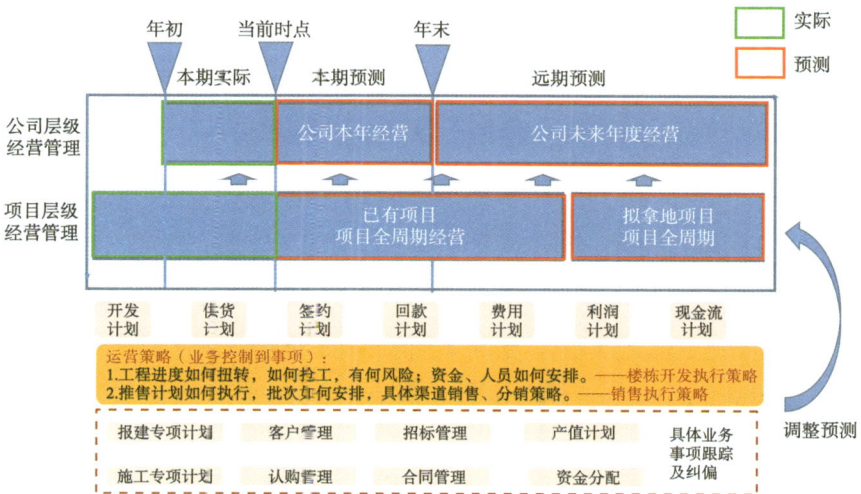

图 5-3　项目层级预测与公司层级预测的关联逻辑

由于项目是公司经营的基本单元，所有的调整最终都会落到项目的各项业务计划上，包括开发、供货、签约等。具体的业务事项调整之

后，会对随后的经营指标产生影响，这就需要房企通过动态调整预测来加以指导。

所有的预测基准来源于项目，而项目的预测来源于项目的经营计划。预测的重点在于经营指标，包括货值、利润、内部收益率、回正周期等跟项目全周期相关的各类指标。

项目的数据构成了公司的经营数据，而公司层级的预测内容包括供货、销售、回款等动态货值管理数据，以及跟利润相关的经营类管理数据。

在调整项目的动态计划之后，对公司和项目产生的结果进行动态调整的预测，是整个预测体系的核心内容。

二、项目层级预测价值：全周期保障投资收益

如图 5-4 所示，项目全周期划分为土地获取之前的投前阶段和土地获取之后的投后经营阶段，二者关注的重点不同。

在投前阶段，关注的重点一般为投资风险。这个阶段的投资决策管理集中在用什么样的价格拿地、未来做什么样的产品、建安成本应该给到多高、产品售价要定到多少，以及这些基本的决策会带来多少现金流、如何进行融资、最终会带来怎样的投资收益率。常用的预测方法是：先按照目前的计划进行预测，得到一个合理的投资收益；然后考虑市场突发情况会对利润、融资和现金流产生怎样的影响；最后在风险预判与测算的基础上，制订投融资决策方案。

在投后阶段，关注的重点集中在土地储备和货值、工程进度计划执行情况、延期会带来怎样的后果，还有成本、销售、去化、库存情况，以及由此带来的现金流预测情况和未来项目整体盈利情况等。

由于阶段不同，生产经营分析数据的来源也不同，房企实现预测的方法也不同。值得注意的是，虽然投前和投后预测的实现途径不同，但

最终关注的内容是相似的，所以说这两类预测最终将取得"殊途同归"的效果。

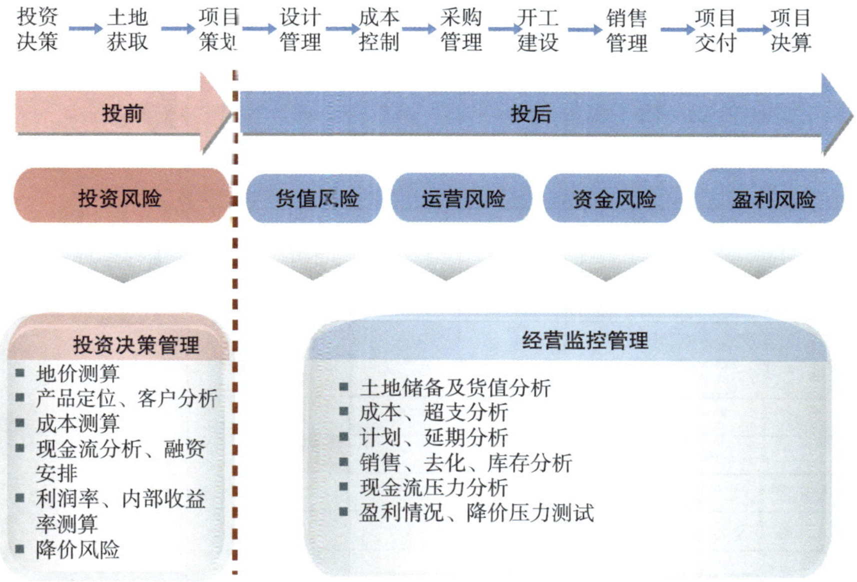

图 5-4　项目全周期预测的阶段划分

无论是投前阶段的预测还是投后阶段的预测，都是基于整个项目周期的。预测的指标类型包括三类：第一类是经营结果类型的指标，比如内部收益率、净利润；第二类是周转类型的指标，比如回款、回正周期；第三类是整个项目货值类的指标和利润型指标。

如图 5-5 所示，这些指标可以反映项目层面的收益水平、现金流情况、运营效率情况，还能反映待决策项目的运营效率，以及股东自有资金带来的项目收益和回正周期情况。

在项目的投前阶段，当面对众多项目投资机会的时候，企业必然会有所取舍。在满足规划指标的前提下，企业应该最大限度地增加项目价值。因此，对是否增加项目价值进行预测，可用于判断项目能否达到公司投资决策的要求。

基础指标	决策标准	测算结果	是否达标	指标维度
全投资内部收益率（％）	20.0	50	是	项目层面
净利润率（％）	10.0	15	是	
经营性现金流回正周期（月）	18	15	是	
总货值（亿元）	—	50	—	
净利润（亿元）	—	7.5	—	
启动至开盘周期（月）	10	6	是	关键节点
启动至施工许可证周期（月）	4	5	否	
方案外审批复时间（月）	0	—	是	
融资首笔放款时间（月）	0	—	是	
股东全投资内部收益率（％）	20	20	是	股东层面
股东净资产收益率（％）	0	19	是	
净利润率（％）	10.0	7	否	
股东现金流回正周期（月）	18	16	是	
权益货值（亿元）	0	35	是	
权益净利润（亿元）	0	5.25	是	

反映待决策项目全投资收益水平、现金流回正周期、流量货值和利润

反映待决策项目运营效率

反映股东自有资金投资收益水平、自有资金回正周期和权益货值、利润

图 5-5　预测是否达到公司投资决策要求

在投后阶段，项目经营的动态预测可以作为项目运维中动态管控的参考（跟项目的成功标尺比对），支持相应的预警体系、预控体系，辅助经营决策。

投资预测生成的结果是项目的收益目标和项目成功的标尺，作为后续项目运营的指导，进行项目的投资后评估，从而实现投前和投后的一体化管理。

项目层面还可以实现跟投收益的预测。跟投是企业激励员工更好地参与项目运营的一个有力手段。项目跟投收益往往跟项目的进展情况相关，跟投现金投入的时间跟项目的土地款或者其他款项支付时间相关，投资收益回收的时间跟相应的项目销售情况、回款情况相挂钩。企业跟

投收益的预测也可以让员工在投入跟投资金之后，及时看到未来的收益情况，从而更有效地鼓励员工参与项目的建设和管理。

三、公司层级预测价值：预控全年经营目标

公司层级能够实现对企业供货、销售、回款（以下简称供销回）的预测——对公司供销回的结果和结构的动态预测，支持公司动态货值管理。跟本年计划相比，预计完成如果亮了红灯，就是对签约目标预测的预警。

我们不仅能够对经营指标做预测，还可以对溯源指标进行预测，从而全盘了解公司的整体经营情况。根据预测的结果，企业可以及时制订相应的计划，比如在投资端，加速项目确权、加大现有项目合作力度，确保全年供货目标。

从运营层面来看，如果当前拓展土地的情况远低于计划，我们就需要把未来一季度的供货纳入当年的计划，以增加存量项目的供货。从营销层面来看，我们还需要加快存货去化速度，尤其是滞重产品。这就是公司供销回预测的内容及其价值所在。

对于公司经营指标部分，除了可以对供销回做出预测，我们还可以对利润类经营指标进行预测（见图 5-6）。通过对这些公司经营指标的预测，我们可以对各层级目前实际管理效果进行检验，助力管理层获取全年经营状况，并通过预警和预控手段进行决策纠偏。

集团责任状预实汇总分析

年度 | 2020年 |

	差值	实际/预测	目标
	−9.47	170.53/180.00	300.00
	签约金额(亿元)		
	−1.58	148.42/150.00	250.00
	回笼金额(亿元)		
	−1.58	148.42/150.00	250.00
	净利润(亿元)		
	−1.79	40.21/42.00	70.00
	建筑成本(亿元)		
	+0.19	8.01/7.80	13.00
	期间费用(亿元)		
	−1%	29%/30%	30%
	净利润率		

图 5-6 公司经营指标预实分析

四、动态调整预测：有效应对变化和风险

上述各种场景皆是在没有决策者干预的情况下针对企业当前实际运行情况进行的预测。如果决策者希望主动调整计划，该怎么办？此时我们需要动态调整预测。

在投前阶段，我们可能会使用动态调整预测来判定投资的地块情况——通过模拟地价、竞配建面积等相关因子，来预测地块的投资收益情况，以此辅助决策。

在投后运维阶段，因为市场的变化，我们需要对某些计划做出调整。在定价会场景下，决策者可以通过调整均价来预测未来的各类经营指标，从而辅助决策。

如图 5-7 所示，敏感性分析中有很多敏感因子。敏感性分析可通过地价、销售价格、竞配建面积、建设成本等变量对净利润、净利润率、内部收益率等的投资组合进行分析，并可辅助判断土增税税负的临界点。

为了获取某一块土地，当各家报价都已经达到上限的时候，企业可通过竞配建面积的比例来一决胜负。企业能够为政府提供的竞配建面积越多，就越有希望拿到地块。这就需要房企通过调整竞配建面积，分析拿地的投资收益情况。

通过建安成本的调整和分析，我们可以判断项目的净利润率和内部收益率等。我们也可以将这些指标组合进行调整分析，从而为土地获取制定一个合理的拿地策略及地价边界。

例如，在进行销售价格调整的时候，房企对价格进行不同比例的调整，会对利润、净利润率产生影响。在超过某个临界值之后，净利润率的增长或者下跌的幅度就会发生突变。我们可以找到这个临界点，从而通过价格和配置的调整来制定最优投资策略。

销售价格、建设成本变动对销售净利润率的影响

销售价格变动幅度	建设成本变动幅度								
	20%	15%	10%	5%	0%	-5%	-10%	-15%	-20%
-20%	9.5%	10.5%	11.6%	12.6%	13.6%	14.7%	15.7%	16.8%	17.8%
-15%	11.5%	12.4%	13.4%	14.4%	15.4%	16.4%	17.3%	18.3%	19.3%
-10%	13.2%	14.2%	15.1%	16.0%	16.9%	17.9%	18.8%	19.6%	20.2%
-5%	14.8%	15.7%	16.6%	17.4%	18.3%	19.2%	19.9%	20.5%	21.1%
0%	16.7%	17.1%	17.9%	18.7%	19.6%	20.7%	20.7%	21.8%	21.9%
5%	17.5%	18.3%	19.1%	19.9%	20.9%	20.9%	21.5%	22.0%	22.6%
10%	18.7%	19.5%	20.1%	20.4%	21.1%	21.7%	22.2%	22.7%	23.2%
15%	19.8%	20.1%	20.8%	21.3%	21.8%	22.3%	22.8%	23.3%	23.7%
20%	20.5%	21.0%	21.5%	22.0%	22.4%	22.9%	23.4%	23.8%	23.9%

土地成本变动敏感性分析

每次举牌净增加金额	500 万元
土地成本增加	5 000.0 万元
增加比例	36.52%
举牌次数	10 次
原测算土地成本	13 689.6 万元
实际拿地成本	18 689.6 万元

	增加金额	增加比例
0	0	0.00%
1	500	3.65%
2	1 000	7.30%

价格变动	净利润率递增
-20%	—
-15%	1.8个百分比
-10%	1.5个百分比
-5%	1.4个百分比
0%	1.3个百分比
5%	0.8个百分比
10%	0.7个百分比
15%	0.7个百分比
20%	0.6个百分比

- 随着价格的提高，每增长一定比例售价对净利润率的贡献度递增百分比
- 递减幅度产生变化，通常是由土增税税负达到临界点造成的，此时可通过价格策略和配置利润策略标准的调整来优化经营策略

图 5-7　敏感因子调整对项目净利润率的影响

如图 5-8 所示，在定价会场景下，企业可通过召开调价会进行动态调整预测，然后观察这种调整策略对其他经营指标会产生哪些影响，比如调整毛坯房价格、精装房价格，或调整整体单价和未来项目的建安成本等，并依此输出不同的预测结果。企业可以通过量化指标来遴选这些方案，从而形成有效决策。

五、预测体系的三大管理价值

预测体系会为企业带来三个方面的管理价值。

第一，项目投前预测可以辅助企业更好地进行投资决策：根据土地情况，判断项目经营方向，结合投资标准，辅助投资决策；基于项目经营目标寻找匹配项目运营标准的地块，倒逼拿地标准；结合投资标准，形成城市的卡位地图；还可以为投后项目及公司经营带来一些预测数据，形成未来管理的基础。

第二，对业务目标进行预测：跟踪项目利润和现金流等指标数据的动态变化情况，监控运营指标是否发生严重偏离，因为项目是构成公司层级供销存和管理利润的基础，支持从公司到项目各层级管理者进行及时预警和预控。

第三，通过动态调整的预测，增强企业决策力。动态调整预测可以应对公司经营管理过程中的多种决策场景，提供不同的解决方案。预测的实现基于一些智能模型，可以削弱专业化的限制。非财务专业的决策者，可以通过简单的调整来输出决策指标。这种去专业化的方式，能够高效地应对市场变化，提升决策的速度和质量。

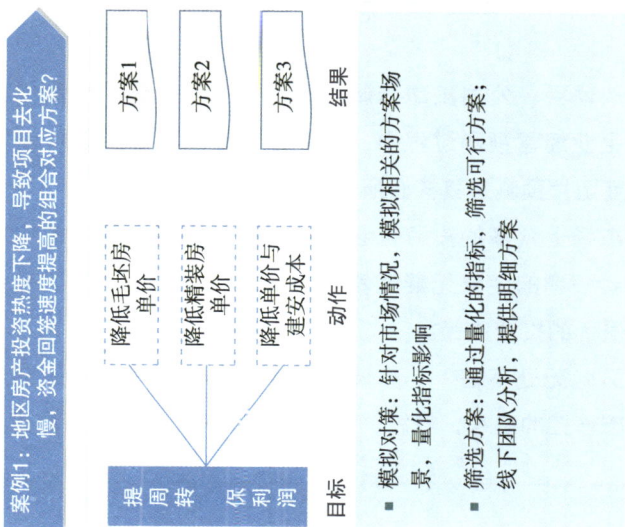

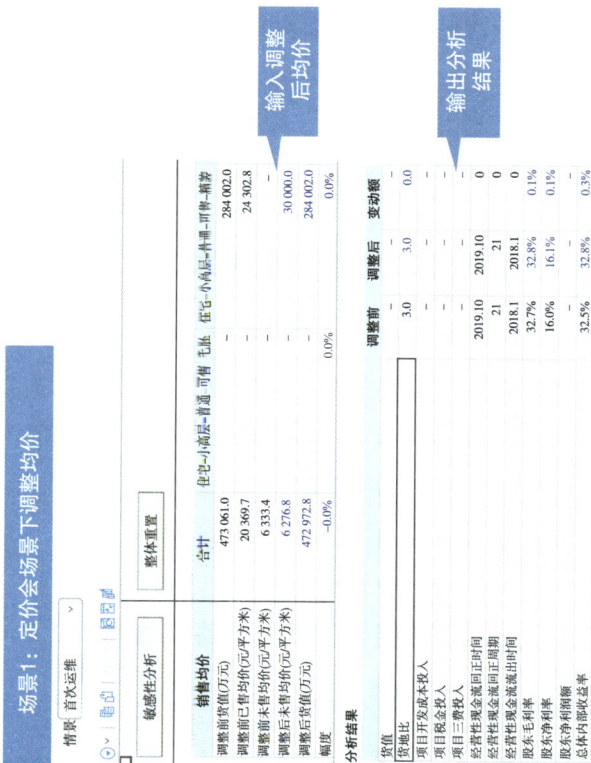

图 5-8 定价会场下调整均价带来的变化

总结

本节从项目、公司和动态调整三个维度，阐述了预测体系的内容。在企业经营预测过程中，基于项目全周期的经营计划预测和基于年度切片预测是其核心所在。

面对市场上众多的投资机会，决策者如何取舍将事关企业的经营业绩。预测的结果无疑能够判断项目经营能否达标，并让决策者做出最优的投资决策。

市场风险无处不在，动态调整预测可以为决策者在运维过程中提供动态管控的参考，最终辅助企业提升决策的速度与质量。

第三节 动态预测的三大核心

预测能为整个企业的经营管理带来价值，预测的准确性非常重要。为了确保预测的顺利进行，我们需要了解预测体系的重点和难点。

一、动态模型：实现多层级经营数据的输出

房地产企业动态预测的核心就是实现项目层级的预测，项目层级预测又可以分成三个部分：项目投资预测、项目经营预测、动态调整预测。

动态模型是实现所有经营指标核心数据预测的一个最重要工具，它能预测已经发生的数据和未发生的数据，然后输出至管理看板，以及为多层级管理决策提供经营指标数据（见图5-9）。

二、投前预测核心：自动化运算的策略和参数

投前预测阶段没有任何实际数据，需要通过模型进行预测，其核心就是自动化运算策略。这一策略涉及土地成本、支付的预测以及项目分

期下的面积、业态组成、产品类型、成本总量、费用总量、资金的预测等。项目的类型不同，设置的预测参数也不同。

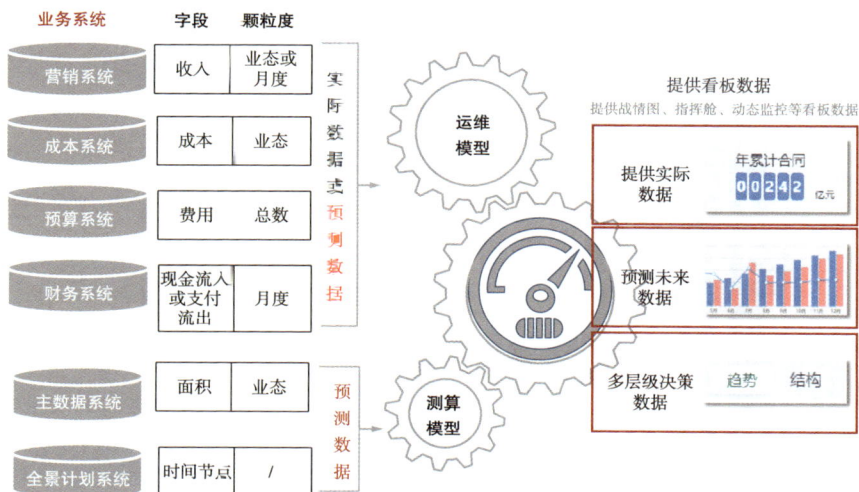

图 5-9　模型"发动机"

对固定的、有规律可循的参数、类型等进行设置，比如税率、回款比例、节点、支付比例等，就可以协助测算人员快速测算，减少人为输入。图 5-10 便是对不同项目类型设置策略参数并实现自动化的预测。

对这些动态因子调整的目的在于：标准化和全面提升智能化，以降低人工的投入和人为的干预，从而实现整个企业内各项目投资的标准预测，增强预测的整体合理性和准确性。

例如，销售计划的预测，应该基于其所处的城市能级以及项目的产品分类来设置不同的去化参数。基于以往的经验生成的历史去化率，系统会根据当下的实际去化情况，进行持续跟踪和反算，然后对这个历史去化率加以修正，得到一个相对靠近实际情况的未来去化率。这个去化率又要有根据地考虑到各个企业不同的营销策略，包括首开时的去化情况。另外，如果特定的节点有促销活动，那么我们可以根据这些特殊的节点来设置特殊的去化率。

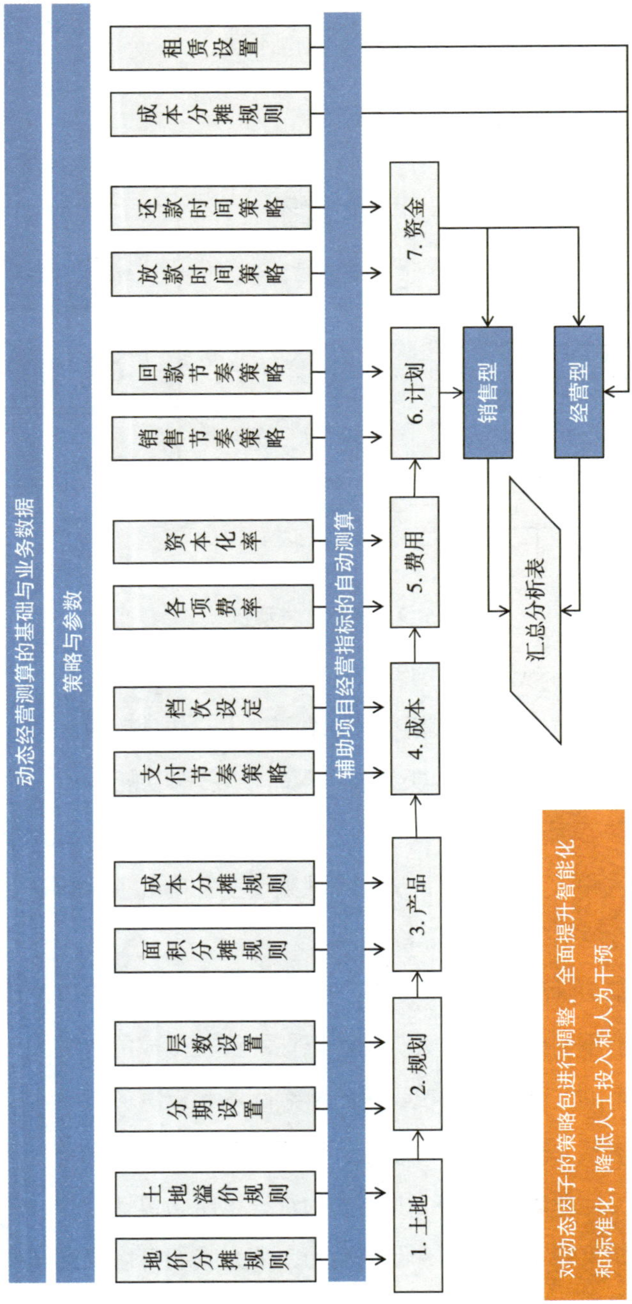

图 5-10 项目投资预测核心在于自动化运算策略

除了这些固化的去化策略之外，我们还可以手动修改去化率，让其尽可能符合营销人员对于项目的预测情况，努力提高销售计划预测的准确性。

三、项目经营预测的核心：三次干预四级控制下的平滑术

投后预测已经有了部分来自各个业务系统的实际数据，包括从营销系统提取的收入数据、从成本系统提取的与成本相关的数据，以及从预算系统、财务系统提取的费用和相关投入支出等数据。预测的核心在于，研判还未发生的数据将发生怎样的变动。

投后项目都有一个初始的规划，但这不应该一成不变，而应该随着时间的推移、业务数据的细化，与时俱进地进行调整。图 5-11 显示出计划调整的合理性与投后项目预测的合理性、准确性、真实性的关系。

在投后项目所有的业务计划中，最关键的是收入计划的预测，它会非常直接地影响到未来经营指标的预测情况。

图 5-11 是一个投后项目收入调整的案例。当下已经发生的这些数据和原有的计划产生了差异，未来的计划就需要进行一个合理的预测。

在图 5-11 中，我们进行了三轮干预：第一轮是系统干预，第二轮是人工干预，第三轮是再进行一次系统干预。通过这三层控制，我们保证了预测的合理性。

第一层干预来自系统，系统会首先判断未来的销售计划将发生怎样的变化。企业通常会分季度来检验销售指标的完成情况。如果在该季度的第一个月，实际情况跟原计划发生了偏差，那么这个偏差需要在季度内强行调整，于是系统会将这个季度的计划和实际产生的差异平滑到本季度区间内。

第二层为人为干预：项目负责人根据项目和市场的实际情况做一次研判，调整一次计划。

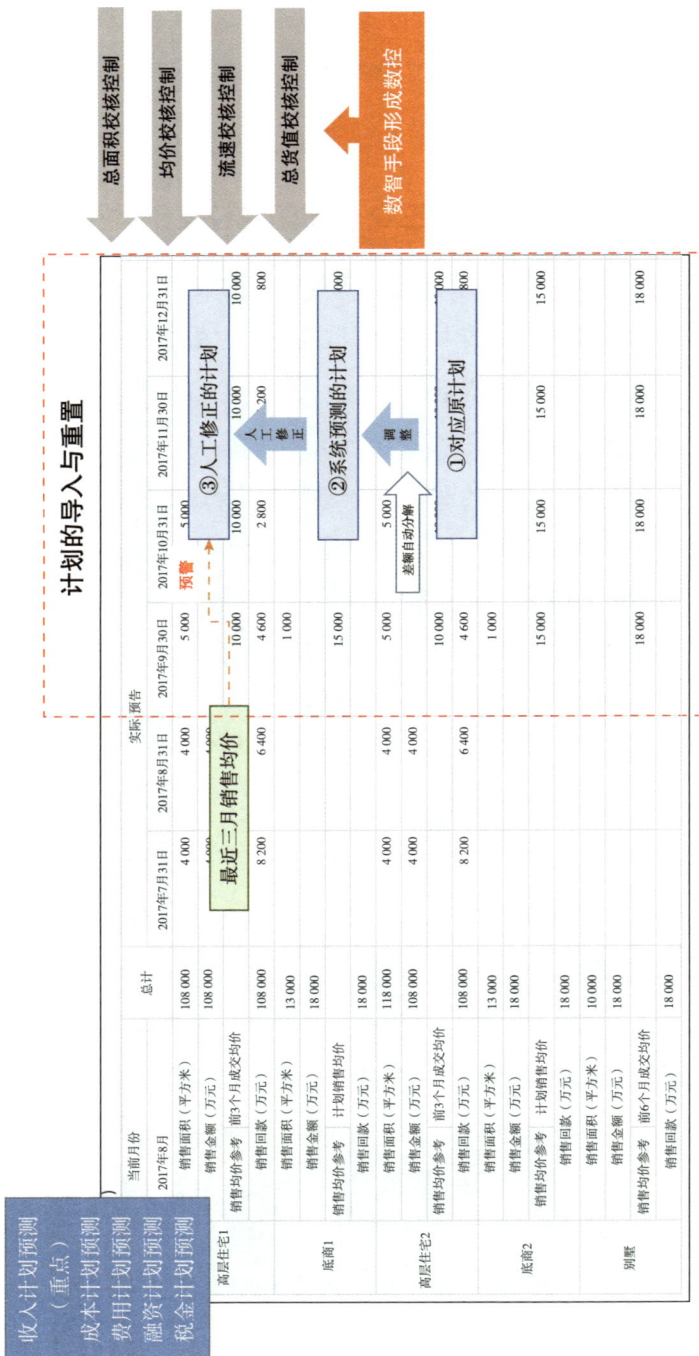

图 5-11 数智手段形成数控

第三层干预还是来自系统。由于企业考核或利益因素的驱使，人工计划的调整可能并不十分合理，例如某销售人员可能为了在自己的任期内获得较高的奖金提成，把容易销售的产品提前销售、降价销售，而把不好卖的产品放在后期销售，同时调高产品的价格。

从表面上看，整个计划的铺排是良性的——无论是整个项目的货值，还是年度销售情况，都会显示一个比较正常的情况。但是，当该销售人员拿到这个阶段的奖金离开公司之后，就会出现滞销问题。也就是说，缺乏预警环节将导致预测完全失效。系统的二次干预会针对这样的情况进行一次数智化的调控。

第一步是面积严控，也就是总面积的校核。这意味着在整个销售阶段，全周期的销售面积必然是不能够折损的，总可售面积一定要等于这个楼栋的可售面积。

第二步是均价严控。这意味着未来销售计划的价格铺排不能够超过一定的范围——跟之前的历史均价相比，既不能过高，也不能过低。过低就有可能是降价促销的策略结果，将导致整个货值折损，对未来年度的利润将产生不利影响。对过高的价格也需要进行预警和控制，因为过高的价格有可能意味着把一些好卖的业态低价销售，而调高了一些不好卖的业态价格。

第三步是流速校核控制，就是校核企业铺排的未来去化速度是否与以前匹配。如果跟历史数据相比，未来去化速度过快或者过慢，那么这也不符合预测的严谨性和合理性。

第四步是总货值的校核控制。在整个销售计划铺排之后，除了要切片到本年度来看，我们还需要看全周期的总体货值，看其是否发生了一个比较大的折损。

通过这四重调控，我们试图实现未来销售计划铺排的合理性，从而实现对投后项目销售收入的合理预测。这些严控的逻辑和系统的数智化手段，其目的在于实现数据的控制和投后项目预测的合理性。

四、动态调整预测的核心：敏感性分析

动态调整也是基于预测模型来实现的。图 5-12 列出的预测是主模型通过调整一些敏感性因子而输出的预测结果。

整个动态调整预测实现的手段和步骤分成以下四步：

第一步，识别动态预测应用的场景。动态预测有三重应用场景，它不仅可以在不同的情形下做业绩路演，同时还可以做逆向预测，即进行责任量化和压力测试。

业绩路演：识别不同业务情形业绩路演的方式及内容，总结业绩路演的指标。

责任量化：针对关键指标偏差，结合公司的组织及线下分析的思路，确认是否责任量化及责任量化的路径。

压力测试：基于同样的模型设定一个经营目标，比如固定的利润目标，从而找到其他相应因子的风险边界。

第二步，确定调整因子。在不同的业务场景下，投前、投后需要根据平衡原则，即系统稳定性与业务需求的平衡，确认需要上线的调整因子。

调整因子梳理：静态调整因子，比如均价、成本等；动态调整因子，比如开盘时间、去化周期等。

调整粒度梳理：调整楼栋、分期和项目等。

调整层级梳理：确认不同层级的项目是否支持整体调整、单分期调整或组合调整等。

第三步，梳理调整逻辑。该步骤的主要目的在于，梳理调整因子影响的原输入指标及调整逻辑，以及这些调整因子会对哪些指标造成影响。例如，调整均价会影响未来收入，还会影响回款及税金等相关指标，最终影响利润等结果指标。正因如此，除了梳理调整因子，我们还要梳理其他可能被影响的因子。

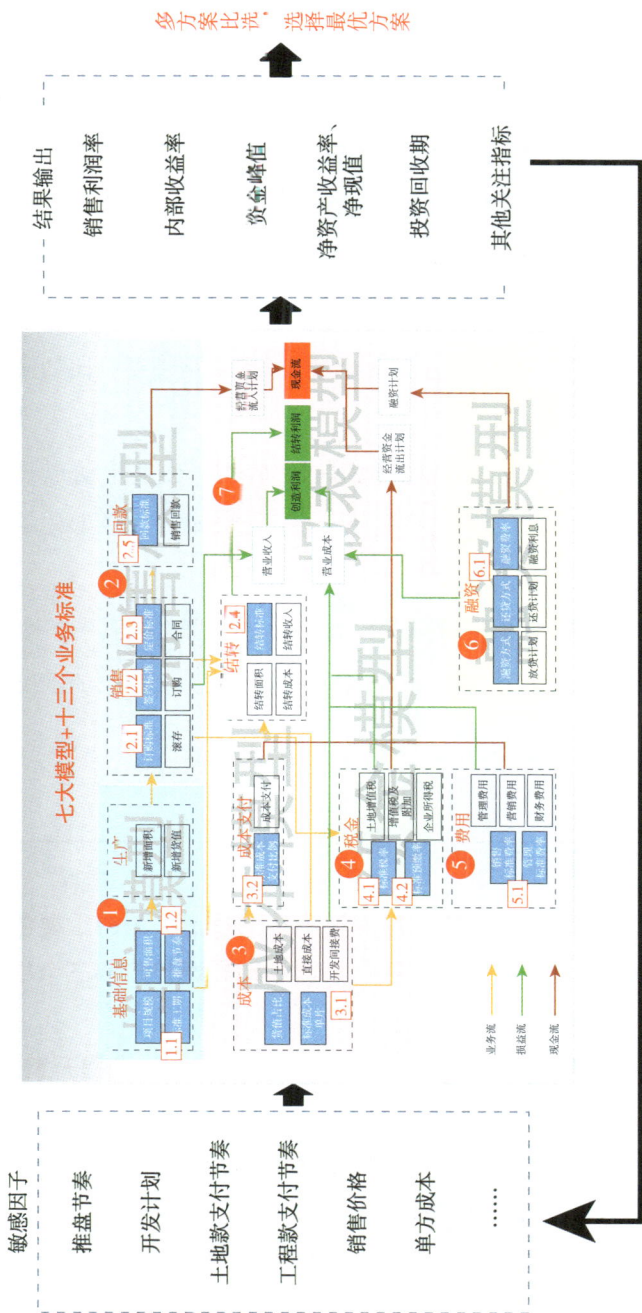

图 5-12 动态调整预测总逻辑流程图

被影响输入指标梳理：梳理均价调整是否影响签约、回款等，然后针对被影响指标确认规则。

规则调整梳理：被影响指标的未来数据变动规则确认。

规则调整原则：在保证趋势总逻辑的基础上，做到轻量化。

第四步，确认输出样式。该步骤的主要目的在于，确认输出指标及后续应用，进一步完善整套应用流程。

输出指标梳理：确认主要的输出指标及其展现样式。

分析应用梳理：梳理敏感性分析的进一步应用情况，比如多方案评比、测算底表查看等。

通过上述四步，我们可以实现敏感性分析，也就是动态调整的预测。敏感性分析工具可以支持多因子分析及录入调整，图形化的展示能有效支持管理者更好地决策。

我们已经梳理出图 5-13、表 5-3 中所列的五大类三十多个敏感因子。三大层级的多因子调整，可用来支持各种类型场景下的敏感性分析或动态调整预测。

总结

无论何时，业务预测都是房地产企业投资决策的重要依据。本节从项目投资预测、项目经营预测及动态调整预测三个维度，阐释了预测的核心。

项目投资预测的核心在于自动化运算策略，以此提升智能化和标准化，减少人工投入和人为干预。

项目经营预测的核心在于数智与数控，以此进行数据的"与时俱进"及其合理性的调整。

动态调整预测的核心则是以三大类应用场景为抓手，分四步进行敏感性分析，从而形成多场景下的动态调整预测。

成本分析　开发计划与工程款支付节奏调整　销售计划与节奏调整

产品类型	销售面积（平方米）	当前起始单价（元/平方米）	第7个月	第6个月	第5个月	第4个月	第3个月	第2个月	第1个月
小高层住宅	227 857	< 45 243 >	14.29%	14.29%	14.29%				
高层住宅	60 665	< 48 032 >		16.67%	16.67%				
独立商业街	15 610	< 69 486 >		16.67%	16.67%				

调价节奏

	第1个月	第2个月	第3个月	第4个月	第5个月	第6个月
小高层住宅	0%	0%	0%	0%	0%	0%
高层住宅	0%	0%	0%	0%	0%	0%
独立商业街	0%	0%	0%	0%	0%	0%

销售收入（万元）1 398 674
总成本（万元）699 928
利润总额（万元）438 121
净利润（万元）301 092
销售净利润率 21.53%

内部收益率 141.72%
净现值（万元）278 403
付现值款（万元）398 725
可售单方成本（元/m²）23 014
现金流量峰值（万元）−569 760
现金流量峰值时间 2018年1月

已完成数值
销售收入（万元）635 343
付地价款（万元）243 427
工程成本（万元）356 366
其他成本（万元）16 743

剩余预计数值
销售收入（万元）635 343
付地价款（万元）155 298
工程成本（万元）222 090
其他成本（万元）121 472

现金（万元）
500 000
400 000
300 000
200 000
100 000
0
−100 000

现金流入　现金流出　现金金额

2017年3月　2017年4月　2017年5月　2017年6月　2017年7月　2017年8月　2017年9月　2017年10月　2017年11月　2017年12月　2018年1月　2018年2月　2018年3月

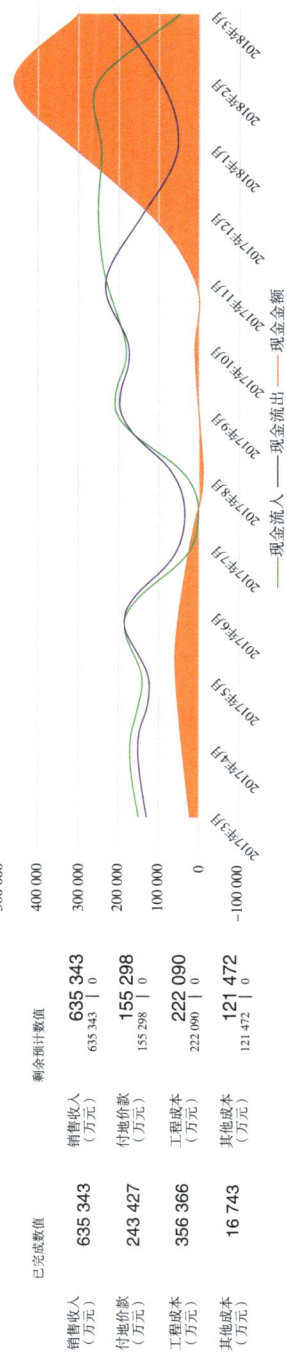

图5-13　支持多敏感性因子同时录入调整

表 5-3　调整结果展示表

支持五大类共三十多个敏感性因子、三大层级的多因子调整

类型	设计类 致敏性因子	收入类 致敏性因子	收入类 调整粒度	成本类 致敏性因子	成本类 调整粒度	费用类 敏感性因子	费用类 调整粒度	融资类 致敏性因子	融资类 调整粒度
静态敏感性因子	可售比	均价	楼栋	开发成本	分期	管理费用率	分期、项目	融资额	项目
	自持比例		分期	勘测、设计费	项目	营销费用率	分期、项目	融资方式	项目
	配套比例		项目	行政及经营性收费	项目				
		回款方式	各付款方式占比	三通一平工程费	项目				
			公司	基础设施费	项目				
				环境景观工程费	项目				
				配套设施费	项目				
				工程相关费	项目				
				工程后续成本	项目				
				土地成本	项目				
动态敏感性因子分析		去化周期	分期、项目	开盘节点	楼栋、分期、项目	费用支付周期	分期、项目	放贷周期	分期、项目
		销售流速	分期、项目	竣备节点	楼栋、分期、项目			还款周期	分期、项目
		回款周期	分期、项目	支付节点	楼栋、分期、项目				
				开发周期	楼栋、分期、项目				

第六章

预演：从战略目标到业务运营的场景化推导

预演是战略规划的重要内容，通过建立体系、规划路径、设置参数、工具测算等环节，实现从战略目标到经营计划的推导过程。

本章将围绕以下三个方面展开：第一是预演的价值，第二是实施预演的过程和方法，第三是预演在实施过程中遇到的难点和相应的解决方法。

第一节　预演的价值：避免战略规划的盲目性

预演的主要内容是，将中长期目标推导和分解成经营目标和业务计划，围绕战略目标分析下一个年度要达到的效果。这些内容也形成了一个基准，未来的预警与预测都要根据这个基准来判断目前是否存在风险，过程控制和事后评价也需要预演输出的基准来进行匹配。所以，只有通过预演环节制定出合理的战略目标和经营目标，企业才能够据此进行后续的监控和考核，从而实现目标、运营、跟踪、考核的全面贯通。

企业如果没有通过预演来制定战略目标，那么往往会面临两种困境：要么是没有战略目标，根据市场变化随时调整经营计划；要么就是决策层依靠主观判断来制订战略规划，目标具有很大的盲目性。这两个问题都会给企业经营带来巨大的风险。

一、没有战略规划，经营计划越调越乱

战略推演中有一个术语叫作"流浪汉现象"，形容一个没有战略的企业就像流浪汉一样居无定所，经营管理完全随市而行。有的企业虽然制定了战略目标，但是没有根据战略目标来执行相应的经营计划，战略目标形同虚设。企业一旦脱离了预先制定好的战略目标，就不能做到把控全局，只能跟随市场环境的好坏来随时调整经营计划，这样企业未来可能会面临一些不可逆的风险。

在市场向好的情况下，企业收到大量回款后可能会大举拿地、高歌猛进。后续一旦市场遇冷，大量的土地因为无法快速开发和销售而变成高存货，进而造成低周转、高负债、低营收的情形。所以，一个合理的战略规划会规避一些超出范围的不合理举动。

二、个人意志代替战略规划，存在很大的盲目性

有的企业虽然会进行战略规划，但是并没有建立起真正符合企业发展需要的战略规划系统，缺乏清晰的路径和合理的规划方法。制定战略目标时凭经验和感觉，是一种用个人意志代替预演体系的表现。

表 6-1 列举了企业缺乏合理的战略规划而产生的常见问题和具体场景。首先，企业领导者没有对企业自身和外部的情况进行缜密的分析和预测，往往根据自身的直觉来判定，这样制定出来的战略存在很大的盲目性。其次，战略规划没有得到有效、合理的分解，在各个层级的执行中很难实现。再次，战略制定缺乏有效的约束机制，导致战略失去稳定性，变动过于频繁。最后，企业在做全面预算或者其他经营规划时，会要求各区域上报一个本年度的经营目标。各区域在制定这个经营目标时，很可能不是依据真实的市场情况和企业自身的情况，而是出于自身利益的考虑。因为目标定高了会影响考核和绩效，定低了会影响下一年的资源配给，所以各区域在利益驱使下可能会制定一个并不十分合理的战略目标，然后向上汇总到集团。当发现各区域的经营目标与集团预期的增长率不吻合的时候，企业可能会把产生的偏差强行分摊到相应的区域或者城市公司，以取得所谓的"平衡"。

表 6-1　没有合理的战略规划导致的常见问题和场景

经验型战略规划	没有建立起真正符合企业发展需要的、科学的、系统的战略规划系统；没有科学方法论和工具支撑，凭经验和感觉制定战略目标
目标制定盲目	更多地依靠领导人的个人能力和意志进行制定，没有对企业自身和外部的环境进行缜密的分析和预测，这往往会使得领导人的直觉和判断失去理性分析的支持，导致战略的盲目性
目标分解不合理	由于对战略没有进行有效的逐级分解，战略制定缺乏有效的制约机制，往往导致战略失去稳定性，变动过于频繁

（续表）

互相博弈	"两上两下"中的糊涂账： ■ 区域向上报目标拍脑门：定高了影响奖金，定低了影响资源配给 ■ 集团平衡拍脑门：区域汇总值与高层预期增长率不吻合，二者的偏差将进一步分解平滑到预先设定的目标

所以，在缺乏标准路径和科学分析方法的情况下，企业制订出来的战略规划可能是一笔糊涂账，并不能够有效地指引后续的经营计划。

三、预演体系的价值：以科学规范体系助力战略目标高效落地

企业如果有一个科学、合理的预演体系，就能够有效地指导每一步的经营过程。各个企业做预演的具体方式有所不同，有的企业只做三年规划，而有的企业会做五年规划，但其背后的核心逻辑是一致的，即路径要清晰，推演方法要科学。

关于企业如何实施预演的问题，我们先看一个具体的案例。

如表6-2所示，某企业制定了未来5年的战略目标，规定在第5年的时候要达到1 000亿元的销售规模，拥有150个在建项目，拓展40～50个城市。如果对该战略目标进行直接拆解，我们会得到一个非常粗略的年度目标，比如每个城市要实现20亿～25亿元的销售额，每个项目的销售额要达到约7亿元，每年新拓展3个城市。这是一种非常简单的拆解方式，但还不足以形成整个预演体系，企业在目标执行的过程中会遇到很多问题。

首先，受到资金、人才、存货、土储、供应商资源和商户资源等自身资源的制约，这些年度和战略目标不一定能够实现。其次，企业不知道如何实现这些目标，比如应该把资源分配给哪些区域和城市，拿地的顺序和节奏是什么，土地类型是商业类还是住宅类，等等。这些都需要非常务实的业务计划，仅仅通过简单的拆解是无法实现从战略目标到实施路径的推导的。

表 6-2　简单拆解战略目标的制约因素

5 年战略目标	年度目标拆解	制约因素或如何实现
销售规模： 第 5 年实现销售额 1 000 亿元	每个城市 20 亿～25 亿销售额，4～5 个在售项目	■ 资金 ■ 团队：人才 ■ 资源：存货、土储、供应商资源、商户资源
在建规模： 在建 150 个项目	每个项目每年销售约 7 亿元	
城市拓展： 拓展至 40～50 个城市	每年新拓展 3 个城市	■ 资源分配至哪些区域和城市？ ■ 拿地的顺序和节奏？ ■ 获取什么样的土地？商业或住宅？净地或毛地？面积大或小？
商业布局： 累计开 20 个购物商场，商业面积 20 万平方米	每年拓展 4～5 块适合做购物商场的地块，每年新开 2～3 个购物商场	

　　表 6-3 是某企业的预演体系表，流程非常清晰，落地性也很强。该企业通过"3131"的途径来确定整体方向，即以三年滚动的经营计划来确定一年的指标，然后每三个月进行一次考核，考核细化到月度目标。

表 6-3　某企业"3131"预演体系示例

3 年 战略规划	制定三年发展目标，为战略布局提供经营意见
	推动经营模式创新、内部能力提升、战略资源整合
	通过三年计划盘点，明确三年销售或结转目标与缺口，指导投资和运营节奏
1 年 经营计划	分解执行集团年度经营目标，实现规模与成长、盈利与效率
	形成对年度经营情况的预测、预案
	年度的各项经营动作（投融资、开工、销售、资金等）的协调、交圈
3 个月 经营回顾	确定季度经营导向和重点
	围绕年度目标与市场变化，实现运营策略的灵活调整、及时纠偏
	开工、销售、库存、现金流及合作事项安排
1 个月 经营跟踪	把控月度的销售实现、计划完成、决策落地等
	内部状态的监控，把控施工计划、销售、资金安排

该企业首先制订了一个三年战略规划，确定整个企业未来三年的发展目标和战略布局；然后通过盘点已有项目的年度计划，来明确未来三年的销售或者结转缺口，并根据测算的缺口来安排投资和新增项目。

接下来，该企业将三年战略目标分解成每一年的年度目标，并落实到投融资、开工、销售、资金等经营动作中，做好各个业务条线的协调和交圈，这样就得到了具体的年度业务计划。

另外，该企业每三个月会根据年度业务计划和市场变化进行策略调整，实现预控和及时纠偏；每个月都进行内部状态的监控，有效把控施工计划、销售和资金安排。

目前，常见的战略推演方法分为四大模型七个步骤（见表6-4）。

表6-4　战略推演的标准七步法

趋势分析模型	1. 形势研判	环境侧、需求侧、供给侧
	2. 矛盾识别	内外部矛盾
	3. 中心任务	机会捕捉、瓶颈突破
目标拆解模型	4. 总体路线	战略定位、主攻方向、着力点
业务推演模型	5. 业务路线	业务活动、战略控制
	6. 行动路线	市场、战略布局
项目推演模型	7. 资源配置	战略资源、组织结构、体制和机制

第一，先做机会研判，判断环境、需求和供给的形势，识别内外部矛盾，捕捉当前市场的机会和待突破的瓶颈，从而制定一个中远期的战略目标。

第二，进行路线设计，包括总体路线、业务路线和行动路线。总体路线要明确战略定位，比如未来想达到的行业排名以及目前的主攻方向；业务路线可以理解成各业务部门的业务活动；行动路线涉及未来要进入的市场和战略布局。

第三，进行资源配置。如果说机会研判是制定中远期的目标，路线设计是制订具体的实施计划，资源配置就是判定实施计划能否得到足够的战略资源（人、财、牧等）支持，并通过组织结构、体制和机制来实现。

爱德地产研究院的预演体系覆盖集团、城市公司、项目多个层级。预演过程分为两次推演、六个环节，展现出一条涵盖趋势推演、目标分解、业务推演、项目推演、战略调整与战略检视的清晰路径（见图6-1）。下文我们将围绕此预演体系进行详细阐述。

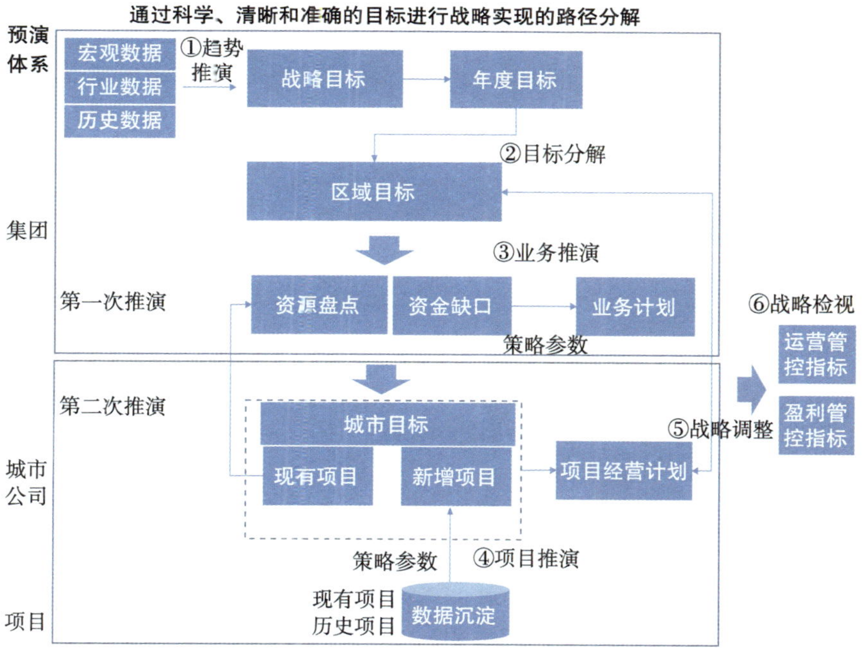

图 6-1　整体预演体系框架图

┌─────────── 总结 ───────────┐

　　通过预演，企业可以从战略层面锚定企业发展方向，以发展视角来看问题，通过未来的目标反推当下的资源配置和实现路径，以业务计划为管理抓手，统筹全职能的业务条线开展业务，辅助各个层级的决策者做出正确决策。这是科学的预演体系带来的价值。

└──────────────────────────┘

第二节　集团战略目标和业务计划的预演

　　第一次推演主要集中在集团层面，推演逻辑是先制定一个战略目标，经过目标分解和业务推演，输出一个业务计划，再根据这个业务计划来粗略地判定战略目标是否合理。

一、趋势推演：确定集团的远期战略目标

　　趋势推演的目标是制定整个集团的远期战略目标，该战略目标并不是企业未来几年要实现的目标计划，而是要求企业结合行业历史情况以及前景分析，把企业对未来两年的计划铺排与行业的前景做比对，完成远期战略目标的第一次校验。

　　趋势推演主要包括三个步骤，如图 6-2 所示。

1. 行业历史分析

　　如果某企业的目标是进入行业前 10 名，那么它首先要统计前 10 强企业在过往 5 年的销售额和销售额增长率，以及市场占有率和市场占有率的增长情况，这样它就得到了关于行业的相关历史参数。

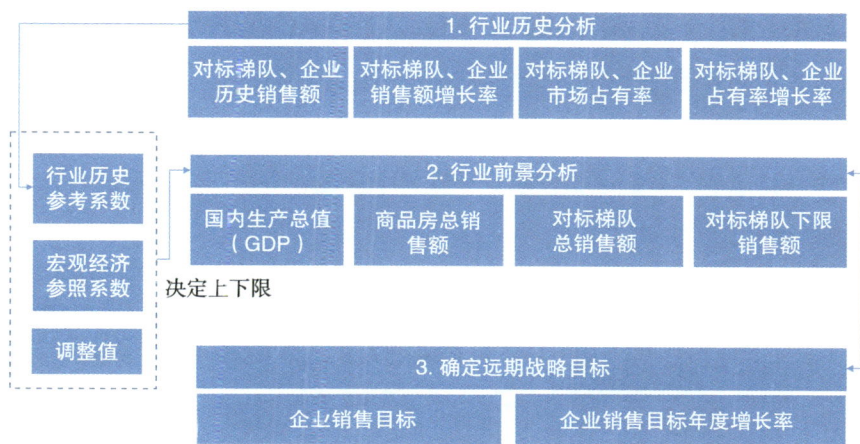

图 6-2　趋势推演的具体流程

2. 行业前景分析

根据上一步得到的行业历史参数，再结合宏观经济参数和相应的调整值，该企业就可以生成相应的行业前景指标，由此框定未来 5 年行业增长率的上下限。

这时企业可以从各个维度得到未来 5 年的行业预测数据，比如整个房地产市场的总销售额会达到多少，企业对标的前 10 强企业的总销售额增长情况，以及处于第 10 位的企业能够实现的销售额预测值。

3. 确定远期战略目标

最后，企业应基于本年度的销售目标和增长率，制定未来 5 年的发展目标，再将该目标和对标梯队的下限做对比，以判定目标制定得是否合理。

二、目标分解：确定各层级的远期战略目标

在得到整个集团的中远期目标之后，我们需要把它从集团层拆解到

区域层。如图 6-3 所示，第一步要将远期的战略目标按年度切分，生成未来 5 年的分年目标；第二步要对目前各区域的资源进行盘点，得到已有项目的情况；第三步要把年度目标和已有资源的情况进行对比，得到资源缺口总值，再把缺口需求拆解到各个区域和各个年度，形成各分年的战略缺口。

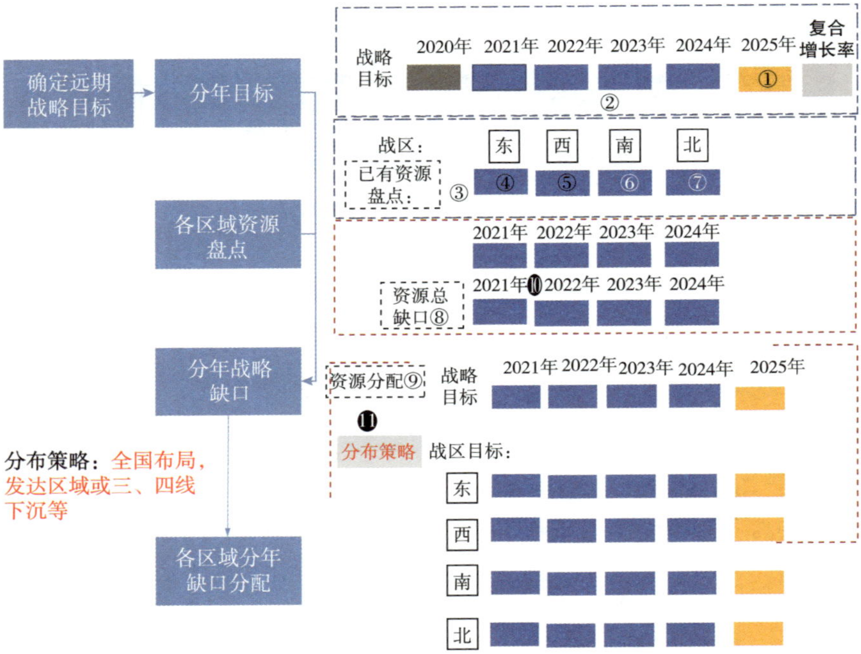

图 6-3　战略目标分解的流程示例

因为不同的企业会根据自身情况谋篇布局——深耕发达区域或向三、四线城市下沉，所以每个企业要根据自身的发展策略类型将缺口分配到不同的区域，每个区域分配的额度也不尽相同。

三、业务推演：确定年度核心业务计划和资金缺口

业务推演的核心在于获知资金缺口，即根据销售目标推导出未来所需的投资规模，再进一步得到具体的资金缺口，而资金缺口决定了本次

推演的战略目标的可实现性。

如图 6-4 所示，集团层业务推演采取由经营目标倒推投资计划的方式，主要出于以下两种考虑。首先，对集团层来说，投融资具备弹性，其可以通过多种渠道来获取融资。在这种情况下，基于销售目标倒推投资计划的可操作空间比较大。其次，由于集团层的推演相对抽象，企业可以基于一些抽象的项目来模拟未来经营发展的规划，具体还是用倒推的思路来做整体的业务推演。

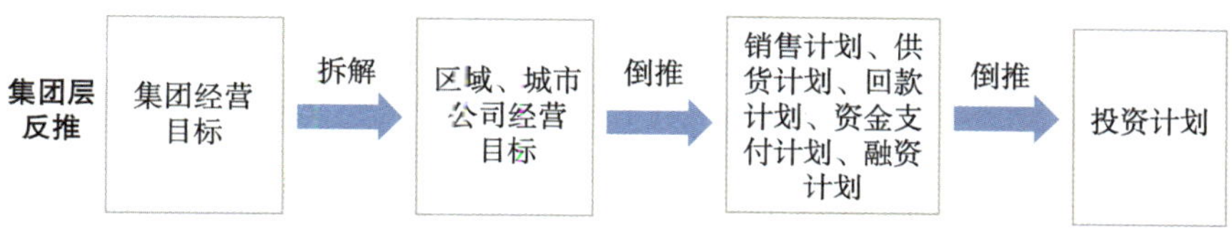

图 6-4　集团层业务推演方式

1. 盘点现存项目的货值和经营计划

现存项目的盘点包括三个部分：第一是盘点存货规模，盘清现存项目的总货量和货值；第二是盘点收入与利润，根据供货计划、销售计划、回款计划、结算计划以及成本、费用、税金支付计划，计算现存项目在未来年度可以产生的营收与利润；第三是盘点现金流，根据现存项目资金计划进行现金流测算，盘点现存项目产生的可动用资金。图 6-5 是现存项目净利润盘点逻辑的框架示意图，展示了存货货值、成本、费用之间的逻辑关系。

2. 推导资金缺口的四大步骤

图 6-6 展示了资金缺口推算的具体流程：通过对比销售目标和存量项目来推算销售目标的缺口。在图 6-6 的基础上，推导资金缺口还需要经历以下三个步骤：首先，根据去化策略和开发策略来铺排新增项目业

务计划，推导开展土储的时间以及土储的货量；其次，基于地货比计算
所需土地投资额，这个投资金额包括融资和已有项目带来的可动用现金
流，据此推导出实现销售目标有待补充的资金缺口；最后，根据推算的
资金缺口情况进行非项目融资，进一步推导在该销售目标下的公司负债率。

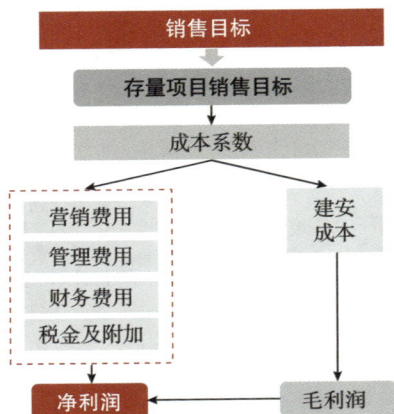

图 6-5　现存项目净利润盘点逻辑

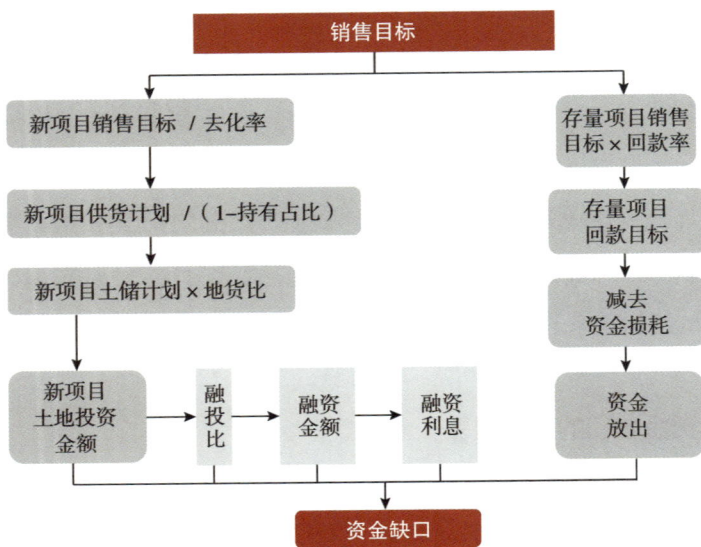

图 6-6　资金缺口推算的具体流程

3.由集团战略目标生成业务目标

通过一系列的倒推，企业就能够得到包括已有项目和新增项目在内的整体供货、土储、投资、融资等情况，由集团战略目标形成具体的业务目标（见图6-7）。

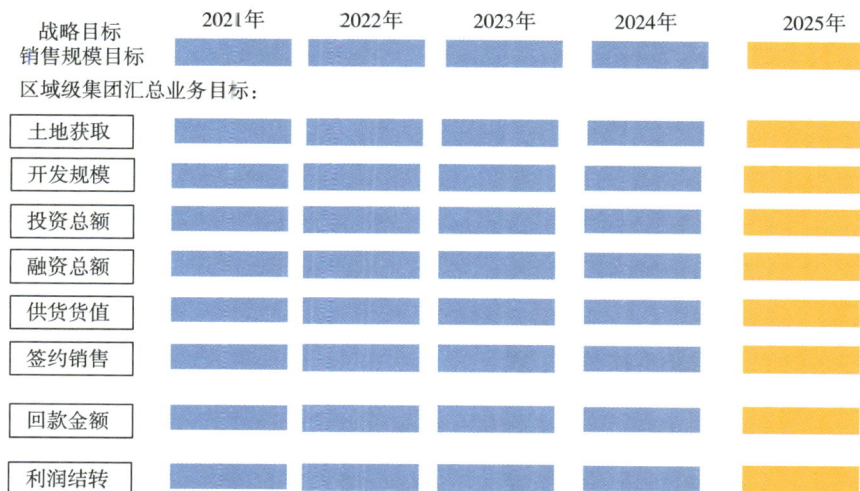

战略目标	2021年	2022年	2023年	2024年	2025年
销售规模目标					

区域级集团汇总业务目标：

	2021年	2022年	2023年	2024年	2025年
土地获取					
开发规模					
投资总额					
融资总额					
供货货值					
签约销售					
回款金额					
利润结转					

图6-7　业务推演的结果输出

总结

把远期目标分解为年度目标，把集团目标分解为区域目标，把销售目标分解为业务目标，将助力完成集团战略目标的预演和铺排。

第三节　确定战略实施路径和项目经营计划

集团层推演出的业务计划对于执行层来说比较粗略，因为它可能没有考虑到各个项目和区域之间的具体差异，往往难以判断是否能通过统一的策略来实现相应的业务目标。

由于城市公司就是接受目标的执行层,需要根据已有项目和未来获取项目的真实情况来落实分配下来的经营目标,所以城市公司层级的推导会相对谨慎,需要经过一个比较细致的推演过程。

第二次推演就是将已经制定好的初步目标继续分解到城市公司,再通过城市公司来铺排各个项目的情况,最终实现业务计划。所以,城市公司需要获知更加准确的参数,再根据每个项目的情况进行推演,然后得到项目层级的经营计划。如果项目层级的经营计划和业务目标与第一次推演出的整体目标产生了差异,城市公司会及时向上反馈,集团就会对战略进行相应的调整。

一、项目推演的整体框架

在集团目标拆解至项目或小型城市公司时,项目或小型城市公司再通过一次正向推演就可以明确自身能够承接的战略目标,以及实现战略目标所需的开盘标准、去化标准、回款标准等运营要求,其核心在于确保战略目标的有效达成。

相对于第一次集团层级的推演来说,城市公司在设置供货、去化、回款参数的时候更加贴近项目实际运作情况,是基于已有的资源去推导能够实现的目标,能够极大地提升战略目标的落地。

如图 6-8 所示,小型的房企或区域城市公司可直接通过项目推演进行预演规划(项目推演的基础是企业可动用的资金),再依据比较贴近现实的参数去推导营收目标、利润目标等。因为这类企业的规模体量小、增长不稳定、自身投融资能力相对受限,也不能有效地规划虚拟项目,所以它们可以直接根据已有资源和可预见的、相对真实的项目来铺排未来的经营计划。

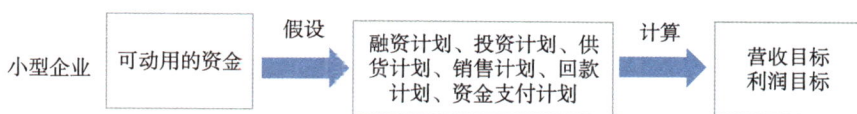

图 6-8　小型房企项目推演流程示例

图 6-9 显示了项目推演的整体框架：先根据集团分配和自身拥有的可动用资金，推导出可预见的投资计划，再根据投资额推导新增土地储备计划，然后依据相应的参数继续测算新增项目的销售目标，并与现存项目结合形成总战略销售目标。根据推导出的供货、融资、销售规模，我们可以测算最终能够实现的回款目标，实现一个完整的正向推导过程。同时，通过存量货值销售目标及成本系数，我们测算了存量项目的净利润，用以补充资金缺口。这种推导能够有效地调整开发和销售计划，挖掘企业内部存量和新增产能。

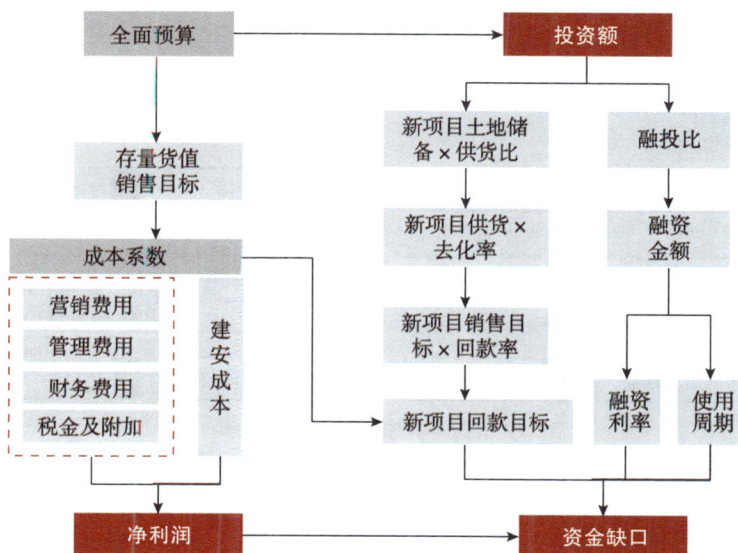

图 6-9　项目推演的框架示意图

项目推演有三个逻辑：一是以项目层级为测算基础，针对不同的项目类型采用不同的参数，因为每个城市公司会有现金流型、利润型等不同类型的项目，推演时要根据项目类型来选取不同的参数；二是推导新增项目，根据可动用资金推导可预见的投资计划；三是推导新增规模与利润，根据新增土储推导销售目标，与现存项目结合形成总战略销售目标。

二、战略调整：“两上两下”形成最终的战略目标

在完成了集团层面和执行层面的两次推导之后，我们就进入了战略调整环节。与做预算类似，战略目标的制定也需要通过“两上两下”的调整过程。

如图 6-10 所示，目标第一次向上的过程是项目层面将现存项目的盘点情况汇总到区域和集团层面，支持集团层面制定战略目标。集团会把战略目标和已有资源的缺口拆解至区域公司和城市公司，完成目标第一次向下的过程。

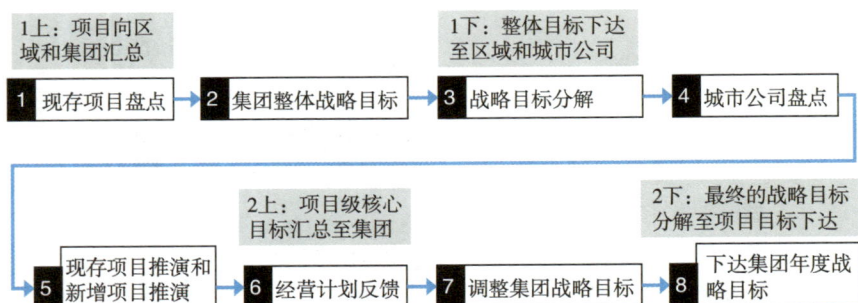

图 6-10 “两上两下”的战略调整流程图

城市公司按照下达的年度目标进行盘点，再根据现存项目和拟新增项目做一次推演，推演完成后就会得到一个新的经营计划。城市公司将项目级核心目标向上反馈和汇总到集团，完成目标第二次向上的过程。集团层面会根据反馈上来的目标做一定的调整，制定一个相对务实的战

略目标，再将最终的目标分解成项目目标进行第二次下达。

三、战略检视：评估目标和计划的合理性

在完成所有的战略推演过程后，各个层级都铺排了相应的计划，也有相应的参数支持，企业就可以计算包括规模、盈利、现金流、资源在内的项目经营指标（见表 6-5）。企业可以从表 6-5 中提炼出需要管理的核心业务目标作为此次战略推演的检视目标，然后对战略目标和业务计划的合理性进行评估，以验证此次推演的有效性，这样就形成了战略推演环节的闭环。这些目标未来也可以作为企业后续经营计划和经营考核的标准。

表 6-5　项目经营管理指标年度标准示例

维度	指标	2020 年	2021 年	2022 年
规模	签约（亿元）	25	30	25
	结算收入（亿元）	0	11	24
盈利	创造净利润（亿元）	2	3	3
	结算净利润（亿元）	-1	1	2
	毛利润率（%）	13	19	20
	创造净利润率（%）	8	9	10
	净资产收益率（%）	14	32	31
现金流	销售回款（亿元）	24	33	24
	经营性净现金流（亿元）	-16	20	12
	可动用资金存量（亿元）	0.5	1	1
	滚动 12 月回款率（%）	90	90	90
资源	期初产能储备（亿元）	179	176	137
	全年开工（亿元）	39	39	22
	期末在途资源（亿元）	18	17	15
	期末库存（亿元）	7	10	8

四、推演结果：输出四个层面的成果

在做完整个战略体系的推演之后，企业就可以得到四个层面的成果，实现预演的价值输出，如图 6-11 所示。

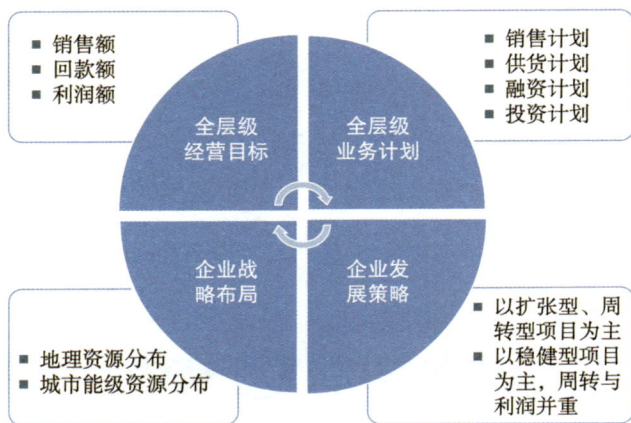

图 6-11　战略预演输出的四个结果

第一个是全层级经营目标，包括各个层级的销售额、回款额、利润额等。

第二个是全层级业务计划，从集团层级到项目层级都会形成具有落地性的销售、供货、融资和投资计划。

第三个是企业战略布局。因为每个城市公司都根据自身情况做了推演，并完成了向上的汇总，所以集团层面可以看到未来五年内地理维度上的资源分布情况，以及城市能级层面的资源分布状况。

第四个是企业发展策略。城市公司会选择不同类型的新增项目进行推演，在输出的目标和策略向上汇总到集团层面之后，它就可以根据线下的铺排计划制定发展策略，比如根据周转型项目和利润型项目的比重来决定走扩张型还是稳健型的道路，并检视其是否与最初的总体目标一致。

┌─────────────── 总结 ───────────────┐

战略目标的推演过程与全面预算有些类似，整个推演过程并非一蹴而就，而是要从上至下和从下至上反复调整，这样才能得到一个相对科学和可执行的经营目标与经营计划。经过两次推演，项目层级有了比较详细的经营计划，进而生成一些运营、盈利方面的管控指标，最后形成相应的战略推演报告，可供集团决策层检视整体的战略铺排是否合理。

└────────────────────────────────────┘

第四节 预演难点：利益冲突产生经营风险

预演体系在实施过程中必然会遇到一些难点。本节会列举一些预演中最有可能遇到的问题，然后讲解如何通过推演体系和推演工具来解决这些冲突和难点。

一、运营数据辅助交圈决策

因为整个战略目标的实现基于现存项目和新增项目，所以战略推演最终会形成各条线的考核目标。如果战略目标中现存项目的贡献比重较大，那么新增项目要相对减少，反之则需要更多的新增项目。在涉及各业务条线的利益时，如果运营部门协调不力，使某业务条线过于强势，经营策略就有可能出现偏差，引发各个业务部门之间的冲突，从而产生经营风险。以下结合具体场景来讲解业务冲突的形成过程以及运营协调的难点。

如图 6-12 所示，营销部门根据市场形势和新旧货的去化率，结合已有项目情况和销售目标确定了销售规模缺口。投资部门根据集团的分解目标来制订土地拓展计划，用于补齐这些缺口。

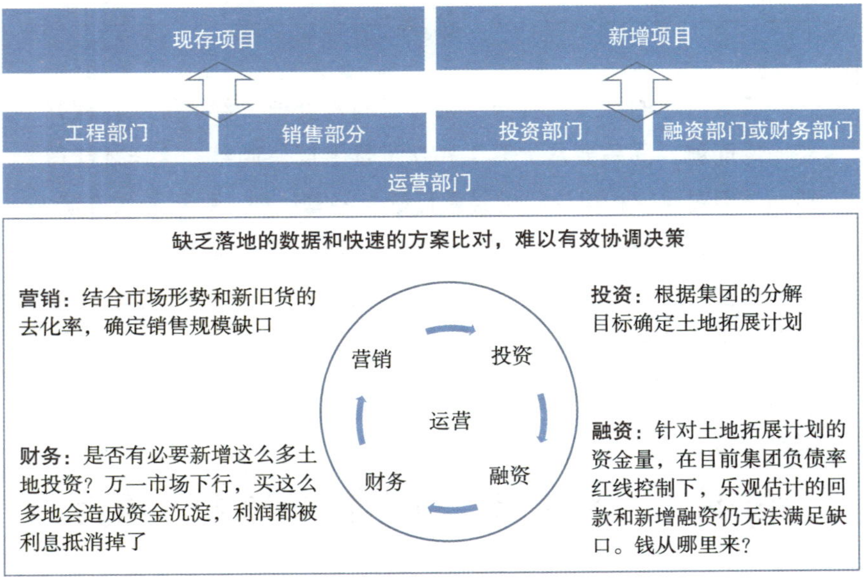

现存项目		新增项目	
工程部门	销售部分	投资部门	融资部门或财务部门
运营部门			

缺乏落地的数据和快速的方案比对，难以有效协调决策

营销：结合市场形势和新旧货的去化率，确定销售规模缺口

投资：根据集团的分解目标确定土地拓展计划

财务：是否有必要新增这么多土地投资？万一市场下行，买这么多地会造成资金沉淀，利润都被利息抵消掉了

融资：针对土地拓展计划的资金量，在目前集团负债率红线控制下，乐观估计的回款和新增融资仍无法满足缺口。钱从哪里来？

营销　　投资

运营

财务　　融资

图 6-12　产生业务冲突的场景示意图

现有资金和已有项目回款不足以填补缺口时，企业就需要通过增加融资来加以填补。融资部门首先要考虑整个集团的负债率红线，如果乐观估计的回款金额和新增融资都无法满足投资增长目标，就要寻找其他补充渠道。

从财务部门的角度来讲，新增大量投资和贷款必然会导致负债率上升，从而对企业评级产生负面影响。另外，如果市场下行，这些土地会造成资金沉淀，预期利润可能都不够偿还利息，财务部门就会质疑这样的土地投资计划。

这时，运营部门和各部门的协调沟通就显得更为重要，比如与销售部门沟通销售缺口是否合理，与投资部门探讨能否通过已有项目的深度挖掘来减少新增项目的投资，与融资部门协调是否可以适量融资以避免负债率的过快增长。如果缺乏落地数据和快速的比对方案，运营部门就无法有效协调各个部门，无法形成一个统一的决策。

要解决各部门、各条线之间的沟通协调问题，运营部门就要让它们站在同一个平台上看到合理的数据。只有把相应的发展策略转化成可视化的数据，运营部门才能辅助各个部门制定相应的策略。

规模同时受负债率和利润率的制约，各部门的业务策略选择会带来规模、利润率和负债率之间的重新洗牌。如果企业追求规模发展，必然需要更多的负债，负债率就可以在不影响机构评级的前提下顶格放大。企业如果希望降低杠杆，就应该将借贷比例定在上调评级（比如投资级）的底线要求上。

追求规模的行业领导者首先要保证现金流，增加负债，然后走高周转的发展道路。追求利润的追赶型企业应该降杠杆，提高自有资金比例，然后在合适的周期抓住机会做大做强。对于追求品牌的创新型企业来说，核心是确定立足点，先占据某一个细分市场，然后形成竞争壁垒。那些实力偏弱的房企应该重点提升效率和回报率，通过增加自有收益率来寻求成长。

具体的解决方法可以总结为推演体系化、参数标准化、推演工具化、方案精细化。推演体系化就是本章第二节、第三节讲解的一套完整的推演体系。参数标准化是指，某一个参数不是由各个部门主观决定的，而是根据企业的发展策略和具体项目的类型制定出的标准化的参数。推演工具化是指，根据标准化的参数和相应的推演模型，让这些现实数据和预测数据尽快形成一些用可视化数据表达的结果和方案。方案精细化是指，通过多方案对比来指导公司选择最适合的策略。

如图 6-13 所示，企业在实践中可以通过战略沟通、战略测算和战略评价三个环节来解决各专业条线的冲突。战略沟通过程解决了各业务部门主观评定参数的问题，先将各参数按照项目和城市类型划分并固定下来，然后生成相应的策略。这些策略会进入战略推演工具中被快速测算，输出的每个方案都有详细的战略规划报告。之后，企业就可以根据战略规划报告来进行战略评价，最终决定发展策略、各部门计划以及策略参数。

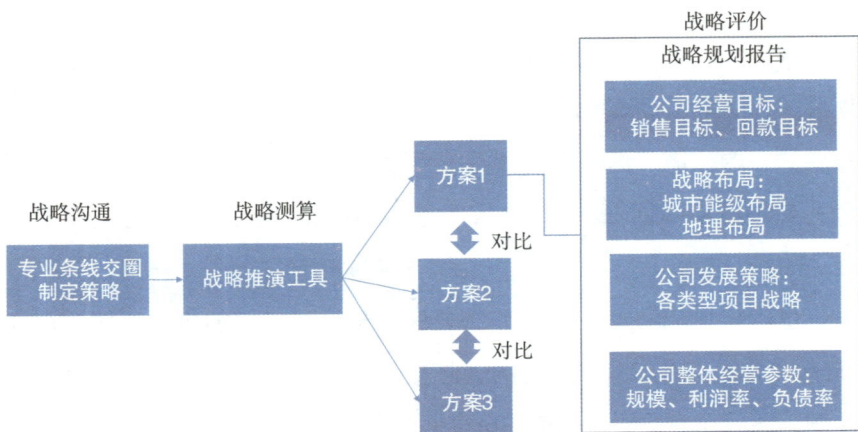

图 6-13 解决冲突的具体流程

二、战略沟通：多业务条线交圈，制定策略

战略目标的沟通需要以现有项目为起点，再叠加新项目的开发和投融资情况，以确保项目目标的可实现。

1. 通过市场评估，对已有项目进行策略调整

资源盘点能够帮助企业进一步掌握可售资源在各城市公司的分布状态，以便其结合行业环境和当地市场趋势，重新审视项目全周期的运营计划。

城市公司是计划的执行方，在排布计划以达到未来年度签约目标的时候，会考虑三个方面，如图 6-14 所示。

第一是市场周期。对于已经拿地、尚未开发的项目，为了避开市场低谷，公司可能采取提前开发或者推迟开发的策略。

图 6-14　现有项目的策略调整考虑因素

第二是市场偏好。根据目前该城市的存货情况判断市场的喜好、需求，调节不同业态的开发节奏。比如现在改善型的需求比较多，公司可能就需要加快开发节奏，而对于不能及时产生回款和有效营收的业态，公司可能就要延迟开发。

第三是回款要求。如果战略目标对回款的要求比较高，城市公司可能就要调整价格策略，实现较快的去化和回款。如果追求利润，城市公司就要执行适当的涨价策略。

2. 多部门沟通，调整新项目的策略和参数

对于新的项目来说，企业通常会根据行业情况、历史数据和不同的城市、项目，生成一个初始化的参数版本。每年在进行战略推演的时候，企业都要根据目前的操盘能力和市场情况，新增或者调整标准参数。这个调整过程也涉及运营部门和各个部门之间的沟通（见图 6-15）。

营销部门对于市场未来的趋势可能有悲观、中性、乐观三种判断，然后相应地调节拿地节奏、上盘时间、去化节奏、回款周转等相关参数。

投资部门需要补足战略目标与现存资源之间的缺口，会和运营部门在拿地节奏、拿地质量和拿地类型等方面进行沟通。企业会根据资金周期和行业周期决定未来的拿地节奏，如果前几个月就已经完成了整个年度目标 80% 的销售额或者回款，资金比较充裕，那么城市公司会根据未来土地周期的价格低点，确定合理统一的拿地节奏。拿地类型也非常重

要，决定了项目是利润型、周转型还是其他类型，因此城市公司也需要跟投资部门进行沟通。

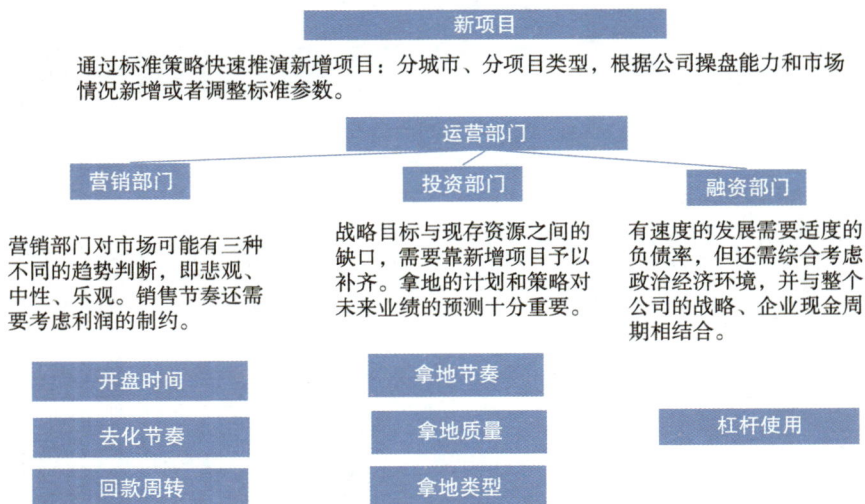

图 6-15　新增项目的沟通和参数调整示例

最后，城市公司还要跟融资部门沟通杠杆的使用情况。由于企业规模增长和负债之间存在制约关系，所以企业在使用融资杠杆时既要考虑企业发展和负债的均衡，又要考虑整个市场的经济环境、公司策略和企业的现金周期，综合判定杠杆使用的参数。

三、战略测算：快速调用内置标准化参数

战略测算需要利用推演工具对旧项目和新项目进行推导。城市公司会根据市场的变化，在模拟环境中对旧项目已有的数据做一些计划性调整。

通过选择不同类型的标准项目来补齐销售目标缺口，结合已有旧项目的数据，企业能够迅速调用推演工具生成方案，实现计划可调、数据可查、方案可选、支持决策。企业可以在各城市储备不同类型的标准项目，以供快速调用。

要实现新项目的快速调用，企业需要在模型中内置标准化参数。由于每一个城市的项目类型、市场环境、模型参数都不相同，因此企业要根据城市层级、项目定位、项目土地类别来具体制定开发周期、地货比、融资、开发节奏等相应的策略。例如，某企业先将项目地块分为现金流型、均衡型、利润型三类，再针对不同城市的三种项目类型分别设置标准。图 6-16 展示了该企业天津公司现金流型项目的参数设置。

城市公司	经营定位	类别	**1** 项目规模		运营标准
天津	现金流型	净地	30万平方米以下（非核心区）		5710①
			30万平方米以下（核心区）		6812②

2 地货比	**4** 开发节奏		**5** 达售条件	**6** 销售节奏	**7** 按揭放款条件	
核心区：60% 非核心区：40%	高层标准工期（天）		±0	■ 首开货量占比30%；当月去化70%	回款比例要求	
	基础（垫层）	25			非封顶放款	
	地下室一层	20		■ 首开后6个月内，月均去化2万平方米	第1个月回款	40%
3 融资比	首层	12			第2个月回款	30%
60%	标准层	5			第3个月回款	20%
	平屋面	10			第4个月回款	10%
	斜屋面	15				

注：① 5710：开工 5 个月，开盘 7 个月，现金流回正 10 个月。
　　② 6812：开工 6 个月，开盘 8 个月，现金流回正 12 个月。

图 6-16　某企业天津公司现金流项目的参数设置示例

四、战略评价：从交圈视角分析战略目标的合理性

城市公司的推演集中在项目层级。由于各个项目的参数类型不一致，所以检视的环节便不可或缺，即从公司和集团层级来评估结果。

在完成了项目层级的正向铺排后，项目维度就已经确定了部分交圈运营参数，但由于不同类型的项目在各城市的占比不同，缺乏运营参数的整体检视会导致结果出现偏差。所以在整个战略铺排做完之后，城市

公司要输出不同层级的交圈指标和战略评价表，再与历史和行业数据做对比，这样才能为各专业条线印证战略推演路径的合理性提供参考。

表 6-6 展示了一个战略评价表，包括生产、投资、融资三个方面的评价指标，基于项目运营参数得到公司和集团层面的评价指标，由此来检视目标的合理性，为各部门关于交圈沟通提供一些数据支持。

表 6-6 战略评价示例

生产 评价 指标	以销定产	开销比（年开工面积 / 年销售面积）
	储销合理	开储比（年开工面积 / 年土储面积）
	供货效率	在途比（年在建未供面积 / 年供货面积）
	供销平衡	存销比（存货货值 / 年销售值）
	应收周转	回款率（年回款额 / 年销售额）
投资 评价 指标	以销定投	投销比（新增土地货值 / 年销售额）
	以回保储	土地投资强度（年度新增土地投资额 / 年回款额）
	土地质量	地货比（年土地价格 / 年土地货值）
	赢利能力	安全边际（当年销售均价 / 去年拿地楼面均价）
融资 评价 指标	以融保建	融投比（年度新增融资 / 年度投资额）
	销债平衡	销债比（年度销售额 / 负债额）
	资金安全	现金短债比（现金 / 短期负债）

总结

　　预演体系和预演工具可以让整个战略目标的制定更科学，通过战略解码让公司战略沿着清晰的路径逐步分解为具体的举措和行动，以增加公司战略目标落地的可能性。科学的预演还可以输出前瞻性的业绩规划，为决策提供超前的建议，使企业发展得更加有章可循。

第七章

预警：经营过程风险的预先识别与控制

　　风险管理是大运营管理体系中的重要一环，目标是及时纠正业务指标偏差，保证项目财务目标的达成。风险的预先识别和控制是风险管理落地的有效工具，通过预知风险与优化管理的双管齐下，为达成公司战略和绩效目标保驾护航。

　　本章分为五节，先从理论和业务的层面讲解风险管理的定位价值，再按照风险管理框架和主要内容，将风险识别、预警、控制、跟踪的完整路径逐步拆解分析，详解风险管理系统的设计思路和应用场景，帮助企业更清晰地了解风险管理在大运营中的实现过程。

第一节　风险管理痛点及应对工具

从业务层面来看，风险管理的最终目标是提前发现风险、跟踪风险和解决风险，避免各种业务指标发生偏离，对具体业务事项进行过程跟踪与控制，及时纠正计划及业务的偏差，为企业运营扫清障碍，保证企业财务目标的达成。

一、风险管理实践中的五大痛点

如图 7-1 所示，企业在实施风险管理的过程中存在很多问题，这些问题会对企业的生产经营产生重大影响，进而导致整个年度目标无法达成。

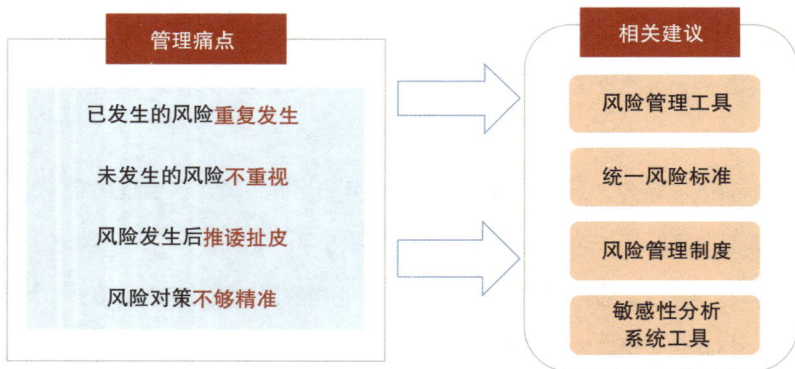

图 7-1　风险管理的痛点及相关建议

1. 对风险的梳理和暴露缺乏足够预判

由于没有梳理出自己的风险管理库，企业不能提前通过技术手段或者人工经验判断可能存在的风险，也就无法从企业整个职能和业务管理条线中抓取核心的风控点。只有进行了充分的风险梳理和暴露，基于事先知晓的风险项，企业才能对整个风险的发酵做好足够的预判，进而制定相应的应对措施。

2. 风险的分级分类标准不统一

对不同风险的分类未能做好标准化，对不同风险的不同等级不清楚，这会导致房企职责不明，风险防范无法落到实处。企业存在业务类和指标达成类的风险，我们需要进一步明确这些风险项在各个项目的推进中是否发生，一旦发生又会造成什么程度的影响。这就要求企业制定风险等级的判断标准。

企业需要对梳理出来的风险进行分级、分类管理，明确每一个风险项的定义、标准、职责部门，这样就可以及时有效地对风险进行识别和处置。目前，很多房企都很难做到风险分级、分类管理，这跟企业内部的组织结构有着比较大的关系，如果组织结构比较清晰、明朗，风险分级、分类管理就不难实现。

3. 风险的跨部门、跨层级协同不顺畅

部分风险仅存在于项目层面，无法传达到集团，统一的风险管理小组便无法成形，导致风险解决协调力量不足。

在正常情况下，风险的发生往往是多个部门共同影响的结果。例如，工程进度没有达到要求，或者在签订销售合同时银行贷款方面出现了问题，抑或企业对客户的定位不准确，这些都可能导致回款目标无法按时达成。所以，风险管理涉及跨部门、跨层级的协同，这就增加了房企所应对风险的复杂度，也会造成部门之间的推诿扯皮。

4. 没有形成风险管理的动态机制

缺乏有效的风险管理机制，完整的风险暴露、风险应对、风险跟

踪、风险奖惩、风险回顾的主动动态管理机制便很难成形。

尽管很多中小企业制定了风险的分类标准，也建立了具体的风险库，但是企业内部还没有形成一个完整、主动的风险管控制度，比如双周风险会、一周风险会、集团风险会议、部门风险会议、公司风险会议以及项目风险会议等，部分企业只是在风险发生之后才开始被动管理。

因此，企业无法在风险发生之后及时进行风险分析和应对，也就不能指导相应的业务基层部门进行具体操作。这是很多中小企业存在的弊端。

5. 缺乏有效的风险管理工具

房企项目具有周期长、范围广、涉及部门多的特点，从开工到最终的交付通常需要两到三年。房企项目周期长、涉及部门多，防范风险和风险发生后的分析和应对过于依赖个人经验判断，缺乏长效管理工具。如果没有一个好的风险管理工具，风险管理的难度就必然会加大。

二、风险管理的思路和逻辑

风险管理并非单一和临时的工具，需要我们以系统工程的视角来认知和规划。我们需要充分考虑风险管理的连续性，使其真正发挥作用。

图7-2列出了风险管理要解决的三个重要问题。我们据此进行具体的功能和场景设计，最终形成一套真正的风险管理体系。

第一，判断企业是否存在风险。不同的企业对风险的定义不太一样，规模型企业和利润型企业对风险的承受能力也有所不同，所以我们需要根据企业目标、管控重点和业务重点来识别企业是否有风险。

第二，了解企业为什么会发生风险。在识别出企业风险之后，我们要找到导致风险的原因。比如，某企业发现某区域的利润目标无法完成，经过分析发现，问题出在回款指标上，再进一步追溯风险的根源，发现该区域的定价出现了偏差。由此可见，只有找到深层次的风险根源，企业才有可能采取正确的风险控制措施。

第三，有哪些应对风险的措施。我们需要通过有效的系统工具来分析风险潜在的影响，判断未来是否还会发生类似风险，进一步制定相应措施去解决这些问题。

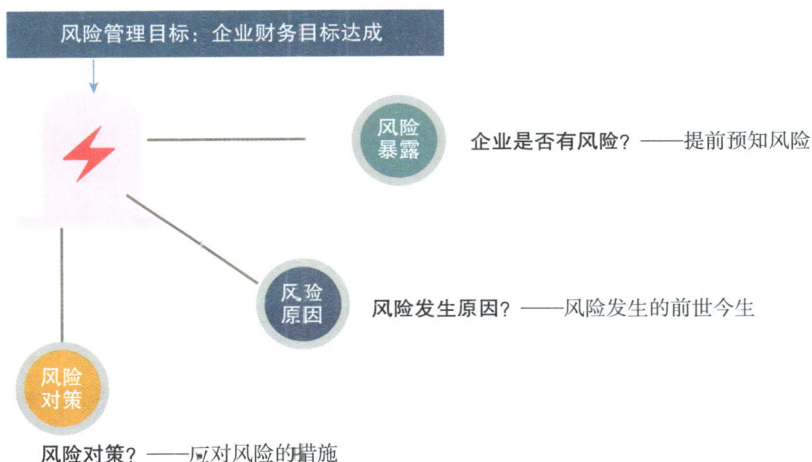

图 7-2　风险管理的"三问"

三、风险管理闭环

风险管理工具的目标是统一风险标准，形成相应的风险管理制度，实现风险的主动识别、主动展示、主动推送，即先前置化晾晒风险，然后控制风险。

如图 7-3 所示，风险管理工具的价值聚焦于风险的识别、预警、应对和跟踪，形成一个线上线下完整的风险管理闭环。

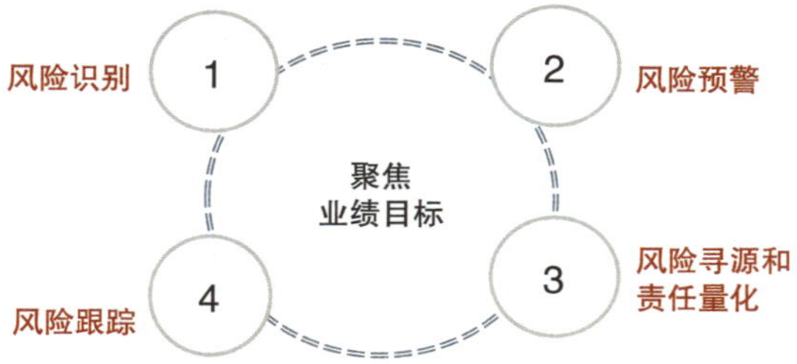

图 7-3　风险管理闭环

1. 风险识别

风险识别就是基于历史沉淀的风险和企业的管控重点，结合公司战略及目标设定，构建统一的风险管理框架和运行流程，根据风险库一一匹配现实情况，做好相应的预先识别。

2. 风险预警

风险预警要覆盖风险管理全过程，基于日常销售数据、回款数据、利润数据、成本数据的更新维护，主动预警潜在的风险，实现管控手段的信息化。

3. 风险寻源和责任量化

基于风险识别的结果，我们可以进行相应的风险寻源，根据组织及业务关系进行追溯，或通过大数据、人为判断来分析风险产生的原因，研究和制定后续的风险应对措施。风险寻源和敏感性分析能够实现责任量化，通过追溯还原来确定责任部门应该承担的职责，避免风险发生之后不同部门之间的推诿扯皮。

根据风险责任量化结果，企业可以聚焦对应部门出具细化解决方案，再结合风险寻源的结果，通过敏感性分析工具来预演和制订解决方案。例如，如果企业发现定价出现问题，那么客户及市场调研部门可以就此出具针对性的解决方案。

同时，我们还可以使用敏感性分析工具做好相应的风险应对预案，然后开会进行决策，最后通过相应的风险管控机制，落实会上已经确定的风险对策。

4. 风险跟踪

我们还需要定期或者不定期地回顾执行风险措施之后的效果，构建风险跟踪机制，形成专项风险报告并出具相应的考核评价。

总结

风险管理的核心是，对具体业务过程进行监控和追踪，避免计划和目标发生偏差，最终达成企业经营目标。风险管理围绕是否存在风险、风险发生的原因和风险应对措施三大问题展开，通过系统工具实现风险识别、预警、应对和跟踪的管理闭环。

第二节　风险识别：建立识别标准和框架

风险识别包括两类风险：一类是可量化的风险，另一类是不可量化的风险。可量化风险是指指标未达成的风险；不可量化风险是指一些定性的业务风险，我们可以由此确定相应的风险等级。

企业在确定一个风险指标之后，基于定量风险和定性风险共同组成的风险库，通过预测数据和实际发生数据的更新以及相关模型的预测来判断项目或者公司是否存在风险，再通过设定的风险阈值来确认风险级别，最后在系统内进行展示和推送。

一、定量风险：基于经营目标卡位标准，识别指标达成类风险

指标达成类风险基于经营目标与卡位指标，构成相关风险项，是可以定量的风险。

第一类风险是针对组织视角的年度预算内风险，由年度责任状（年度业务目标）拆解而成；第二类风险是基于投前管控的目标拆解而成的，是衡量项目成功与否的标尺；第三类风险是卡位指标风险，从可持续发展的角度进行预警，即从中长期的角度来判断目标是否合理及企业是否能够健康发展。从集团当前战略定位和中长期健康发展角度来看，企业需要构建卡位指标库。

1. 年度责任状：财务视角的指标达成类风险识别

企业通常按照年度财务诉求，基于战略定位和现有管理痛点来确定年度责任状指标。

表 7-1 是某家房企的年度责任状。年度责任状指标通常分为两个等级：一级指标通常是金额类指标，比如签约、回款、利润、现金流，直接与财务报表相关；二级指标就是为了保证签约完成，对一级指标进行细化和拆解而成的指标。

二级指标的拆解精细度由每个企业的管控重点和管理痛点来决定。比如，某企业非常关注去化率和客户满意度指标，因为客户满意度会影响企业的签约量，并且该企业之前在这方面做得不太好，所以它的市场认可度不太高。我们针对这一痛点将签约指标进行拆解，重点监控去化率和客户满意度。

年度责任状聚焦的是本年指标，而项目成功标尺聚焦的是全周期指标，用于衡量项目整体投后经营情况的好坏，其核心在于投前跟踪。

表 7-1　企业年度责任状示例

指标	80 分值	100 分值	120 分值
全口径签约额（亿元）			
权益签约额（亿元）	一级指标		
权益回款额（亿元）			
新货签约去化率（%）			
库存签约去化率（%）	二级指标		
客户满意度（%）			
权益签约净利润率（2019 年以前）	提升 1 个百分点	提升 2 个百分点	提升 3 个百分点
权益签约净利润率（2019 年以后）	10%	12%	15%

2. 项目运营卡位：聚焦项目关键节点，构建风险监控指标架构

表 7-2 是某企业的项目成功标尺的监控指标示例，其中的货值、净利润率、毛利润率都是全盘指标，是对投前的一种预判。项目成功标尺是衡量项目整体投后经营情况好坏的基准，其核心在于投前跟踪。指标的选择以集团对项目的考核重点为主，同时考虑各管理层级的监控指标。

着眼于项目全周期，聚焦项目开发各阶段关键节点以及节点上的核心经营目标，拆解出具体的指标达成风险，能够逐步建立起指标达成类风险的监控指标架构。

表 7-2　项目成功标尺示例

集团监控一级指标（结果性指标 6 个）			
1	货值	4	股东净利润额
2	股东毛利润率	5	经营性现金流回正周期
3	股东净利润率	6	未售预计均价高出已实现均价幅度

（续表）

项目团队监控三级指标（项目全周期指标 20 个）				
分类	序号	指标名称	序号	指标名称
供销回相关指标	1	项目累计供货	6	项目累计回款率
	2	项目累计供货占比	7	项目累计去化率
	3	项目累计签约	8	项目承诺去化率
	4	项目累计签约占比	9	已售业态销售均价
	5	项目累计回款	10	未售业态销售均价
利润相关指标	11	累计签约毛利润率	16	股东毛利
	12	内部收益率	17	股东毛利润率
	13	开发成本投入	18	股东净利润率
	14	结算收入	19	股东净利润额
	15	结算收入缺口	20	土增税

在图 7-4 的案例中，拿地是项目全流程的最前端，之后企业召开投决会并下达相应的目标。企业据此进行启动会、全景会、首开前的展示区会、首次开盘会、交付以及项目后评估等后续工作会议，从中提取出整个过程应该关注的重点，再针对项目的不同阶段挖掘可能存在的风险。

以展示区为例，企业通常在展示区开放前 10 天进行巡查，评估展示区是否存在违规情况和达到开放条件。由于该项指标与首开息息相关，我们需要针对展示区开放的目标进行拆解，从进度类、销售类、客服类和工程类等各个角度寻找风险项。

展示区开放的目标是显示风险，保开放、保开盘，这时会存在多重风险：销售类风险，即合同销售、资金回笼额这类指标达成风险；业务类风险，即展示区是否符合政府要求、展示区面积是否足够大、展示区是否影响客户的参观等。

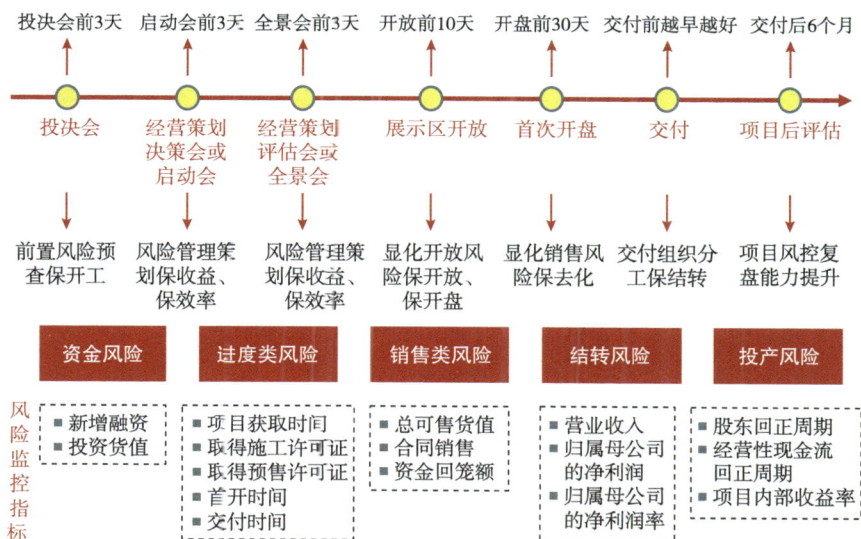

图 7-4　某企业根据关键节点拆解风险项的示例

3. 卡位指标风险识别示例

我们通过一个具体案例来说明如何梳理卡位指标风险和制定评价标准。首先，以终为始，我们按照价值树与战略定位梳理公司和项目的卡位指标，并向最前端进行逐层拆解和追溯。如图 7-5 所示，我们把当年销售目标拆解成当年合同和下一年的合同，当年合同由当年的销售情况引起，而当年销售情况又取决于存量和新供。

其次，我们对新供进行分析和拆解，发现影响新供的要素不是拿预售许可证而是前期开工，所以继续往前追溯开工对销售的影响。总之，为了判断当年合同的达成率，我们会沿着整个链条往前一直追溯，对供货效率、开发节奏和存货节奏等指标进行逐一拆解和分析。

最后，我们基于指标梳理和拆解的过程，形成公司的卡位标准和项目的卡位标准并用于预警。表 7-3 是公司经营卡位标准，表 7-4 是项目运营卡位标准。我们根据核心指标确定了赢利、运维、风险和发展四个一级维度，又将每个一级维度分成了对应的子主题，每一个子主题还有相对应的指标。比如，在判断赢利是否健康时，我们会从综合效益、利润、成本等二级维度来进行拆解，再通过净资产收益率、毛利润率等具体指标来测算——根据企业历史项目数据的沉淀，设定所有维度的健康度区间，最后计算整个公司维度的综合值，作为判断公司是否健康的依据。

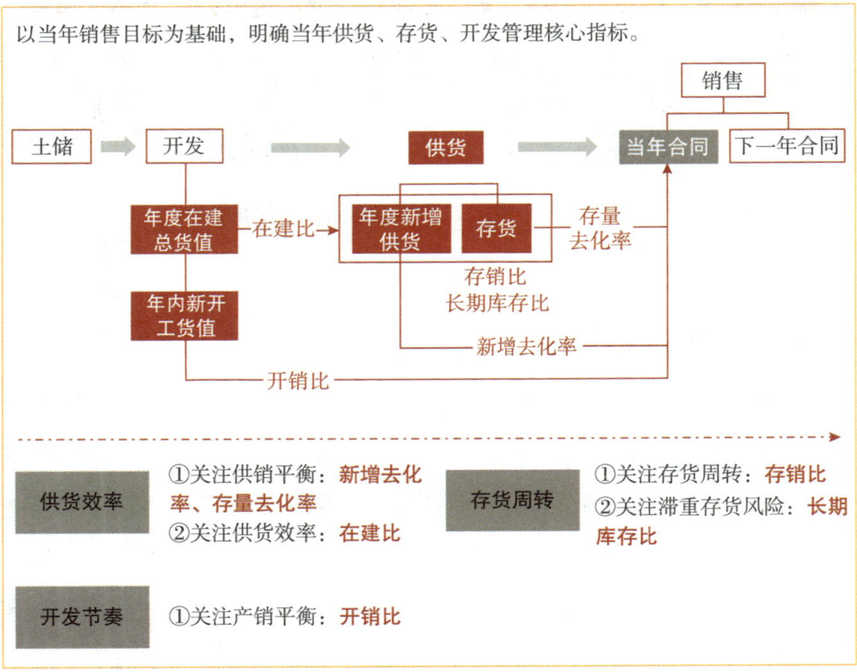

注：各环节结构仅作为逻辑分析，结构汇总各部分不代表构成关系。

图 7-5 卡位指标的梳理方法示例

表 7-3　公司经营卡位标准示例

公司经营健康评价标准				
一级维度	二级维度	评价指标	健康区间（下限）	健康区间（上限）
赢利维度	综合效益	净资产收益率		
	利润情况	毛利润率		
		净利润率		
	成本管控	销售成本率		
		期间费用率		
		综合税率		
运营维度	开发节奏	开销比		
	供货效率	在建比		
		新增去化率		
		存量去化率		
	周转效率	总资产周转率		
		存销比		
		长期库存比		
		销售回款率		
	资金效率	现金资产比		
	结转效率	结转率		
风险维度	资金安全	净资产负债率		
		现金短债比		
		销债比		
	投资强度	融投比		
		土地投资强度		
发展维度	增长能力	销售复合增长率		
		营业收入复增率		
		利润总额复增率		
		净利润复增率		
		已售结转比		
	货值保障	储备货值保障倍数		
		新增土地货值倍数		
		地货比		

表 7-4　项目运营卡位标准示例

项目运营卡位标准						
序号	维度	指标	现金流型	均衡-现金流型	均衡-利润型	利润型
1	投资	地货比				
2		资金峰值比例				
3		股东内部收益率				
4	设计	可售比				
5		商业自持比				
6	运营	自有资金回正周期				
7		拿地—开工周期				
8		拿地—开盘周期				
9		拿地—结构封顶周期				
10		拿地—竣备周期				
11		拿地—交付周期				
12	营销	总体转化率				
13		首开货量比				
14		首开去化率				
15		销售回款率				
16		存销比				
17		营销费用率				
18	财务资金	前融杠杆系数				
19		净利润率				
20		管理费用率				
21		财务费用率				
22		综合税率				

　　需要注意的是，公司卡位标准与项目卡位标准不同，前者是对整个组织的评价，后者则要区分不同的项目类型，每个指标的区间值也不一样。

二、定性风险：基于公司职能条线梳理核心业务点，识别业务风险

业务风险属于定性风险。业务风险的梳理与公司职能线条的核心业务管控点相关，风控部门应该联动公司各个层级的组织部门，根据各个组织部门对"投储建供销存回结融"核心业务链条产生的影响，梳理出相关的风险。

1. 业务风险的识别标准和构建要点

业务风险的识别标准和构建要点主要有三个。

第一，是否影响"投储建供销存回结融"业务主链条。如果影响了，它就有成为一个风险的必要条件。

第二，有没有清晰、可控的职责部门。风险需要有相应的职责部门和责任人，如果政策风险确实会影响后面的业务链条，却难以匹配到对应的责任部门，企业内部就很难构建一个风控体系。

第三，相应的职责部门能否通过管理措施弱化这些风险。如果这些风险不在企业能控制的范围内，比如虽然供应商的倒闭风险会影响项目的进度，但企业无法控制，它们就很难成为业务风险项。

2. 梳理业务风险，建立业务风险的指标架构

业务风险的梳理从两个维度展开：一个是项目级，一个是集团级。两者分别对应不同类型的风险。

如图 7-6 所示，项目级对应的是项目开发全过程中可能存在的业务风险。从启动会到项目后评估的过程中，每个核心阶段都可能存在一些风险，比如进度类、销售及客户关系类、质量安全类风险，企业可以根据对应的环节梳理出具体的风险点。

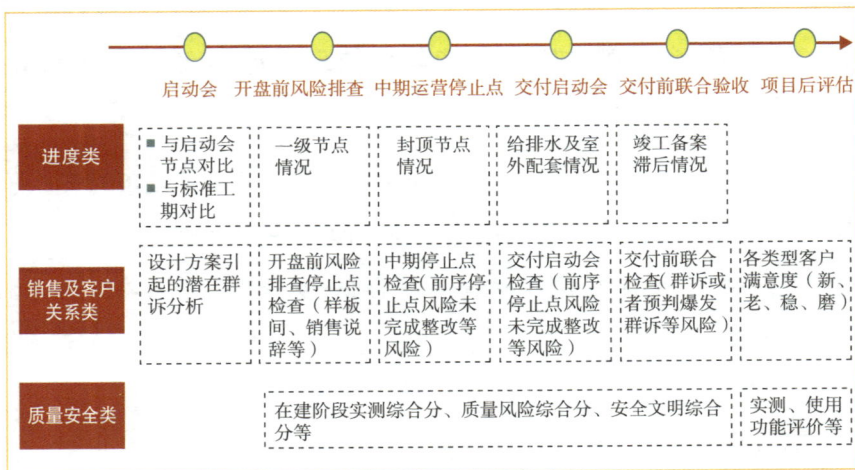

图 7-6　项目级业务风险梳理示例

　　项目级风险不能涵盖公司各个部门，所以我们还需要从组织维度去梳理集团层面可能存在的业务风险。集团层面的风险梳理基于项目业务管理诉求，考虑集团不同部门可能存在的风险及其对业务的影响。项目级风险主要反映项目横向的复杂度，集团和区域公司的风险主要是跨职能、跨模块的组织层面风险，呈现项目纵向的关系。

　　如表 7-5 所示，房企内部的风险可以分为公司治理风险、行政管理风险、人力资源风险、投资拓展风险、前期报建风险、品牌营销风险、产品管理风险、运营管理风险和财务资金风险等模块。每一个模块都有具体的风险点，比如公司治理风险可分为对内和对外的部分：对外就是上市公司的信息披露风险、法务风险等；对内就是合同、印章等管控流程的风险。另外，集团级业务风险同样可能反馈到项目上，从而影响项目风险。

表 7-5　集团级业务风险梳理示例

专业模块	风险名称					
公司治理	上市公司信息披露风险	印章刻制风险	用印登记风险	用印流程合规风险	空白文件用印风险	……
行政管理	办公场地安全风险	电脑资料泄露风险	工商行政风险	档案管理风险	保密管理风险	……
人力资源	人员录用违规风险	试用期违规风险	劳动合同违规风险	员工加班风险	员工退出风险	……
投资拓展	政策风险	平台公司或投资主体滥用风险	股权处置风险	合作开发风险	……	
前期报建	前期风险	报建风险	……			
品牌营销	销售合同签约风险	退换房风险	……			
产品管理	设计品质降低风险	产品品质客诉风险	……			
运营管理	大运营奖金核算风险	项目跟投实施风险	延期交付风险	……		
财务资金	税金缴纳风险	企业所得税涉税风险	定价方案税筹风险	……		

总结

　　风险识别是风险管理的前置环节，如果企业无法准确定位风险，后续的预警、管控和跟踪也就无从谈起。风险识别要结合公司战略及目标设定，针对指标类风险和业务风险制定识别标准和体系框架，进而提高识别的效率和准确性。

第三节 风险预警：主动识别，分级推送

基于前文梳理出来的风险库，我们可以在日常运维过程中主动识别出什么时间、什么环节存在风险，并将识别出的风险告知相应的项目和责任部门，这就是风险预警。风险预警体系的设计同样按照指标达成类风险和业务风险两个类型来开展。

一、设计指标达成类风险的预警机制

在设计指标达成类风险的预警机制时，我们将围绕五个方面的内容和要素展开。

1. 看什么：确定监控指标

我们需要知道监控哪些指标、预警什么风险，这通常是根据上一个环节的风险识别来确认的。表 7-6 展示了一家持有型物业公司的投资跟踪指标，聚焦内部收益率、投资回收期、成本收益率等指标，并预设了两级预警条件。

表 7-6 持有型物业投资跟踪指标示例

预警指标	一级预警条件	一级预警条件
内部收益率（不考虑融资）	<15%	$15\% < X < 18\%$
动态投资回收期	7 年 $< X <$ 10 年	<7 年
第三年成本收益率	<21%	$21\% < X < 23\%$

2. 怎么看：确定监控方式

在知道风险项之后，我们要进一步明确这些风险在哪些业务流程中

被重视、分析和应用，应该通过什么形式来发现风险。图 7-7 列出了三类经营监控方式，分别是会议监控、经营报告和经营看板。

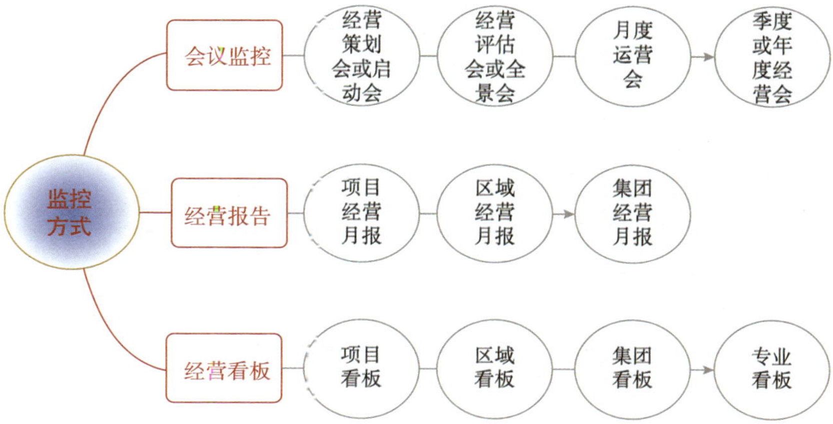

图 7-7　经营监控的主要方式

3. 什么时间看：明确监控时间

如图 7-8 所示，我们可以通过定期监控、关键节点和重要事项来确定时间节点。定期监控通过月度、季度和年度经营会议来实现。关键节点监控是在启动会、全景会、开工、开盘、现金流回正等关键节点进行监控。重要事项包括方案调整、运营计划调整、开盘节奏调整、价格调整、工程进展等。

4. 怎么判断偏离度：设定监控阈值

风险的偏离度主要通过设定监控阈值来判断。在设定监控阈值时，20% 左右的风险应控制在集团层级，20% ~ 60% 的风险应控制在区域层级，这样才能保证整个风险管理过程的连续性，而不是让所有的风险集中爆发在集团，以致降低风险预警的时效性。表 7-7 是设置指标预警等级和阈值的示例。

图 7-8　经营监控的主要时间节点

表 7-7　风险阈值设定示例

预警指标	四级预警	三级预警	二级预警	一级预警
货值变化	0 ≥货值变化 > –1%	–2% <货值变化 ≤ –1%	–3% <货值变化 ≤ –2%	≤ –3%
股东净利润率变化	0 ≥股东净利润率变化> –1%	–2%< 股东净利润率变化≤ –1%	–3% <股东净利润率变化≤ –2%	≤ –3%
经营性现金流回正周期延后时间	1 个月	2 个月	3 个月	4 个月及以上
未售均价高出已售均价	5%～10%	10%～15%	15%～20%	20% 以上
管控类别	弱管控	强管控	强管控	强管控

5. 怎么解决：设计风险处理制度和措施

我们要把不同等级的风险归责到不同的部门，然后出具相应的风险应对措施（见表 7-8）。当未售均价指标发生偏离时，如果风险预警的等级到达集团，集团运营总经理就要与营销总经理、财务总经理一同确认是否需要召开线下的定调价会，这可能会触发另外一个系统的定调价会流程。企业设计的处理机制一定要与线下的业务挂钩，这样才能实现整个风险管理的闭环。

表 7-8　风险送达和处理流程示例

审批级别		四级预警	三级预警（项目确认）	二级预警（区域确认）	一级预警（集团确认）
审批动作	审批路径	—	0——系统发送待办，至项目财务经理 1——项目财务经理发起审批 2——项目团队审批	0——系统发送待办，至项目财务经理 1——项目财务经理发起审批 2——项目团队审批 3——区域团队审批	0——系统发送待办，至项目财务经理 1——项目财务经理发起审批 2——项目团队审批 3——区域团队审批 4——集团审批
	审批时效	—	10 日前	10 日前	10 日前

二、主动 + 被动管理，实现业务风险预警

相比指标达成类风险，业务风险很难实现主动预警，目前主要基于公司管理制度进行被动管理。一方面，当风险发生之后，相应部门要填写风险信息；另一方面，线下风控部门采取定时或不定时抽查的方式，基于公司要求及个人对潜在业务风险的判断，来确定该业务环节和项目是否存在风险。目前，业界还难以做到由系统来推送可能存在的风险，风险识别与检查人的执行能力、专业经验息息相关。这种被动管理存在不可预见性的缺陷。

未来，我们可以打破被动管理的困境，实现主动管理。基于人工智能和企业风险库的沉淀，系统可以根据外部市场的变化来预示风险以及风险带来的影响。比如，根据某地的政策变化，预判该地区可能会限价，进而影响项目的销售价格，系统就会主动将这个政策类风险推送给监控人员。

总结

　　风险预警的关键在于主动识别和提前推送，而目前很多中小企业还处于被动管理的阶段——通过检查和上报机制来发现风险，不具有预见性。房企需要采用主动与被动管理相结合的方式，利用人工智能技术和企业风险库的完善，由系统主动识别和推送风险，提高风险预警的时效性和准确性。

第四节　风险寻源：定位业务着力点，提出解决方案

在收到风险预警之后，房企需要设计相应的管控措施来应对。风险管控就是基于已发生和潜在的风险，确定由哪些人对已发生的风险采取什么措施，最终目标是减小、弱化和解除风险。

如图7-9所示，风险管控的核心可以细化为四个方面，即确定责任人、风险寻源、对策模拟和制定措施，这样才能形成完整的管控闭环。

我们首先要确定不同等级风险对应的管控级别、管控部门和管控岗位，将相应的部门与风险管控挂钩，实现风险管控业务的落地化。未来，我们可以利用人工智能和自动建模等新技术，预测出某项目在未来半年内可能发生的风险，并将风险项自动推送给相应的部门，同时提供

相应的管控措施。

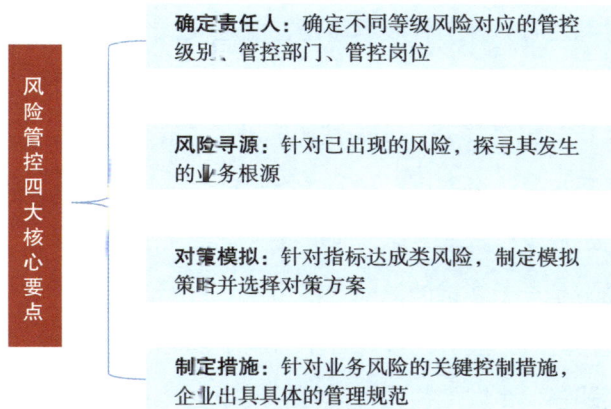

图 7-9　风险管控的四个核心要点

　　在确定风险管控的职责部门之后，我们需要进一步探寻风险发生的根源。风险寻源就是按照影响因素和业务构成因素，针对整个风险指标进行拆解和追溯。

　　风险寻源的方法有以下几种。

一、指标树寻源法

　　以 Z 企构建的指标树为例，根据影响企业签约金额的主要因素，我们将签约金额指标拆解为总供货和去化率两个二级指标，又根据业务构成情况将总供货进一步拆解为期初存货、存量项目供货和增量项目供货。经过逐层拆解，我们会得到整个预警归因的指标树，并将其作为风险寻源的依据。

　　实践中，一旦发现某个指标有问题，我们就可以逐层追溯到上级具体指标，及时预警。

二、数据图谱寻源法

风险寻源还有另外一种展示路径，就是数据图谱。相对于单链条直接展示的指标树，数据图谱有两个优势和亮点：一个是可以按照底层测算表的业务指标维度展开，比如按照影响资本化利息的开发成本支付、项目融资展开；另一个是可以按照多维数据库自带的组织层级结构自定义展开，比如按照利润表展开，这是特别有价值的功能。

数据图谱是一条多维的风险寻源路径，它不仅能按照单一的因果关系对指标进行拆解，还可以按照各个时间维度把每一个指标的因果关系展开。在实践中，当发生销售目标可能无法达成的风险后，数据图谱寻源法不仅能够进行预警，还可以进行时间维度的拆解，房企既可以看到每个月份的回款和偏差情况，也可以观察每个组织结构的偏差情况，从而形成一个完全立体化的风险寻源模式。

三、定位业务着力点，直接指导业务操作

我们以逻辑计算关系、因果关系以及层级关系作为风险归因的路径，根据项目层和集团层两个维度分别设计出风险寻源路径。

如图 7-10 所示，项目层风险可以分为进度类和其他类风险。进度类风险以因果关系为根据进行寻源，比如预计取得商品房预售许可证的时间节点要延迟，我们就向前追溯获取预售许可证的关键路径和节点——可能是开工、生活馆对外开放、样板房对外开放、主体结构达到预售条件这四个因素，再进一步分析、判定其具体原因。其他类风险可根据逻辑计算关系来寻源，比如总可售货值由未取证货值、已取证未售货值和已售货值汇总计算得出，其中每一项货值又由相应的面积与均价的乘积所得。

集团层面主要将层级关系作为风险寻源的路径，管控下属各层级的

全类风险。如图 7-11 所示，当集团的合同销售指标发生风险时，集团层面就要分级探究各区域公司的销售额完成情况。

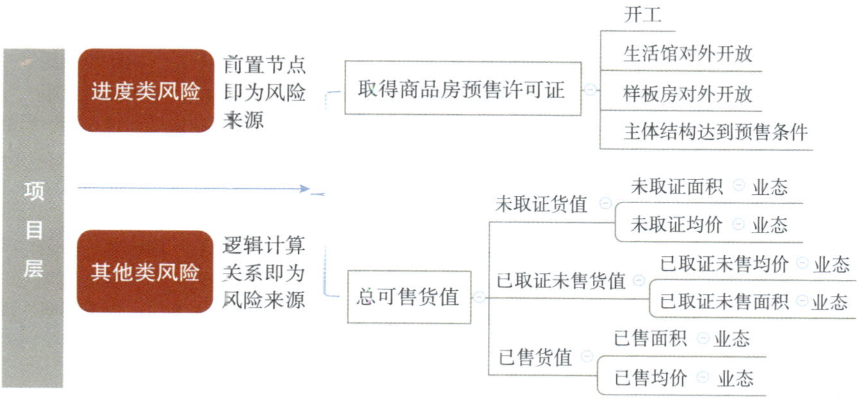

图 7-10 项目层风险的寻源路径示例

图 7-11 集团层风险的寻源路径示例

如图 7-12 所示，风险寻源落到三个核心业务部门和八大基础业务操作上，据此定位业务着力点，指导业务操作。

三个核心业务部门是指房企的工程部门、销售部门和融资部门，八大基础业务操作是指工程部门的供货计划、楼栋计划、项目管理费用支付计划和成本预算及支付计划，销售部门的推售计划、回款计划和销售费用支付计划，融资部门的融资计划。这三个部门是创造收入的核心部门，利润类指标、销售类指标、回款类指标都可以往前追溯到这三个部门的业务操作上，比如经营性现金流回正节点就可以追溯到工程部门的供货计划和供货时间上。

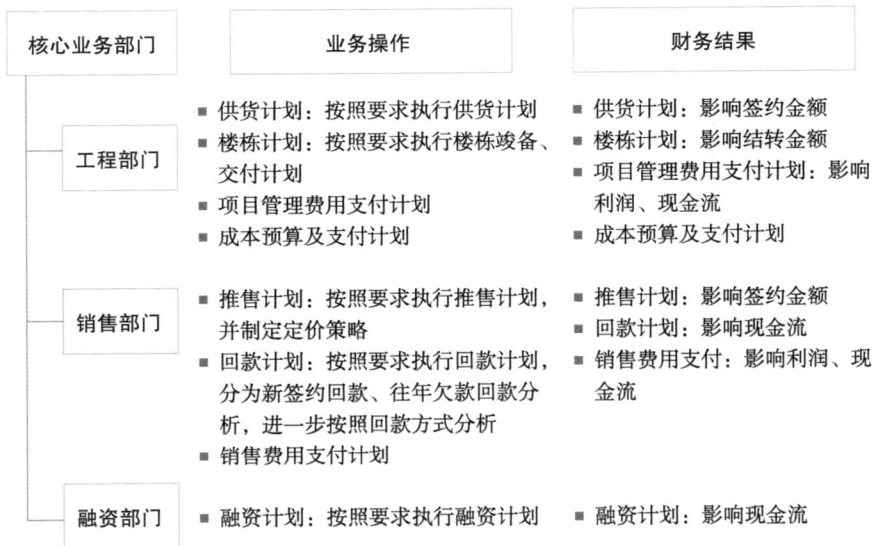

图 7-12　基于三大部门、八大业务的风险寻源

四、敏感性分析，提出多项解决方案

例如，2020 年某集团受到新冠肺炎疫情的影响，出现销售市场下行、工程滞后等问题，导致年度销售目标可能无法完成，年中时预测年度净资产收益率不能达标，这可能会影响集团股价。在出现重大风险之后，我们就需要进行相应的风险寻源。因为各城市公司、项目、业态节奏不一致，我们首先应进行组织层面的拆解，从城市公司、项目公司、业态上进行归因，再根据拆解出来的项目和业务因素进行深层剖析。如图 7-13 所示，我们经过 12 层的分解，将其核心业务点归集到推售计划上。

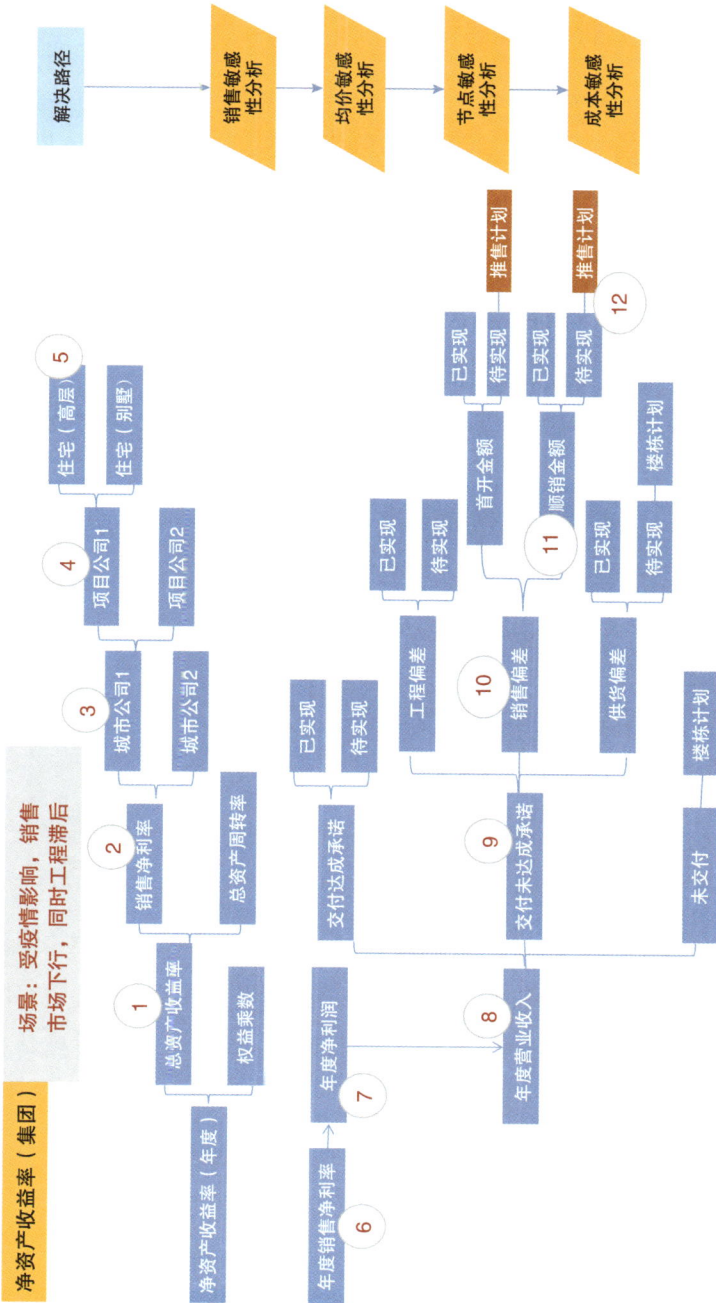

图 7-13　某集团净资产收益率风险归因路径示例

1. 第1层～第5层：组织层面分解

因各城市公司、项目、业态节奏不一致，所以我们需要先从城市公司、项目公司、业态等组织层面来分解归因。归因目标：找到具体组织部门的具体业务问题，指导业务操作。

2. 第6层～第12层：业务层面分解

按照三大核心业务部门、八大基础业务操作，结合杜邦分析法，我们进行了第6层～第12层的归因分析。

第6层：按照年度销售净利润率的逻辑关系分解到年度净利润及年度营业收入。

第7层：按照年度净利润的逻辑关系归因。

第8层：按照年度营业收入的业务原理，确定是否交付分解。

第9层：按照交付未达成承诺的不同部门业务原因归因为工程偏差、销售偏差等。

第10层：按照销售偏差的不同部门业务原因归因为首开金额、顺销金额。

第11层：按照顺销金额的不同时间阶段归因。

第12层：进一步按照顺销金融的推售计划归因等。

净利润率下降的原因可能是受年度销售偏差的影响，而销售偏差可能受到推售计划的影响，推售计划又与销售部门的推盘节奏、蓄客情况相关，最终追溯到推售计划和楼栋计划层面（见表7-9），这样就将集团的风险点与核心业务点关联了起来。

通过风险寻源，我们发现问题出在项目的推售计划上——推售计划滞后可能影响了整个销售目标的达成。接下来通过预警和敏感性分析，根据风险寻源结果进行模拟应对演练，我们便能找出针对性的解决方案。

表 7-9　楼栋计划和推售计划风险归因定位示例

项目名称	计划开工时间	预计开工时间	计划交付时间	预计交付时间	客户端风险	工程进度
一期	1. 受疫情及复工率影响，工程进度滞后，且有客户端风险					
一栋	2020/2/25	2020/2/29	2020/6/25	2021/2/29	三星	暂时停工状态，因疫情及复工率影响，风险上升
二栋	2020/2/25	2020/2/29	2021/7/25	2021/10/29	三星	暂时停工状态，因疫情及复工率影响，风险上升
二期						
一栋	2020/2/25	2020/2/29	2020/7/25	2020/8/29	三星	暂时停工状态，因疫情及复工率影响，风险上升

项目名称	业态	计划累计首开签约（亿元）	预计累计首开签约（亿元）	计划累计首开均价（元/平方米）	预计累计首开均价（元/平方米）	计划累计首开去化率	预计累计首开去化率
一期	2. 受疫情影响，销售市场下行						
一栋	住宅（高层）	5.1	3.6	12 000	13 000	70%	50%
二栋	住宅（别墅）	5	5	20 000	20 000	70%	50%

(表左侧标注：楼栋计划风险、销售计划风险)

　　我们通过分析推售计划发现，住宅高层的计划首开累计签约额应为 5.1 亿元，但根据现有推售进度测算出的首开签约额只有 3.6 亿元。基于集团线下已经铺排的推售计划，我们发现有一定调节的余地。如图 7-14 所示，通过相应的敏感性分析，我们尝试调整开盘节奏，把获取预售许可证的时间节点前移，加快工程进度，把跨年的销售额提到当年，最终实现净资产收益率目标。

1. 输入调整后未售均价

销售均价	一期	二期
	住宅（高层）	住宅（别墅）
去年月均销售流速（万元/月）	8 000	4 000
调整前本年结转收入（亿元）	5	2
调整前本年剩余月份销售流速（亿元/月）	6 000	2 000
调整后本年剩余月份销售流速（万元/月）	7 000	2 000
调整后本年结转收入（亿元）	5	2

2. 输入调整后未售均价

交付时间	一期一栋	一期二栋
计划时间	2020/06/25	2021/7/25
调整前	2021/2/25	2021/10/29
调整后	2021/2/25	—

图 7-14　针对风险的多方案模拟示例

　　在调整完推售计划后，我们进行多版本的方案分析并选取最佳方案，然后将方案报告输出到月度会议、双周风险会议或日常风险会议上辅助决策。如表 7-10 所示，目前，查看敏感性分析结果、多方案指标对比情况都可以在线上完成，这样可以有效提升管理效率。

表 7-10　输出多方案分析报告示例

敏感性分析结果（多方案分析报告）输出			
指标	目标	调整前	调整后
净资产收益率（%）	23	20	22
净利润率（%）	18	15	18
多方案指标对比					
指标	目标	动态版	方案1	方案2	方案3
	调整前	调整前	调整后	调整后	调整后
货值（亿元）	20	18	19	18.5	18.3

多方案指标对比					
指标	目标	动态版	方案1	方案2	方案3
	调整前	调整前	调整后	调整后	调整后
项目开发成本投入（亿元）	14	13	13.2	13	13.5
项目三费投入（亿元）	2	1.8	1.9	1.9	19
本年签约金额（亿元）	10	9	11	11.1	11.3
本年回款金额（亿元）	9	8	10	9.3	9.2
本年签约净利润（亿元）	1	0.9	1.1	1.2	1.1
股东净利润率（%）	15	15	12	13	10
项目内部收益率（%）	26	27	28	29	28
经营性现金流首次回正周期（月）	15	19	15	14	16

总结

　　风险管控是一个定责任、定源头、定策略的过程，根据风险预警找到责任部门，追溯风险源头，制定针对性策略，最终弱化和解除风险，形成管理闭环。今后基于人工智能、风险自动建模等新技术，系统可以自动定位风险并主动出具解决方案。

第五节　风险跟踪：杜绝类似的风险再次发生

在进行风险识别、预警和管控之后，最后一个环节就是风险跟踪。我们必须跟踪风险应对方案的具体执行效果，反复验证该风险是否得到了缓解和消除。

风险跟踪要做好三个方面的工作，即实施风险评价及考核、做好风险后评估和完善风险数据库。

一、实施风险评价及考核，增强执行的主动性

风险评价是指基于督办、巡查等管理动作，跟踪风险对策的执行效果，并评判风险是否完成销项。风险评价的目标是出具相应的风险考核措施，以激励业务人员尽快消除风险，减轻业务人员的心理负担。

在实践中，当制定出相应的风险应对措施之后，我们还需要激励相应的业务人员，让他们能主动根据企业或者项目的目标执行相应措施，有效化解风险。因此，企业一定要有风险的评价和考核机制，用以约束项目相关人员的行为，确保相关工作按照既定规程来进行。

二、做好风险后评估，杜绝发生同样风险

风险后评估是在风险发生后对识别、预警、管控全过程的整体回顾，同时做好相应的归档管理。

风险后评估并不能直接减少风险，其目标是指导后续其他项目运营，降低风险再次发生的概率。所有已发生的风险不管最终是否解决，我们都需要做一个全景复盘。只有通过风险复盘，我们才能搞清风险如何发生、如何解决，知道哪些措施能产生效果，发现未能解决问题的原因，进而帮助企业在其他新项目上杜绝同类风险的发生。

三、完善风险数据库，为其他项目提供对策查询

在风险后评估完成之后，我们要将风险按照不同类别、不同阶段、不同性质进行归档并完整保存，包括风险项、风险变化过程、风险应对策略、应对效果等，建立和完善风险数据库。

风险数据库的作用主要有两个：一个是通过风险识别与风险数据库的不断迭代，完善整体风险管理体系；另一个是为其他项目提供风险对策查询，减少甚至杜绝同类风险的发生。

总结

风险评价及考核、风险后评估是风险跟踪的核心内容。风险评价及考核可以提高执行人员的积极性，保障措施执行效果；风险后评估可以复盘整个风险管理过程，总结经验和查找问题。我们要对所有的过程和结果进行分类归档，完善风险数据库，为其他项目提供风险应对策略的查询。

第八章

预控：标准卡位的预实分析，前瞻性保障经营目标的实现

在数智化手段的应用上，前瞻性保障经营目标的实现主要通过三种方式．第一种是标准卡位体系，包括集团经营卡位、项目运营卡位和项目经营卡位；第二种是预测走势与实际完成及计划目标的对比分析与管控；第三种是实时在线化的激励考核体系。这三种方式互为一体，本章将对此进行深入探讨。

第一节　五大管控场景下的五维设计

为应对错综复杂的行业环境，各大标杆企业都在尝试运用数智运营管理手段，从集团化大运营高度，强化经营指标的刚性指导地位，实现数据应用智能化。数智化运营的"智"是指，在运营体系规划阶段加入智能化功能，以匹配整个系统信息化落地。

比如：首先，对业务生产数据进行集成、分析，生成数字化指标，动态展示项目运营及公司经营情况；其次，与计划对比，提示风险，驱动业务管理的完善，助力企业及时应对市场，智慧化决策。这里主要阐述数智化运营体系的价值规划以及软件实施落地的部分。

一、价值规划：五个管控场景，实现多层级管理目标

数智化运营的五大重点管控，即投资管控、项目管控、经营管控、风险管控和战略管控（见图 8–1）。

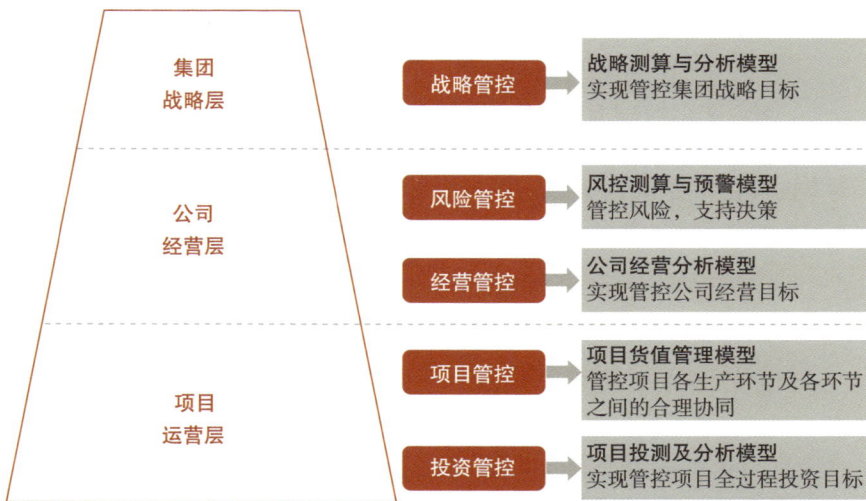

图 8–1　数智化运营五大管控重点

（一）投资管控：监控投前、投中、投后实时动态，实现项目全过程投资目标

项目投资管理的监控是从项目批复到启动、开发、销售等整个投资目标完成的动态过程，目的是发现问题，并及时预测与预警。

（二）项目管控：监控关键节点，实现项目各生产环节间的合理协同

项目运营对关键节点监控，以及对各项目产、供、销、存管理，从数据角度发现问题并及时提交业务口决策。

（三）经营管控：自动计算、穿透分析、动态跟踪，实现公司经营目标

公司经营监控分析，基于项目及公司相关动态财务数据，自动计算公司动态的经营指标，从而发现异常指标，风险预警并通过数据穿透性分析提示处理建议，同时对公司的土地获取、筹融资等业务进行动态跟踪管理。

（四）风险管控：自动提示、推送分析结果，支持决策

动态的测算分析，自动提示和管理风险，自动推送分析结果到核心决策会议，支持决策管理。

（五）战略管控：动态对比目标值与实际值，实现集团战略目标

战略指标监控，展示企业各项战略指标的目标值及实时值的动态对比，用数据分析结果支持和推动企业战略目标的调整与实现。

二、价值落地：五个维度设计，完成数智化运营系统落地

数智化运营价值的规划分别从场景、指标、模型、配套、应用五个维度设计落地。

（一）场景设计：信息化蓝图、管理场景与功能框架设计

1. 信息化蓝图设计：全专业、全周期、全层级

B企的业务条线把项目全周期的运作过程转化，输出项目运营管理的软件蓝图和方案思路。

根据项目全周期管理计划，B企制定总控制目标，通过供销存管理实现目标，进行项目目标考核。例如，从拿地阶段到考核阶段，从项目投资测算制定投资目标到启动会目标确定，这个过程对经营、项目全生命周期的投资收益等分析，制定启动会目标，以此目标动态分析、月度跟踪，最终建构、输出全周期目标的考核结果。

2. 管理场景与功能框架设计：六大模块助力企业全面管控

B企数智化运营基于管理业务场景及管理动作，适配了项目投资测算、目标考核管理、经营分析管理、投资收益管理、风险及预警、主数据管理六个管理场景模块。B企明确各模块的管理范畴，设计功能框架。每个场景模块都有整体指标的专业条线划分，最终对应输出一系列相关的指标分析结果。

例如，对于经营分析管理模块，B企首先根据项目一系列投资测算结果制订项目经营计划，进行计划进度的经营动态生成、跟踪与核校，其次进行经营动态的分析。该模块串联对应"风险及预警模块"的核心经营指标偏离预警，并联"目标考核管理模块"的工作进度。

（二）指标设计：以指标维度梳理为核心实现企业经营需求

数智化运营指标体系搭建，有三个要点。

一是有层次，经营指标体系的分级管理匹配各级管理需求，指标可逐级追溯。

二是有标准，企业根据自身战略与运营能力，设定指标阈值，支持业务决策。

三是有逻辑，企业可构建指标钩稽或关联关系，不同管理看板可实时了解对应层级下的完成现状、阈值提示、结构分析、偏差分析等情况。

基于全面经营管理诉求，B 企规划企业经营指标体系，明确各管理层级的实际需求，梳理出匹配各管理层级的经营指标体系数据。

过去，对指标信息化规划的最终目的是，展示不同层级下指标体系分析的结果。现在，其规划的核心点在于对指标维度的梳理。

我们从运营线、利润线、资金线输出的运营结果（资金结构、财务报告）梳理出 12 个业务板块关联的经营指标，并对这些经营指标进行分级，梳理维度（见图 8-2）。例如："签约去化管理"，根据签约去化情况对应时间维度，以年度、季度、月度为更新频率；"供货管理"以指标维度从总供货、供销比、综合去化率等指标进行跟踪管理。

（三）模型设计：建模的核心功能是跟踪监控、预警管理

有了指标体系和具体使用方法，接下来是指标与业务对应的数据模型。价值规划从项目投资前管理、投资管理、运营管理、战略管理、项目管理、风险预警等方面，构建了战略测算与分析、货值分析、公司经营分析、项目投测及分析、风控测算与预警五大模型。

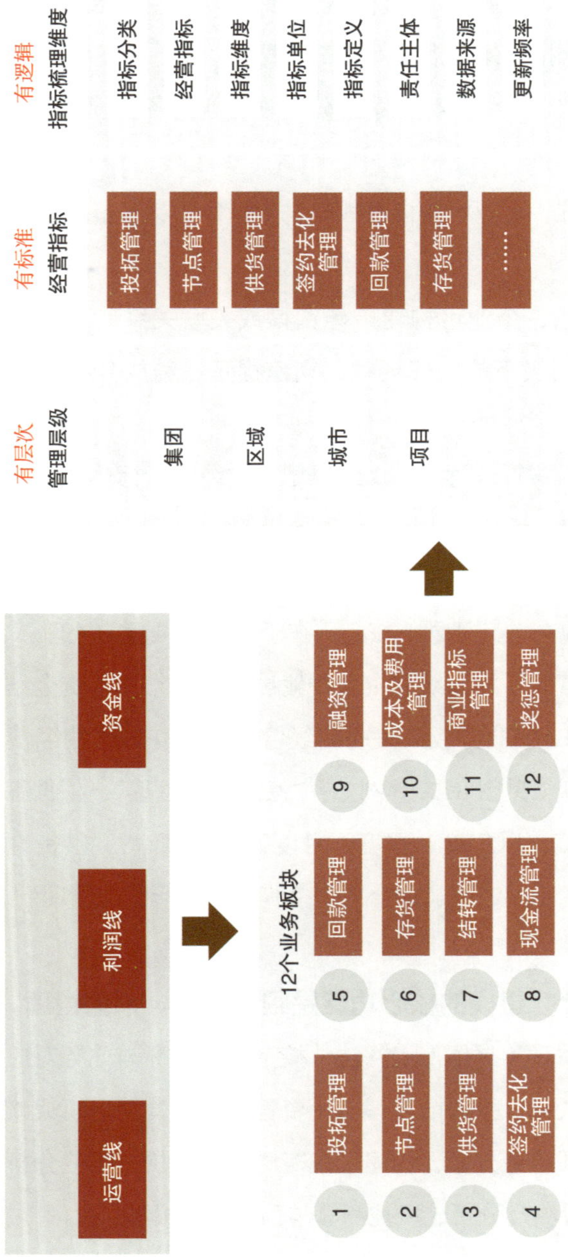

图 8-2 企业各管理层级经营指标体系

1. 数据模型：七步走，满足各业务场景经营测算需求

模型不单是指标测算模型，还包含动态分析模型，甚至奖金计算模型，等等。因此，我们需要综合各指标的结果，明确各种模型的指标属性，比如供销存指标、签约指标、库存指标、回款指标、现金流指标及利润指标等。

不同指标对应不同的模型，我们可以根据各业务管理场景经营测算分析需求，构建数据模型。设计模型一般包括分期规划、统一科目、逻辑梳理、规范输入数据、模块整合、字段口径规范和模型确立七个步骤（见图 8-3 ）。

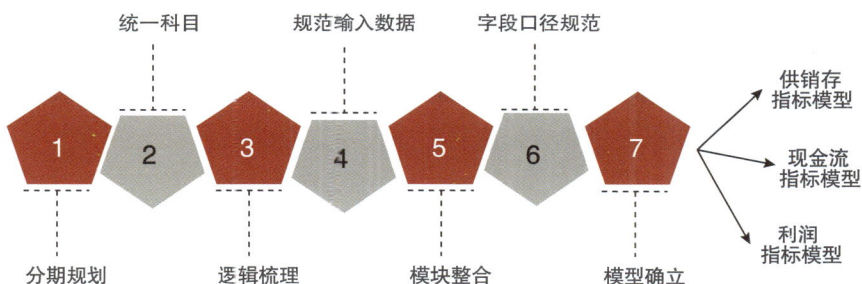

图 8-3　设计模型七步骤

- 分期规划：明确项目各功能模块构成，根据业务需求分期、分阶段进行开发规划。

- 统一科目：搭建模型总体框架，将框架内各模型数据汇总的科目提前规划并统一口径。

- 逻辑梳理：针对各功能模块进行初步逻辑梳理，以实现模块相应功能。

- 规范输入数据：对各模块输入数据进行归类，规范系统取数及手动输入数据规则。

- 模块整合：将各功能模块整合，实现系统全面功能。

- 字段口径规范：针对各类字段及口径进行统一规范。
- 模型确立：形成整套需求模型方案。

2. 核心目的：跟踪监控、预警管理，为各管理层及时呈现经营管理现状

基于企业实际管理诉求，我们需要重点体现跟踪监控、预警管理两个核心功能。

- 跟踪监控：跟踪经营指标的达成情况，显示偏离程度，并提示经营管理者目前经营现状已与预期目标发生偏离，是否需进行业务策略调整或管理动作介入。
- 预警管理：主要针对管理者关注的核心指标，设置预警规则，以及依据预警等级设置系统触发流程。对于关键经营指标的偏离，一要重点提示，二要有管理动作介入并追踪结果。

（四）配套制度：数据标准是组织与制度流程的保障

在建模过程中，我们需要进行指标寻源，同时要明确数据管理的组织职责以及制度流程。

1. 组织与职责：围绕数据标准，明确三方职能

要弄清企业数据标准，我们要先知道哪些部门是标准数据的使用者，哪些部门是提供方或统筹方。在这个体系下，不同部门只有明确对应条线的具体职责，才能让数智化体系更好地运营。

例如：不同数据有多个业务系统，如成本系统、售楼系统、计划运营系统、预算系统、资金系统等；不同系统数据推行的标准、流程，需要完整的制度去支撑整个运营体系的数据流转。

- 统筹方：数据的管理组织始终围绕数据标准开展工作。数据管理委员会是数据标准的统筹方，统筹资源与预算安排，为数据标准协调资源。数据标准为其提供决策支持，审批重大事项，例如数据标准发布、数据标准执行及系统改造计划。
- 支持方：信息部是数据标准的支持方，为数据标准提供信息技术支持，例如系统开发、改造等技术支撑，维护数据标准的流程和指标应用。数据标准进行统筹部署，支持方则执行测试上线工作。
- 使用方：各业务部门是数据标准的使用方，负责输入数据标准的新增、变更、落地需求，负责本部门的数据标准编制、变更、解释与培训工作，根据业务实际按数据标准对数据进行应用。

2. 制度与流程：基于数据标准，细化体系构架

数据管理制度框架分为政策、办法、细则三个梯次。该框架标准化规定数据管理的具体领域、各个数据管理领域内的目标、遵循的行动原则、完成的明确任务、实行的工作方式、采取的一般步骤和具体措施。

- 政策：由数据管理委员会负责制定和统筹。
- 办法：由数据管理委员会负责编制，信息部负责维护。
- 细则：由相关责任部门负责制定，各业务部门执行落地。

（五）应用设计：分层级、多级别展示功能模块应用

有了场景、指标、模型、组织的基础保障，我们最后进行应用设计，就是设计功能模块应用界面、各层级指标看板。

应用设计考虑的是日常使用的业务管理功能。如果管理层要实时了解当前的经营现状，那么系统可以输出传统看板。上级领导要想知道其区域公司不同项目当前的签约情况，则可以在系统中自主选择查看住宅

模块，或其他功能模块。

基于数智化运营平台的整体数据模型，可以进行不同维度的数据查询，从而汇总各管理层需要的数据结果，这是功能模块应用中的"多维查询汇总"。

对于功能模块应用中的"预警"，系统根据管理层重点关注的指标设置不同级别的阈值，以及不同层级的管理范围。

例如：区域层级展示该区域所有项目的预警信息；项目层级展示单个项目所有指标的预警信息，同时显示实际值与偏差值。进行分级预警时，我们先按项目一级预警指标梳理排序，再按二级预警指标数量排序，以此类推。

总结

房企对数智化运营价值规划进行落地，要做好场景设计、指标设计、模型设计、配套制度和应用设计等基础工作。

通过投资管控、项目管理、经营管控、战略管控、风险管控等策略，房企可以实现多层级管理目标，并逐步建立起基于价值规划、提供智慧决策辅助功能的数智化经营管理体系，实现分析场景化、指标规范化、模型自动化、组织流程化和应用智能化。

第二节　建立目标管控体系

经营目标实际上就是企业的方向，是所有经营行为的起点和终点。所谓的经营目标，就是企业想要达到的目的，以及企业安排计划的起点。

在经营目标下达之后，企业可以直观地跟踪目标的完成情况和目标的趋势，可以直观地看到年度以及全周期销售和利润的动态变化、滚动预测以及完成情况。

一、管理痛点：不联通、不准确、不动态

一般而言，企业在跟踪经营目标的过程中会有一些痛点。比如，企业在经营目标跟踪过程中一般会体现出不联通、不准确、不动态和轻价值的表现，这样会导致整个经营管理目标难以落地。

数据不联通实际上体现在经营目标最后的展示层面。我们在各个系统采集数据的一系列过程中，会从战略目标拆解到集团三年盈利规划目标以及公司各年度的经营目标，之后再下放拆解到各项目公司的年度经营目标，而它又是从各项目公司的全周期运营和经营目标而来的。

不准确数据在滚动过程中会由实际数据和预计数据组成，实际数据通常来自各个业务系统的数据采集与梳理转化（见图 8-4）。目前，其他企业会出现数据不联通的情况，即实际数据并没有做接口集成，而是由业务人员手填，这样就会导致数据不准确。经营目标的实际完成值往往充满水分或大打折扣。

数据不动态体现在预计方面。假设在实际进展过程中，企业发现销售目标完成不了，那么未完成的部分需要如何进行处理？大部分企业完全没有处理，它们会把未来几个月的计划完全等于年初下达的目标计划。这种情况就使得整个年度经营目标不动态，没有考核的价值。

因此，实际和预计的问题，也就是不准确、不联通、不动态导致了分析也没有太大的价值，最终就会形成整个数据经营目标跟踪难落地的现象。

二、管控地图：按层级、角色分解经营目标

不管是公司层面还是项目层面，在形成所有指标之后，需要再按层级、角色分解和分配经营目标，从而形成自上而下的管控地图。

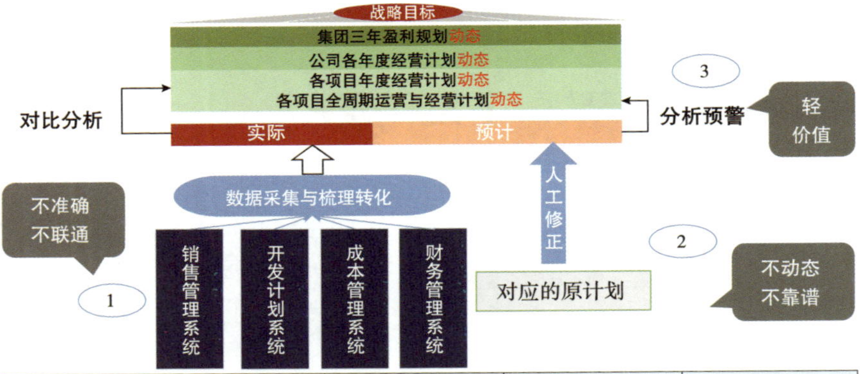

项目A		截至本月全项目合计			已销售 项目累计			未销售（最后一年）			数据控制逻辑
一期		计划	实际+预计	变动率	计划	实际	计划完成率	原计划	调整后计划	调整率	
高层住宅	销售面积	160 000	160 000	0	120 000	126 000	105%	40 000	34 000	0	不可调，只允许审批后的版本更新
	销售均价	0.776	0.743	95.8%	0.75	0.70	93%	0.85	0.90	6%	预计均价上调5%以上系统做提示
	销售金额	124 000	118 800	–4.2%	90 000	88 200	98%	34 000	30 600	–10%	货值下降3%以上系统报警

图 8–4　企业的数据之痛

经营管控地图要通过信息赋能管理，实现运营的标准化、管理刻度化和考核自动化。经营管控地图就是要把监控目标拆解到各个阶段，再在各阶段内明确具体的管控要点和对应的指标名称，以及指标名称具体的评价标准、管控方式和责任部门。

以实现利润目标为例，在确定利润目标后，我们需要了解该利润目标在不同项目发展阶段是如何进行对应的（见图 8–5）。

比如，在策划阶段，核心利润目标管控的重点是保证产品定位准确，企业通常会通过业态利润率来进行前期的判断以及后期的跟踪，并对此会有相对应的评判标准。

基于相对应的评判标准，企业需要确定目标是否健康，适用相对应的考核和监控的标准。这样，企业就能通过指标的标准化实现运营的标准化。阈值或分析预警可以实现经营目标管理的刻度化，再通过流程管理实现考核的自动化，最终实现经营管控地图的线上化。

首先，目标版和月度运维版的分版本管理，可以实现运营目标动态化管理，并且看板能够直观地呈现指标的达成情况，实现标准化管理；

其次，通过风险预警和风险寻源来实现刻度标准化；最后，通过大运营考核来落地相对应的流程和标准，实现自动化考核。

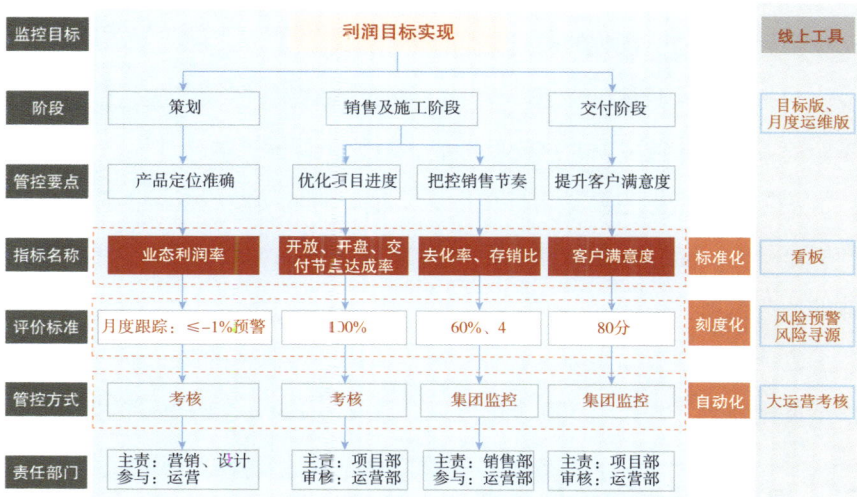

监控目标	利润目标实现			线上工具	
阶段	策划	销售及施工阶段	交付阶段	目标版、月度运维版	
管控要点	产品定位准确	优化项目进度	把控销售节奏	提升客户满意度	
指标名称	业态利润率	开放、开盘、交付节点达成率	去化率、存销比	客户满意度	标准化	看板
评价标准	月度跟踪：≤-1%预警	100%	60%、4	80分	刻度化	风险预警风险寻源
管控方式	考核	考核	集团监控	集团监控	自动化	大运营考核
责任部门	主责：营销、设计 参与：运营	主责：项目部 审核：运营部	主责：销售部 参与：运营部	主责：项目部 审核：运营部		

图 8-5　利润目标的经营管控地图

例如，进度管理、销售管理指标在形成后，拆解到决策层、管理层和执行层各个层级（见图 8-6）。

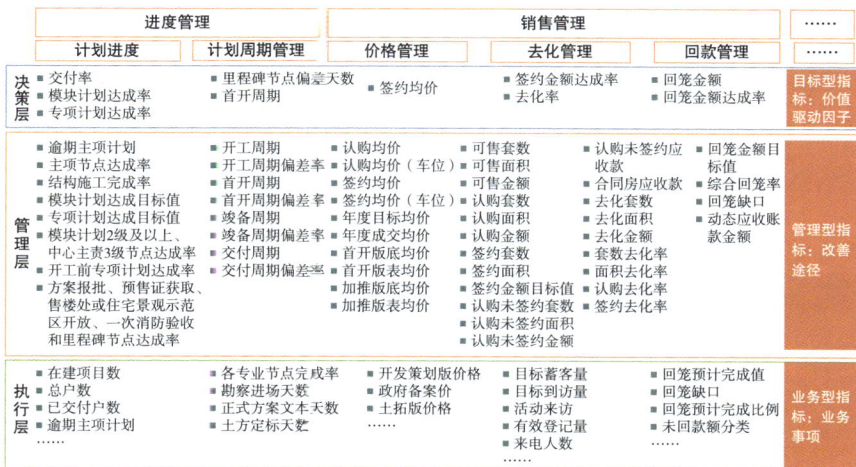

图 8-6　进度管理和销售管理指标的管控地图

以销售管理为例，为了保证完成销售目标，决策层需要关注销售目标达成率和去化率的好坏。

管理层会看反映认购类完成情况的细化管控指标，比如认购套数、认购金额以及基于认购的签约类金额等。

执行层会看具体的业务策略，就是会去跟踪目标续客量、目标到访量、前置性的业务事项，这样就形成了对整个目标拆解的过程。

决策层的指标主要是目标型指标，是价值驱动性的指标；管理层的指标是针对价值指标的改善途径类的管理型指标；执行层的指标就是具体的业务事项类指标。

Z 企的经营指标实际上就是按照价值树进行梳理的 Z 企通过价值树法最终梳理出了六大类 300 个价值点，形成了 1 800 个相对应的指标。

三、建立经营运营卡位标准

下面介绍行业类指标的区间标准值和项目运营卡位标准，供大家参考。

就部分标准行业经验而言，以融投比为例，其行业经验通常在 0.3 到 0.7 之间。在转换类的指标之外，还有一些具体经营类比率指标，包括去化率和回款率等。其中，去化率的指标还分为新供去化率、存量去化率以及综合去化率。通常来说，综合去化率的行业经验在 60% 左右，新供去化率的行业经验在 70% 到 80% 之间，存量去化率的行业经验则会在 50% 到 60% 之间（见表 8-1）。

表 8-1　部分标准行业经验（仅供参考）

序号	评价指标	行业经验	计算公式
1	融投比	0.3～0.7	外部融资额 / 年度投资支出额
2	销债比	1～2	年度平均总负债 / 年度销售额
3	现金短债比	1～2	现金 / 短期负债
4	现金资产比	0.1～0.2	现金 / 总资产
5	土地投资强度	0.2～0.5	年新增土地投资额 / 年回款额
6	地货比	0.1～0.4	土地投资额 / 土地总货值

（续表）

序号	评价指标	行业经验	计算公式
7	在建比	1~2	年度在建未售面积 / 年度供货面积
8	新供去化率	70%~80%	年度新供货去化面积 / 年度新增供货面积
9	销售回款率	70%~100%	年度回款 / 年度签约
10	存销比	0.1~0.4	存货总货值 / 年度销售额
11	长期库存销售比	0~0.2	长期（半年）库存货值 / 年度销售额
12	上年度结转比	0.4~0.8	年度结转面积 / 上年度销售面积
13	已售结转比	1~3	已售未结转面积 / 年度结转面积

就项目经营卡位标准而言，它又可从各个经营条线进行拆解。在整个行业内，我们可以把各个项目类的指标分成现金流型、均衡型和利润型来进行卡位的对标（见表 8-2）。

表 8-2　项目运营卡位标准（仅供参考）

序号	维度	指标	计算公式	现金流型	均衡型	利润型
1	投资	地货比	地价 / 总货值	≤ 20%	20%~40%	> 40%
2		资金峰值比例	资金峰值 / 总货值	≤ 30%	30%~50%	> 50%
3		全投资内部收益率	—	≥ 25%	12%~20%	≤ 12%
4	设计	商业自持比	自持商业面积 / 总商业面积	0%	15%~50%	≤ 50%
5		可售比	地上可售面积 / 项目总建筑面积（含地下室面积）	≥ 75%	65%~75%	≥ 65%
6	运营	现金流回正周期	—	≤ 15 个月	15 个月< T < 24 个月	≥ 24 个月
7		拿地—开工	拿地—开工净周期，一、二级联动项目以二级摘地或二级实质动工孰早为准	4 个月	4 个月	5 个月
8		拿地—四证齐	拿地—四证齐净周期，一、二级联动项目以二级摘地或二级实质动工孰早为准	5 个月	6 个月	7 个月
9		拿地—开盘	拿地—开盘净周期，一、二级联动项目以二级摘地或二级实质动工孰早为准	8 个月	10 个月	12 个月
10		开工—毛坯竣工	—	21 个月	21 个月	21 个月
11		开工—精装竣工	—	24 个月	24 个月	26 个月

（续表）

序号	维度	指标	计算公式	现金流型	均衡型	利润型
12	营销	立项均价偏差率	（实际销售均价－立项销售均价）/立项销售均价	≥ 0	≥ 0	≥ 0
13		首开供销比	首开供货货量/首开去化量	≤ 1.25	≤ 1.4	≤ 2
14		首开去化率	首开当月签约货值/首开推货货值	≥ 80%	60%～70%	≥ 60%
15		存销比	持效期（开盘一个月之后）存货/月均去化量	≤ 2	3-6	≤ 6
16		动态回款率	3 个月内回款率	≥ 80%	≥ 75%	≥ 75%
17		营销费用率	营销费用/销售收入（其中自持商业以估值计收入）	≤ 2.5%	≤ 2.5%	≤ 2.5%

四、管理协同：跨职能线、跨层级的协同型经营管理

一般而言，经营管理是由各个部门、各个层级协同管理的，由运营、营销、设计、成本等不同职能部门和项目、区域、集团三个层级，跨职能线、跨层级来进行管控。

以目标下达的核心——运营为例，在项目上，运营需要牵头组织完成项目经营策划工作和经营目标策划内容，组织各条线形成相对应的初稿，之后由区域公司来复核下达的指标是否合适。在区域审核完成之后，集团来审核其相对应指标的合理性，并同时组织召开项目经营策划决策会和评估会（权限下放项目除外）。

五、跟踪调整：基于目标及评判标准，进行风险预警

企业跟踪和调整经营目标主要基于各目标及各目标的评判标准，及时提示风险，有效采取措施。

跟踪的核心是评判标准及阈值区间，分等级进行管控。企业如何跟踪调整经营目标呢？这涉及会议跟踪和事件跟踪两个方面（见图 8-7）。

图 8-7　企业跟踪调整经营目标涉及的两个方面

会议跟踪就是跟踪月度运营会和经营策划评估会，我们通常会在这两个会议上跟踪相对应指标的完成情况。事件跟踪针对各个职能条线，包括运营、营销、产品、二程和成本各个事件的跟踪。基于会议跟踪和事件跟踪，企业形成标准对标、风险预警和目标调整。

跟踪和调整经营目标需要基于各目标的评判标准，以结果为导向去评判经营目标是否合理，并跟踪情况。比如，我们在日常跟踪时如果发现目标有偏差，就要往前追溯：是什么原因导致该目标有偏差。

—— **总结** ——

通过企业经营的标尺与标准做好分工与协同，实时动态跟踪调整，能够实现对企业经营目标全层级、全流程和全动态的管控。

第三节　预实分析与在线激励

在确定经营目标后，企业需要对经营目标进行管控。这就涉及两大核心问题：一是预实分析，二是考核监控。企业基于确认的核心经营目标以及阈值范围，日常预判指标能否达成，并通过考核监控督促指标达成。

一、预实分析展示：根据各层级目标预实数据形成分析简报

预实分析主要根据看板上的呈现，通过分析各层级目标的预实数据，形成相对应的分析简报。例如，表 8-3 的看板数据可以形成签约、回款、利润现金流、利润率的完成情况和预判情况。基于完成情况和预判情况，企业会有对应组织结构的分解，包括收入在各个公司之间和各个项目之间的分布情况。

表 8-3　集团预实分析

集团预实汇总分析				
年度	2019			
指标	差值	实际完成额	计划完成额	目标
签约金额（亿元）	−10	170	180	300
回笼金额（亿元）	−2	148	150	250
净利润（亿元）	−2	148	150	250
建筑成本（亿元）	−2	40	42	70
期间费用（亿元）	+0.20	8.01	7.80	13
净利润率（%）	−1	29	30	30

预实分析的逻辑有三点：一是基于历史，看保底目标完成情况；二是基于标准，看合理值的情况；三是基于行业类标杆，看经营目标是否具有挑战空间。其重点是，基于历史看保底，以及基于标准看合理预判值的情况（见图 8-8）。

图 8-8　预实分析的三个逻辑

在公司层面，我们需要对比监控公司经营目标的偏差。在项目层面，我们需要跟踪、监控多版本目标。通过对比指标目标和实际数，企业可以预警预实差异，对完成率进行公司排名。

企业还需通过历史完成情况来相对准确地预测未来的实现值。

未来的实现值是通过实际和预测来进行查看的。战略目标包含了实际跟预测。在实际完成偏差或超额之后，企业要进行差异的评分和差异的严控、强控（见图 8-9）。

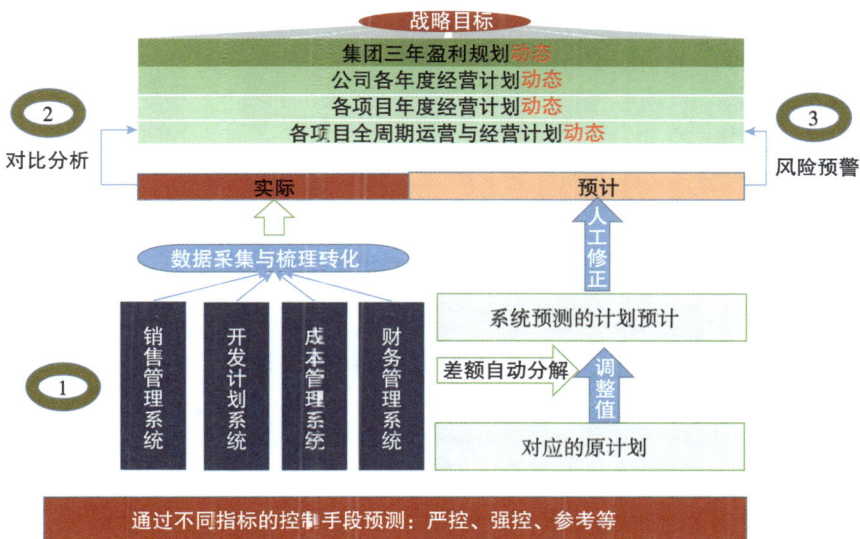

图 8-9　战略目标的解构

企业基于历史达成情况进行分析，对未来目标达成有示例，就是如何基于历史去预测未来的情况。

以签约额举例，企业要达成签约额就需把它细化到签约面积和签约价格。签约面积需要严控，因为要保证总面积不变。由于签约金额等于签约面积乘以签约价格，在严控签约面积后，签约价格不能严控，要按照成交价、经营目标来执行。按照市场趋势，判断价格是否能完成经营计划。

因此，我们会有一个控依据的过程，根据成交价格、参考价格确定预测价格，基于此形成新一版的未来销售金额的预测，再据此判断年度经营目标是否能完成（见图8-10）。

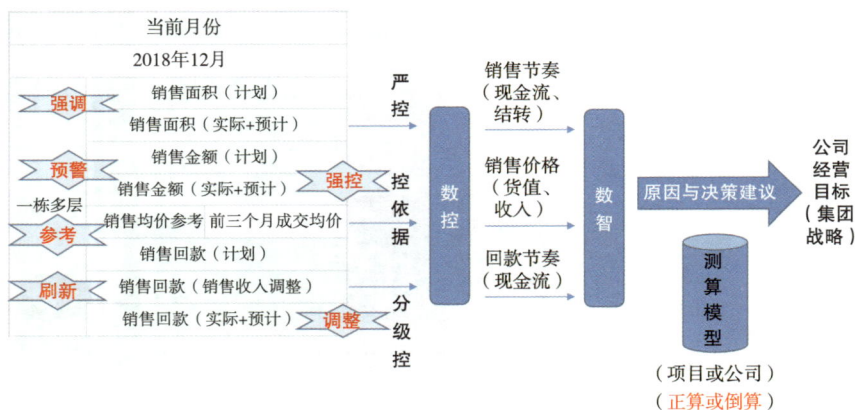

图8-10 公司经营目标测算过程

二、基于卡位标准，预判企业经营健康程度

基于历史完成情况，企业可以看到年度目标是否能完成；而基于卡位标准，企业可以预判经营指标的健康情况，保证经营落地持续落地。例如，公司可根据现在已完成的供、销、回和利润的健康情况，判断每一家区域公司的效益情况。

　　根据表8-4，通过对公司经营卡位与项目经营卡位实现情况进行并行分析，企业可以了解A区域公司的效益情况。其净资产收益率和净利润率比健康区间的下限数值还要小，这说明A区域公司的赢利能力有问题。因此，为确保在健康经营的情况下达成经营目标，企业就需要去寻找原因。

表8-4　公司经营卡位与项目经营卡位示例

公司经营卡位						
一级维度	二级维度	评价指标	健康区间（下限）	健康区间（上限）	A区域公司	B区域公司
盈利维度	综合效益	净资产收益率	15%	20%	13%	20%
	利润情况	毛利润率				
		净利润率	15%	20%	13%	20%
运营维度	开发节奏	开销比				
		开储比				
	供货效率	在建比				
		新供去化率				
		存量去化率				
	存货质转	存销比				
		长期库存比				
	应收周转	综合销售回款率				
	资金效率	现金资产比				
	结转效率	上年度结转比				
风险维度	资金安全	净资产负债率				
		现金短债比				
		收支比				
		销债比				
	投资强度	融投比				
		土地投资强度				
发展维度	规模增长	销售复合增长率				
	收入增长	营业收入增长率				
		已售结转比				
	货值保障	储备货值保障倍数				
		新增土地货值倍数				
	优质土地	地货比				

（续表）

序号	维度	指标	现金流型	均衡现金流型	均衡利润型	利润型	××项目—现金流型
1	投资	地货比					
2		资金峰值比例					
3		项目内部收益率	20%	18%	16%	15%	18%
4		股东内部收益率	20%	18%	16%	15%	18%
5	设计	可售比					
6		商业自持比					
7	运营	自有资金回正周期					
8		经营性现金流回正周期					
9		拿地—开工周期					
10		拿地—开盘周期					
11		拿地—结构封顶周期					
12		拿地—竣备周期					
13		拿地—交付周期					
14	营销	全景会为价偏差率					
15		总体转化率					
16		首开货量比					
17		首开去化率					
18		销售回款率					
19		存款比					
20		营销费用率					
21	成本						
22	财务资金	自有资金占资金峰值比例					
23		前融杠杆系数					
24		净利润率					
25		管理费用率					
26		财务费用率					
27		综合税率					

三、考核监控：基于经营指标动态结果进行在线激励

企业基于经营指标的动态结果，动态监控公司和项目层面的考核指标，激励员工的业务管理（见图8-11）。

企业在众多经营目标中确定了经营绩效指标后，可以开展绩效过程的跟踪监控，其核心就是要及时监控下级单位绩效目标的完成情况。

	公司绩效管理		项目绩效管理	
关键事项	年度绩效目标的确认与下达	绩效过程监控	年度奖金计算与发放	项目跟投管理
标准动作	年度经营管理责任书： ■ 下达指标 ■ 确认考核与激励方式 ■ 签订责任书（明确绩效目标、管理责任及激励方式）	绩效奖金全过程： ■ 及时监控下级单位绩效目标完成情况 ■ 阶段性回顾指标完成情况，及时纠偏	绩效判定： 年底对各组织单位绩效总评级 绩效结果应用： 确认最终奖金发放金额，子公司内部进行奖惩调剂	跟投测算： 基于项目全周期运营结果及跟投标准测算跟投发放的时间与金额 跟投情况跟踪： 在跟投系统中展示个人预计还本、付息的时间及金额
线上场景	■ 绩效指标发布 ■ 绩效指标动态跟踪	■ 绩效奖金动态跟踪计算 ■ 历史奖惩留痕，未来奖惩预测	■ 年度奖金计算 ■ 年度获奖金额及奖项展示	■ 跟投测算表：跟投指标预测 ■ 跟投奖金计算

图 8-11　绩效管理的内容

通过绩效奖金对应的指标动态跟踪，企业可以实现奖金计算，预测未来奖金的金额以及发放时间。到了年底发放奖金时，企业需要做两件事：一是绩效判定，根据当年年度特殊情况去评判绩效情况；二是绩效结果应用，即确认最终奖金发放金额和在子公司内部进行奖惩调剂。其对应的线上场景就是年度奖金计算，以及年度获奖金额和奖项展示。

从项目全周期来说，企业需要跟踪跟投管理。跟投管理就是做跟投测算和跟踪跟投情况。跟投测算是指基于项目全周期运营结果及跟投标准测算跟投发放的时间与金额。跟踪跟投情况是指在跟投系统中展示个人预计还本、付息的时间及金额，其对应的线上场景就是跟投测算表、跟投指标预测，以及跟投奖金计算。

以 S 企为例，通过建模实现项目级历史奖惩记录和未来奖惩预告激励员工，推动问题解决。其项目全过程的投资目标考核详情见图 8-12。

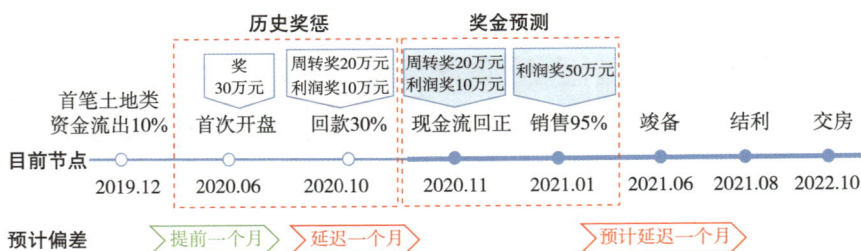

图 8-12　项目全过程的投资目标考核

总结

要想实现经营目标的管控，企业就要基于确认的核心经营目标以及阈值范围，日常预判指标能否达成，并通过考核监控督促解决。

3

案例篇

地产行业的发展，百舸争流、百花齐放，每个能创佳绩的企业都有其各自的生存和发展之道。本篇解读了从百亿到千亿级的各类地产企业在运营管理，尤其是大运营管理数智化 IT 落地的实践中的亮点，以及大家遇到的共性问题和各有特色的解决手段。

大家会发现，房企的运营管理要实质性提升，必经之道是：数据治理，管理建模，数据采集，业务数据预测，管理场景预演，核心指标预警，预控手段实现。

殊途同归，优秀的运营管理最终一定是为企业的经营管理和战略目标服务的！

第九章

预测案例：1 000 亿级快周转型 X 企的经营预测实践

随着房地产行业的竞争进入下半场，市场从规模红利逐步转向管理红利。众多房企对内部经营管理、管控上做出了不同程度的创新动作。

X 企在实现销售业绩稳步增长的同时，不断拓宽全国市场版图。X 企通过招拍挂、收并购、产业合作以及城市更新等多种方式扩充土地储备，保持策略性补充土储，持续深耕城市群，目前拥有总货值近万亿元，如此庞大的土地储备管理倒逼公司做出管理手段的创新性举措。

因此，X 企采用了新型的货值管理手段，即动态货值预测模型。

第一节　动态货值预测管理，保障销售与利润最大化

传统意义上的货值，一般是某个时点的静态货值表现（如储备货值、待售货值、已售货值），无法进行动态预测。已开工未达到预售条件、已达到预售条件而未售、已竣工而未交付等状态下的货值，是无法进行准确预估的。

X 企提出的动态货值管理预测模型，赋予货值预算的思维。企业根据经营管理需求，将拿地、开发到销售整个经营链条划分为不同阶段，对货值进行分类管理，包括储备货值、在途货值、取证货值、签约货值等。

在此过程中，企业将经营计划的预算数与实际执行数进行对比分析，跟踪经营计划的完成情况，同时预测未来的执行情况与趋势，不断调整当前动态货值，使得该动态货值更合理、更真实、更准确，并尽可能贴近当前时点的动态价值数据。

基于经营视角的动态货值管理，企业可以有效地指导公司经营计划的编制，并且实时引导公司未来经营计划的预估与调整。换言之，动态货值预测的本质是企业对货值的精细化管理。

一、管理目标：动态货值预测，支撑供销存业务管理

动态货值预测是项目整体动态经营监控的基础板块。对货值进行精细化管理的根本目的是，保障销售与利润的最大化。

X 企采用的动态货值预测手段从三大方面来保障销售与利润的最大化。

第一，帮助公司灵活地应对市场变化。通过应用动态货值预测管理手段，企业可以实时了解各类产品的货值情况，包括待建规模、已开工

但未取证、已达预售但未取证、已签约但未交付等各类动态数据，并结合当前市场情况来预判制定、调整供销策略。

第二，及时调整生产策略。通过前端销售情况反馈至生产端，企业可以测算出下一阶段的推货速度，使得供货速度与销售速度相匹配，达到以销定产。

第三，实现项目全流程动态收益跟踪管理。在对项目全生命周期动态总货值监控的基础上，企业需要进一步对收入进行预估，将项目成本、费用、税金等叠加监控测算，并进行深化管理，从而实现动态监控项目收益情况的目标。

在分析 X 企货值管理前，我们不妨先了解 X 企货值管理最终要实现的目标。

第一个目标是动态货值管理，即通过对未售均价的管理，结合均价预测模块，实现动态货值的准确计算输出，为供销存业务提供数据支撑。

第二个目标是非操盘项目管理，主要指非营销操盘管理。一般非营销操盘很难获取签约的明细数据，因此 X 企通过管理机制来提高非营销操盘的签约回款数据的更新频次，规范非操盘项目的货值管理，完善其对货值数据的全方位管理要求。

第三个目标是全周期的供货和销售计划管理。企业通过结合楼栋专项供货计划以及动态货值数据，自动形成项目全周期供货计划，实现供销均衡。

二、管理痛点：基础数据维护不及时、版本管理不完善、缺少预判性

对于货值管理，X 企存在三大痛点，这三大痛点影响其管理效果的实现。

第一，基础数据维护不及时。X企以往在价格方面无未售均价管理，而且面积数据在工规证版后的维护没有制度化，计划版本与主数据版本也不一致。推售楼栋的价格和面积维护及时性影响货值金额，生产计划汇报的及时性和准确性则影响货值分布阶段。

第二，版本管理不完善。X企在发展初期对货值的管理，仅能查询当前时间点的货值和固定版本的货值，各版本维护的及时性未按照货值管理制度中要求的时间进行。

第三，动态货值缺少预判性。X企的动态货值主要由已售货值及未售货值两部分组成，其中未售货值的计算是主数据中规模指标乘以房间底价。因此，未售货值缺少预判性是其动态货值缺少预判性的主要原因。

综上所述，X企要想实现货值管理目的，就要进行针对性的改进。

三、改进方向：及时性、全面性和预判性

基于基础数据维护不及时、版本管理不完善、动态货值缺少预判性这三方面的问题，X企需围绕及时性、全面性和预判性对货值管理进行改进（见图9-1）。

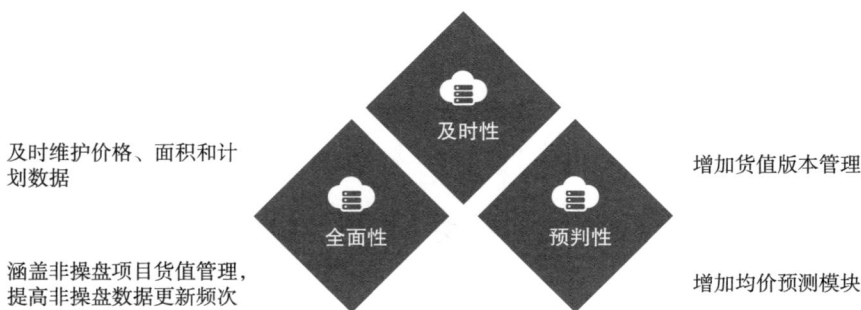

图 9-1　X 企货值管理改进方向

在及时性方面，X 企要及时维护价格、面积和计划数据。在全面性方面，X 企一要增加货值版本管理，二要扩大货值管理的项目范围，即涵盖非操盘项目货值管理，提高非操盘数据更新频次。在预判性方面，X 企要增加均价预测模块。其具体改进措施如下。

（一）差异化管理：根据项目类型进行差异化管理

项目可分为操盘项目和非操盘项目，它们的主要货值管理差异点体现在颗粒度、版本、更新频次和数据来源四个方面（见表 9-1）。

表 9-1　不同类型项目货值管理的差异

项目类型	操盘项目	非操盘项目
颗粒度	业态楼栋、房间	业态楼栋
版本	面积、均价	
更新频次	每月或每天	每月或每周
数据来源	销售系统、计划系统、主数据	手动输入或销售系统、主数据

（二）非操盘项目的动态货值预测：取最新目标版本货值总额

非操盘项目的动态货值预测通过与主数据管理系统和销售管理系统（非操盘管理）的深度集成，按周手动更新已签约数据（包含签约面积、签约个数和签约金额），取最新目标版本货值总额作为非操盘项目的动态货值。

非操盘项目的已售货值数据更新的频次是按周，颗粒度到楼栋，手动录入签约面积、签约价格和签约金额。

最新版本目标货值的更新频次是按月，颗粒度也是到楼栋，其未售部分也用到了预判价格。预判价格月度更新，从合作方获取（见表 9-2）。

表 9-2　已售货值和目标货值的关系

项目动态货值		
	最新版本目标货值	已售货值
更新频次	按月	按周
颗粒度	楼栋	楼栋
个数	取主数据中最新目标版本规模指标	—
面积	取主数据中最新目标版本规模指标	手工录入签约面积
价格	预判价格（月度更新）	手工录入签约价格
签约货值	—	手工录入签约金额

备注：目标货值与已售货值尚未联动，相互独立。

四、预测关键点：差异化、多版本、阶段性、预实管理

综上来看，X 企动态货值预测的关键点有四点。

第一点是差异化管理，即根据项目类型（操盘项目、非操盘项目）实行差异化管理。我们在颗粒度、更新频次、版本和货值结构上有所区分，实现准确动态预判。

第二点是多版本管理，即对面积和均价实行多版本管理。面积数据按照拿地版—启动会版—工规证版—预测版—实测版动态更新，均价则对应到楼栋—房间，并根据状态进行预估（已售均价—认购价—底价—预判均价等）。

第三点是阶段性管理，即根据所处阶段不同，有针对性地动态预估货值。已取地未开工阶段同时关注面积和均价因素，已开工未取证阶段侧重关注价格因素，已取证未售阶段主要关注价格因素。

第四点是预实管理，即根据实际与计划数据的变化动态预估货值。实际数据通过更新频次来做滚动更新，操盘项目实时更新，非操盘项目按周更新。计划数据按照楼栋生产计划及时更新状态（计划、预计、实际），分阶段预估货值。

X 企做到以上步骤就达到了货值管理的两个目的，即动态货值的准确计算输出和非操盘项目的管理。

而在企业实现了动态货值预测之后，全周期供货、销售和回款的计划管理就有了数据支撑。

总　结

在货值管理方面，X 企通过对基础数据维护不及时、版本管理不完善、动态货值缺少预判性三个方面的问题进行改进，以差异化、多版本、阶段性和预实管理四项举措来实现企业的动态货值预测。

而在准确计算输出动态货值数据之后，X 企就以此结合楼栋专项供货计划，自动形成项目全周期供货计划。基于全周期供货计划，X 企进而可以分解、铺排全周期销售签约计划和全周期回款计划。而这种对项目全流程的动态监控管理，让 X 企能有效地指导企业的经营计划，从而保证销售与利润的最大化。

第二节　动态货值预测的核心：对未售货值进行动态预测

在进行动态货值预测的过程中，我们通常会根据项目开发的全周期和公司管理需求，以不同建设阶段来识别不同的货值。已成交的货值成为不可改变的既定事实，而未售的货值就成了动态货值预测的核心，对其预测的准确性将成为影响实现项目全生命周期动态管理的关键因素。

一、操盘项目的动态货值预测：按天实时获取项目数据

操盘项目的动态货值预测是指，通过与主数据管理系统、计划管理系统、销售管理系统的深度集成，按天实时获取项目面积（未取证面

积、供货面积、已售面积）和价格数据（预判、底价、实际价格、已售价格），并实现动态货值预测。

动态货值分为两大块：一是已售货值，对应销售系统中已签约的部分；二是未售货值，包含土地储备货值、在途货值（已开工未取证货值）和库存货值（见图9-2）。

图 9-2　操盘项目动态货值的结构

全周期的动态货值有三个管理重点，分别是颗粒度、面积和价格。X企对面积和价格这两个要素的管理由原来的拿地版、启动会版、工规证版扩充了两个版本，即预测绘版和实测绘版。而颗粒度这个要素也由业态扩充到楼栋，再到楼栋房间（见图9-3）。

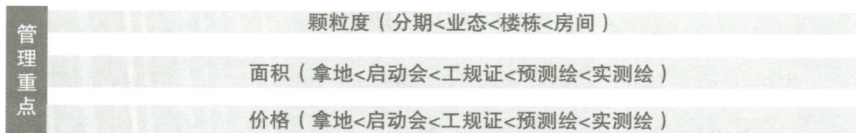

图 9-3　操盘项目动态货值的三个管理重点

在计算货值时，企业一般采用的公式是"货值 = 面积 × 价格"（个别业态的货值，如车位，按照个数计算货值）。因此，企业可以从这两个维度来看项目全周期动态货值中每个模块的货值。

首先是已售货值（已签约货值）。它的面积是合同对应的房间面积数据，价格就是合同价（已售价格）。

其次是未售货值。它是项目全周期动态的重要组成部分，影响动态货值预测。未售货值包含已定价部分货值和未定价部分货值。其中，已定价部分货值主要受价格因素影响，未定价部分货值主要受面积和价格因素的双重影响。如果企业对价格预判不准确，这就会进一步影响企业对全周期的动态货值预测。

对未售货值进行细分，它包含三个模块，即土地储备货值、在途货值（已开工未取证货值）和车存货值，它们在计算方法上有所差异。

一是已取地未开工阶段的土地储备货值。在计算土地储备货值时，企业需要用到月度更新的预判价格。根据货值计算基础不同来计算动态货值，如果按照个数计算货值的业态，如车位，那么货值＝个数 × 价格；如果按照面积计算货值的业态，那么货值＝面积 × 价格，其中面积取主数据中最新版本数据（见图 9–4）。

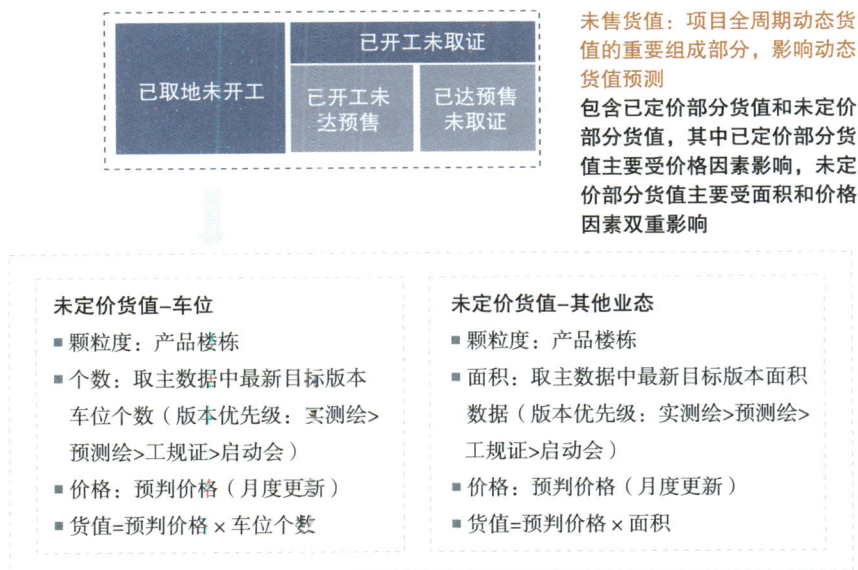

未售货值：项目全周期动态货值的重要组成部分，影响动态货值预测
包含已定价部分货值和未定价部分货值，其中已定价部分货值主要受价格因素影响，未定价部分货值主要受面积和价格因素双重影响

未定价货值–车位
- 颗粒度：产品楼栋
- 个数：取主数据中最新目标版本车位个数（版本优先级：买测绘>预测绘>工规证>启动会）
- 价格：预判价格（月度更新）
- 货值=预判价格 × 车位个数

未定价货值–其他业态
- 颗粒度：产品楼栋
- 面积：取主数据中最新目标版本面积数据（版本优先级：实测绘>预测绘>工规证>启动会）
- 价格：预判价格（月度更新）
- 货值=预判价格 × 面积

图 9–4　土储货值和在途货值的计算要点

二是在途货值，即已开工未取证货值。在计算该货值时，它的价格取的是月度更新的预判价格，面积取的也是主数据中最新版本面积数据。

三是库存货值。它又分为已取证未定价、已定价未开盘、已开盘未认购和已认购未签约货值四个部分。在计算已定价未开盘和已开盘未认购的货值时，它们的面积取的都是主数据中最新版本的可售面积数据，价格也都是房间底价。但在计算已认购未签约的货值时，它的面积则是取认购单对应的面积数据，价格是认购价格（见图9-5）。

已取证未定价	已定价未开盘	已开盘未认购	已认购未签约
■ 颗粒度：房间	■ 颗粒度：房间	■ 颗粒度：房间	■ 颗粒度：房间
■ 面积：取最新版本可售面积	■ 面积：取最新版本可售面积	■ 面积：取最新版本可售面积	■ 面积：认购单对应面积数据
■ 价格：未定	■ 价格：房间底价（销控状态）	■ 价格：房间底价	■ 价格：认购价格

图 9-5 库存货值在三个阶段的不同点

二、未售货值价格预测的要点和重点

在对未售货值预测中，面积数据核算偏差值不大。但是，价格的预测往往以人为主观经验为依据，随着市场变化价格也会产生波动，因此企业对未售货值价格的预测具有一定难度。同时，企业对未售货值价格的动态预测，是项目全周期中全盘货值分析的核心要点，这将影响整体货值预测的准确性。

因此，为了对未售货值价格动态预测尽可能客观、合理，我们在进行货值管理时，搭建了以预设未售货值价格参考指标为核心的动态货值预测模型。

这个模型叠加了未售货值价格的参考指标及预警规则，将各项价格数据，包括前三个月的认购签约价格、附近在进行中的项目价格、启动会或首开经营关键会议，以及竞品价格，等等，作为当前未售价格的参考指标。

与此同时，利用信息化工具频繁地、灵活地调整或提示营销端经常性回顾、及时调整当前未售货值的价格，使得我们对未售货值单价的预测更贴合市场当前情况，从而保证动态货值的准确性。

需要注意的是，楼栋中存在部分房间定价和部分房间未定价。针对该情况，X 企采取的解决措施是从制度上要求取证楼栋统一完成定价，不允许存在半定价或半不定价。同时，X 企在销售系统中也采取了强制措施，即要求楼栋全部定价。

一般企业没有从制度上严控。但 X 企不允许存在未取证销售的情况发生，并通过填写取证时间及时更新预测绘版本的面积和价格数据来进行控制。

三、管理闭环：形成全周期供货、销售、回款、交楼全链条的预测

目前，X 企货值的管理版本包括主数据、拿地版、启动会版和工规证版，还有年度基准版和月度动态版。月度动态版对应主数据后面两个版本，即预测绘版和实测绘版。每个月它都会基于项目的预判货值——可以理解为该预判货值就是一个全周期的供货计划，做全周期的销售签约计划分解，再基于全周期的销售签约计划分解全周期回款计划（见图 9-6 ）。

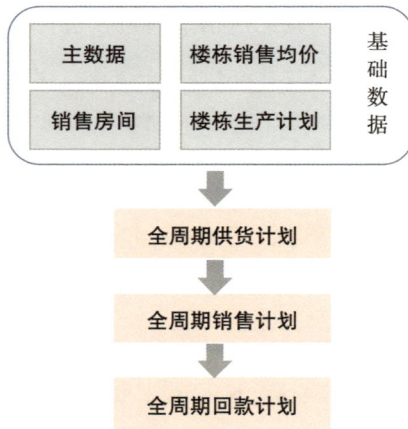

图 9-6　全周期回款计划的生成过程

（一）供货货值预测：根据面积数据、均价预测、楼栋计划进行计算

企业每个月在计算全周期供货数据时，会对接主数据系统、销售系统和计划系统，获取最新版面积和价格数据、已签约货值以及最新楼栋专项计划。

因此，X 企供货货值受三个因素的影响（见图 9-7）。

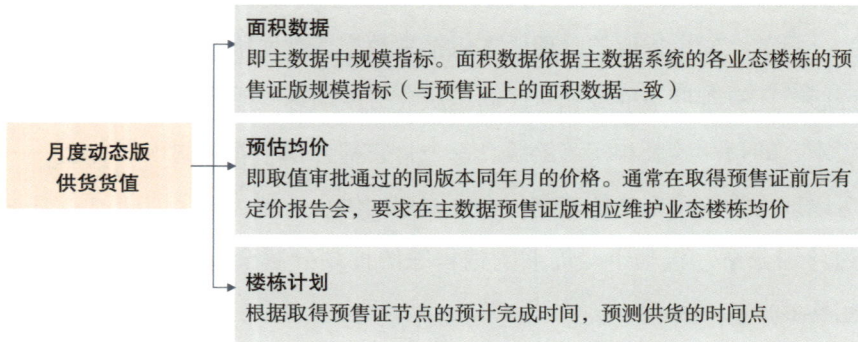

图 9-7　影响月度动态版供货货值的三个因素

第一个因素是主数据中的规模指标，该面积数据取主数据系统的各业态楼栋的最新面积数据。

第二个因素是均价预测。一般企业在取得预售证后会针对楼栋召开定价会，有底价的楼栋就会取底价，未定价房源的价格取楼栋销售均价预测数（项目运营每月重新预测价格，以项目维度进行预测）。

第三个因素是楼栋计划。楼栋计划节点中"取得预售证"的时间分为预计完成时间和实际完成时点，根据供货货值预判时点取预计完成时间。

预估均价通常在取得预售证前后有定价报告会，要求主数据预售证版相应维护业态楼栋均价。

（二）签约货值预测："平滑"处理差值，确保销售目标实现

在制订年度销售计划之时，企业会根据往年去化情况、销售情况以及对未来市场环境的预判情况综合制订次年销售规模和铺排计划。

首先，对项目销售面积进行完整铺排；其次，完善未售货值价格的预估。以当年及未来剩余的各个年度销售均价为预估标准，企业根据营销端所填报的各年各月对应的销售面积和预估未售货值均价相乘，得出相应的签约货值，进而形成完整的年度责任状版项目全周期销售铺排计划（见图 9-8）。

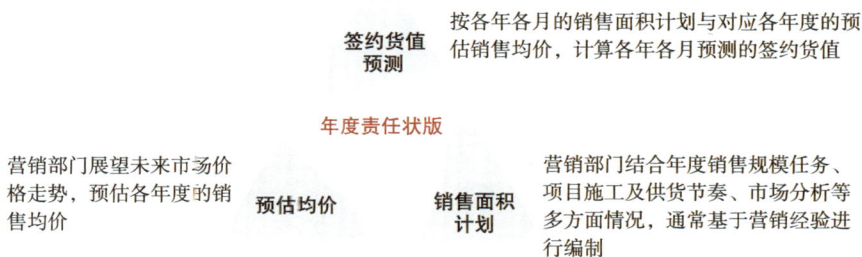

签约货值预测	按各年各月的销售面积计划与对应各年度的预估销售均价，计算各年各月预测的签约货值

年度责任状版

营销部门展望未来市场价格走势，预估各年度的销售均价	预估均价	销售面积计划	营销部门结合年度销售规模任务、项目施工及供货节奏、市场分析等多方面情况，通常基于营销经验进行编制

图 9-8　年度责任状版签约货值预测

由于市场会出现不可控的客观因素，实际执行过程中的数据会不可避免地与销售计划产生偏差。

为了确保公司年度销售规模任务的完成，企业需要对偏差部分进行"平滑"处理。

平滑处理是指以销售面积为出发点，把历来各个月份的实际销售面积与计划销售面积的预实差距在当年剩余月份中进行消化。

我们在设定动态平滑规则中，参考原有责任状版销售实际操作计划比例，将差额在剩余的季度之内进行平滑处理。

例如，当前时间节点为6月30日，签约面积刷新至6月份（见表9-3）。我们可以看出，实际签约面积与年初编排计划中所填报的责任状数据，相差了97平方米。我们需要对97平方米进行平滑处理，在当期的季度内，将这97平方米分摊到各个月。因此，7月份的预测值会在原有预计销售额之上，分摊部分差异金额。7月份分摊的对应销售面积则按照所在的当月销售在第三季度所占的比例承担，该季度内剩余月份以此类推计算。

表 9-3　签约货值预测平滑处理计划示例

单位：平方米	1月	2月	3月	4月	5月	6月	7月	8月	9月	10月	11月	12月
责任状计划签约面积	173.0	134.0	203.0	583.0	524.0	541.0	276.0	379.0	787.0	696.0	411.0	193.0
动态版签约面积	168.0	97.0	298.0	590.0	500.0	408.0	294.6	404.5	839.9	896.0	411.0	193.0

刷新实际签约面积数据（预实差异97平方米平滑处理，调整当前季度预测数）

预实差异在当期季度内按责任状计划的比例分摊至各月，如7月预测值为：276+97×276/（276+379+787）=294.6

年度内未来季度的预测与责任状计划一致

该平滑计划只在季度内完成，第四季度计划不变。企业基于全新的销售面积预测，与相应的价格计算，输出平滑处理后每月预测的签约货值，从而形成全新的月度动态版销售计划（见图 9-9）。

按平滑处理的各年各月销售面积预测与对应各月份的
预估销售均价，计算各年各月预测的签约货值

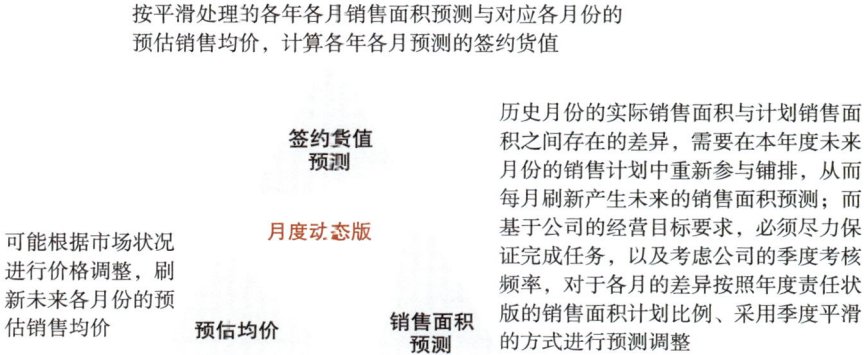

签约货值
预测

月度动态版

可能根据市场状况
进行价格调整，刷
新未来各月份的预
估销售均价

预估均价　　　　　　销售面积
预测

历史月份的实际销售面积与计划销售面
积之间存在的差异，需要在本年度未来
月份的销售计划中重新参与铺排，从而
每月刷新产生未来的销售面积预测；而
基于公司的经营目标要求，必须尽力保
证完成任务，以及考虑公司的季度考核
频率，对于各月的差异按照年度责任状
版的销售面积计划比例、采用季度平滑
的方式进行预测调整

图 9-9　月度动态版签约货值预测

值得注意的是，月度动态版销售计划所输出的未来各个月份预测货值以系统代替人为计算调整，可能会出现一些异常数据。因此，企业需要利用模型中的预警规则，提醒相关营销人员或管理层，关注该计划有明显的偏离或不可实现等情况，并及时做出反馈与调整。

（三）销售回款预测：先提取实际回款数据，再铺排预计回款数据

在做好全周期销售签约计划后，企业就可据此分解全周期回款计划，最开始也是要提取实际的回款数据，然后再做预计回款数据的铺排。

目前，X 企系统中一般是按照 3/4/2/1 的回款节奏进行计划数铺排，即销售计划的当月回款 30%、次月回款 40%、第三个月回款 20%、第四个月回款 10%。

这个回款节奏只是一个基本的策略包，项目也可以根据实际情况来调整回款节奏。此外，针对业态批次的签约回款金额的差额，即实际回款与计划回款之间的差额，X 企也会根据月份进行分摊，将这个差额在年度内进行平滑。

（四）交楼货值的预测：确认交楼条件

动态货值预测模型中还有个不可或缺的部分，即交楼货值。这部分的预测相对于供货货值和签约货值预测比较简单，通常以项目人员手工填报方式进行。

回款预测： 参考签约货值，结合回款率的经验值进行预测。例如，季度回款率经验参考值为 80%，当季度的回款预测等于当季度签约货值乘以 80%。

项目人员通常参考当前的签约货值，结合回款经验或回款强控要求的比例进行预测。例如，某个项目季度回款的参考值为 80%，当季度的回款预测则会采用当季度签约货值的 80%，以此得到当季度的回款预测值。有的公司会要求在签约后 30 天内完成 35% 的回款，已售货值必须在半年内全款回笼。测算时，企业按此规则执行即可。

交楼预测： 参考竣工备案节点的预计完成时间，预测合同已收款、业主收楼的情况，也就是确认交楼条件均能达成，预测此部分货值。例如，竣工备案节点完成后两个月，累计签约金额可作为当月交楼预测金额。

线下项目人员根据合同收款、交楼条件、业主收楼等情况进行分析预估，确认达到交楼条件后预测交楼货值。例如，在竣工备案节点完成后两个月，累计签约金额可作为当月交楼预测金额。企业可将这部分金额进行系统填报，从而形成交楼金额的预测。

四、分析结果看板展示，实现动态跟踪及预警

集团总体看板对比了总货值、未推货值、已推货值、已售货值的计划与实际数据（见图 9-10），同时关注各区域货值占比、货值结构分析、存货账龄结构分析、进度及预测等内容，实现管理层级的穿透分析、指标监控和预警。

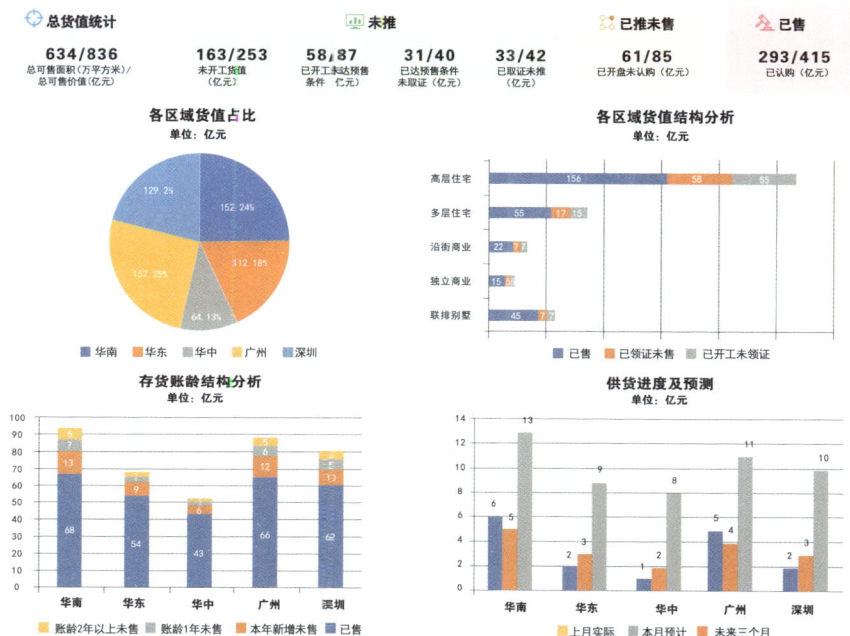

图 9-10　集团总体看板示例（模拟数据）

从集团角度来看，对区域的货值情况实现整体把控，有利于集团在各区域之间合理调配资源，协调不同区域、不同项目之间的运营节奏、供货节奏，平衡集团整体的货值结构，从而有效达成集团的签约目标及去化率目标，结合行业环境和市场走势，帮助企业对当前经营状况做出有效预判，为企业经营决策提供支持。如图 9-11 所示，体现在项目全周期的"本年核心指标"看板上的是：储、建、供、销、存的计划与实际指标对比，对年度目标实行动态跟踪；资源结构分析了未确权资源、土地储备、在途资源、库存资源、已签约资源等指标的实际情况；由年初库存和本年累计已新供应货值组合而成的可售资源，采用瀑布图的形式，对已签约货值、已认购未签约货值、库存货值、新货、旧货等进行结构性分析和直观展示。

储

未确权资源结构

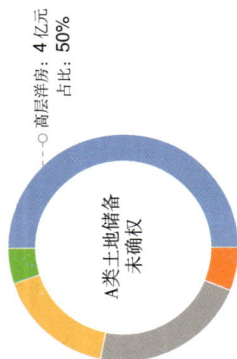

已确权未开工资源结构

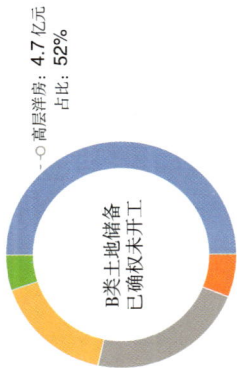

○ 高层洋房：4亿元 占比：50%

○ 高层洋房：4.7亿元 占比：52%

A类土地储备未确权

B类土地储备已确权未开工

高层洋房　别墅　类住宅　商业　车位

更多

建

本年在建面积（万平米）

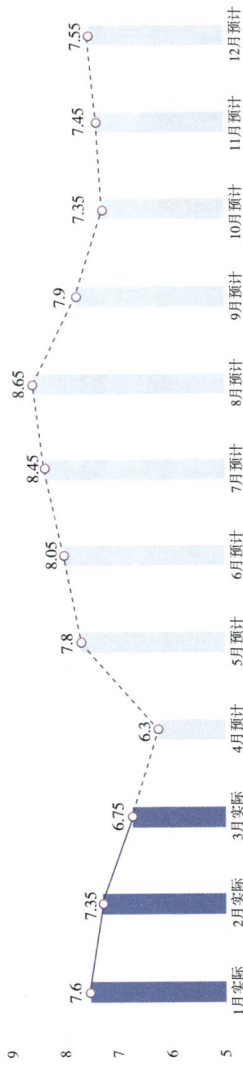

7.6　7.35　6.75　6.3　7.8　8.05　8.45　8.65　7.9　7.35　7.45　7.55

1月实际　2月实际　3月实际　4月预计　5月预计　6月预计　7月预计　8月预计　9月预计　10月预计　11月预计　12月预计

项目节点监控
一期

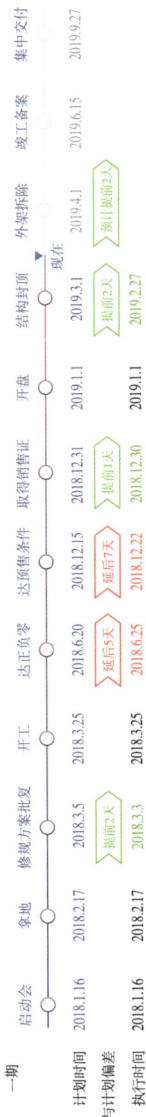

	启动会	拿地	修规方案批复	开工	达正负零	达预售条件	取得销售证	开盘	结构封顶	外架拆除	竣工备案	集中交付
计划时间	2018.1.16	2018.2.17	2018.3.5	2018.3.25	2018.6.20	2018.12.15	2018.12.31	2019.1.1	2019.3.1	2019.4.1	2019.6.15	2019.9.27
与计划偏差			提前2天		延后5天	延后7天	提前1天		提前2天	预计提前2天		
执行时间	2018.1.16	2018.2.17	2018.3.3	2018.3.25	2018.6.25	2018.12.22	2018.12.30	2019.1.1	2019.2.27			

现在

供

本年及未来12个月供应货值（万元）

12 000
10 000
8 000
6 000
4 000
2 000
0

142%
100%
94%

4 991 4 494
3 516
6 138
8 107

1月 2月 3月

计划供应新货 ■ 已供应新货 ○ 本年已供货计划完成率

资源业态结构

资源业态结构

更多

高层洋房 56%
车位 4%
商业 12%
本年累计新增货源 75 亿元
类住宅 16%
别墅 12%

2019年3月 - 货值 -

150%
125%
100%
75%
50%
25%
0

9 945 9 229
4 061 4 954 4 955 5 085 6 222
10 661

1月 2月 3月

计划供应新货 ■ 已供应新货 ○ 本年已供货计划完成率

未去化货值（万元）

10 000
9 000
8 000
7 000
6 000
5 000
4 000
3 000
2 000
1 000
0

107% 115%

4 331 4 321 2 989 6 891

1月 2月 3月

销售完成情况（亿元）

年度 半年度 季度 月度
计划数 10 5 3 1

年度实际已完成 1.8 亿元
销售完成率 18%
年度预计还将完成 9.2 亿元
年度销售完成率预计 110%

预计完成 ■ 实际完成

本季度计划签约额 ■ 本季度实际签约

150%
125%
100%
75%
50%
25%
0

3 543 3 452 4 376 5 217 8 453 7 845 4 211 4 212 4 322

签约完成率

更多

货龄结构

货龄结构

更多

新货 11 亿元
占比 73%

新货 1-2年旧货 2-3年以上旧货 3年以上旧货

新货库存

高层洋房
新货 11 亿元
占比 52%

类住宅 商业 别墅 高层洋房

旧货库存

高层洋房
旧货 4 亿元
占比 27%

旧货 4 亿元 占比 68%

总库存

高层洋房
总存货 15 亿元
占比 56%

新货 15 亿元 占比 56%

图 9-11 项目全周期看板示例（模拟数据）

　　同时，X 企还细分了储、建、供、销、存等各项指标看板，通过扇形图、折线图、柱状图等形式，直观展示各项指标的运营情况，实现预警功能。

总结

　　X 企在坚持企业不断扩张发展的同时，确保公司经营的稳健性与发展的可持续性，抓住市场的发展规律与命脉，在以高质量为导向的发展趋势下，做出了不少创新举动。

　　众所周知，土地储备是房企的粮仓，有效地管理土地储备货值对企业发展有着重要意义。X 企创新性建立动态货值预测模型对货值实现高效管理和公司项目全生命周期经营阶段的把控有着全局性作用。在确保公司年度经营目标高效实现的同时，企业要确保公司销售和利润的最大化。

第十章

预演案例：2 000 亿级均衡型 H 企盈利战略的数智化推演

　　龙头房企 H 企在坚持明确的战略定位及战略目标的前提下，谋求自身高质量的稳健发展。H 企的战略目标围绕利润增长展开，如何快速、准确地编制和落地未来三年的盈利目标成为关键。

　　为制订未来三年盈利规划，H 企不仅要盘点现有项目和已完成指标，更要测算未开发项目的盈利目标。传统的线下填报数据、编制规划的方式远远不能满足企业的要求，现在企业需要一个信息化的盈利规划测算平台，实现战略推演智能化、规划编制线上化、测算调整灵活化、目标输出可视化和辅助决策智能化，以提高盈利规划的准确性，保障战略目标的达成。

　　本章通过 H 企的智能化战略推演案例，详解在线编制未来三年盈利目标的全过程，帮助企业深入了解盈利规划信息化的方法和价值。

第一节　确定诉求，规划蓝图

盈利是 H 企首要的战略目标，因此 H 企的发展战略以利润作为导向，追求盈利目标的达成。H 企在进行盈利规划的战略推演过程中就重点关注了利润增长、规模扩张以及运营高效三大方面，从而保障稳中求进的企业发展目标（见图 10-1）。

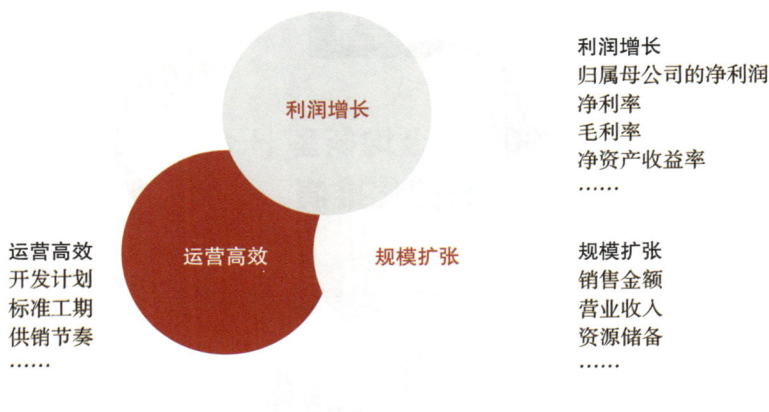

利润增长
归属母公司的净利润
净利率
毛利率
净资产收益率
……

利润增长

运营高效
开发计划
标准工期
供销节奏
……

运营高效

规模扩张

规模扩张
销售金额
营业收入
资源储备
……

图 10-1　H 企战略推演重点关注的三大方面

我们根据 H 企的战略目标和关注重点，从战略推演和盈利测算的现状入手，剖析企业的真实痛点和诉求，进而制订三年盈利规划测算平台的建设方案。

一、找痛点：数据采集精度低，推演分析不全面

为了保障战略性盈利目标的达成，H 企每年都要进行一次战略推演来规划未来三年的年度盈利目标，具体的推演方式是通过 Excel 线下编制三年盈利规划的测算套表。这种传统线下编制的方式往往存在数据填

报量大、精度不高，结果校核费力，推演分析程度有限等问题，严重制约了盈利规划的时效性和准确性（见图 10-2）。

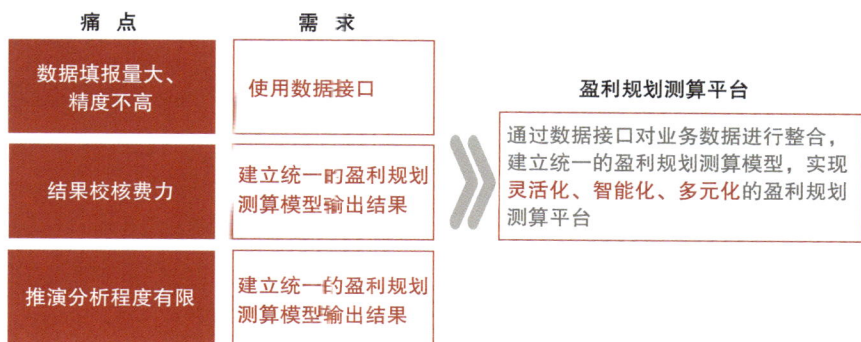

图 10-2　盈利规划测算平台的需求背景

（一）数据填报量大，精度不高

整套测算过程要求各个业务条线相互配合，对相关的业务数据进行统一的梳理及整合，并且做好相应的计划铺排。

数据是测算的基础，但是各类业务的经验数据往往分布于各个系统当中，由于各个业务系统的交融相对较少，并且每个专业条线的业务数据都有自己的管理口径，导致业务数据口径无法与盈利规划要求的口径相匹配。

由于企业采取线下填报盈利规划测算数据的方式，所以业务部门的一线操作人员需要采取人工方式去查询、收集和筛选数据。有些数据可以通过各大业务系统进行采集，还有一些线下资料则需要手工采集，这种多渠道、跨系统的填报方式极大增加了一线操作人员的工作量，而且很容易出现人为错误。同时，在数据采集过程中，各个部门往往需要反复沟通，数据的调整也比较频繁，耗时更长且不能保证数据质量。

（二）结果核校费力

这种线下收集和填报方式还有一个弊端，就是 Excel 测算套表的计算公式和逻辑很容易被修改。这会导致当测算结果提交到平台公司或者集团的时候，相关人员还要耗费大量的时间对这些表单的逻辑和数据进行校核，以便筛选出一些明显不合理的结构数据。

当数据校核过程中发现潜在错误或者产生疑问时，校核人员需要与具体的业务人员进行反复沟通，确认是否存在数据填报错误或者其他问题，这时同样会产生比较高的沟通成本和时间成本。

（三）推演分析程度有限

Excel 工具也存在功能上的限制，就是通过 Excel 制作而成的图表和报告很难实现灵活的模拟推演。

由于图表和报告中的数据都来自各个项目的线下填报，企业很难做到不同项目和区域之间的多维对比，无法对数据和推演结果进行更有深度的挖掘和剖析，同时在结果呈现方面也存在可视化程度不足的问题。

二、明确诉求：围绕盈利目标进行智能化的战略推演

为了解决上述难题，H企希望能够围绕利润、规模和运营三大核心，通过盈利规划编制的线上化及战略推演分析的智能化，用实时和精准的数据分析来提升经营管理的灵活性与时效性，保障经营管理活动符合战略规划的目标要求。

（一）盘点现有项目，分析资源缺口

在数字化落地方面，测算平台要实现两个具体功能：一个是通过系统来审视当前项目的中长期目标，盘点现有的项目资源并且预测和铺排

未来的发展情况；另一个是弥补资源缺口，结合系统响应功能跟市场情况，选取项目业务标准配置或策略包，用于模拟分析和填补资源缺口。最后，测算平台通过现有项目以及缺口项目的结合，实现基于战略目标导向的推演分析测算。

（二）输出主要数据的测算成果目标

测算平台最终还要聚焦利润、规模和运营三个方面，输出主要数据的测算成果目标，从而实现项目及公司的整体运营管控。

测算平台在利润方面可以输出一些全生命周期的目标，例如净利润率指标、分业态销售利润指标、结转利润指标等，规模方面体现为销售任务的目标达成规划和铺排、回款计划铺排以及待拓展项目计划铺排等，运营方面则主要是设置开发节点计划、控制开发进度、规划去化节奏、预估和设定销售价格等（见图 10-3）。

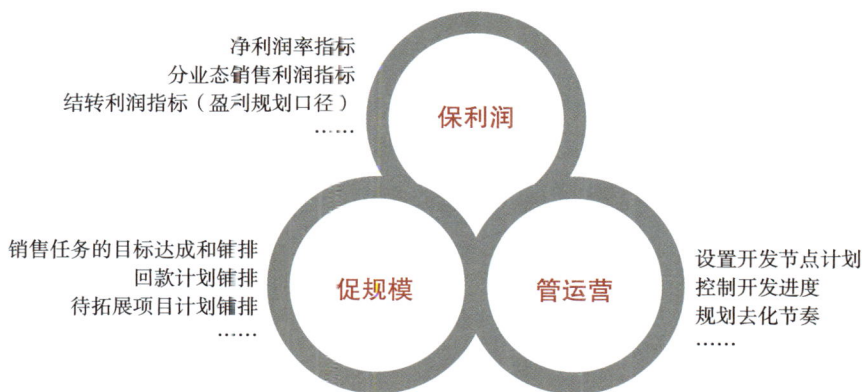

净利润率指标
分业态销售利润指标
结转利润指标（盈利规划口径）
……

保利润

销售任务的目标达成和铺排
回款计划铺排
待拓展项目计划铺排
……

促规模

管运营

设置开发节点计划
控制开发进度
规划去化节奏
……

图 10-3　测算平台输出的主要成果指标

三、规划蓝图：搭建智能化、多元化的盈利规划测算平台

在分析现有管理痛点和核心诉求之后，企业开始着手三年盈利规划

测算平台的建设方案，通过一个数字化、线上化的测算系统来实现战略推演分析的智能化。

规划蓝图的基本思路是，通过数据接口的形式整合业务数据，建立统一的盈利规划测算平台，保证基础数据来源的准确性和测算逻辑的统一性。测算平台要能实现灵活化、智能化、多元化、深度化的分析，提供更加合理、精确的盈利规划测算结果，保障公司经营管理目标的实现。

盈利规划测算平台的结构自下而上可分为三层，以各业务系统采集的历史数据为基础和源头，支撑战略推演分析的在线测算，以及输出推演分析的结果来辅助决策管理（见图10-4）。

（一）数据基础层：业务系统采集＋手工录入

三年盈利规划测算平台所需经验数据主要来自两个方面：一方面是，从主数据系统及计划、销售、成本、资金、账务等各个业务系统中采集；另一方面是，对于一些无法通过系统抓取的数据采取手工录入的方式作为补充。

（二）战略推演层：测算现有项目盈利，推算项目缺口

相关的业务标准配置数据会输送到战略推演分析板块进行在线测算，其主要内容是设计现有项目和缺口项目的测算模型，最后将现有项目和缺口项目的测算结果汇总，这样就可以输出公司经营所需要的目标达成计划。

1. 设计现有项目的盈利测算模型

首先将现有项目的规划指标以及进度节点作为基础信息，对现有项目资源的销售、成本、利润结转、税金等指标进行盘点，再按照所对应的销售口径以及结转口径输出利润指标和现金流指标。

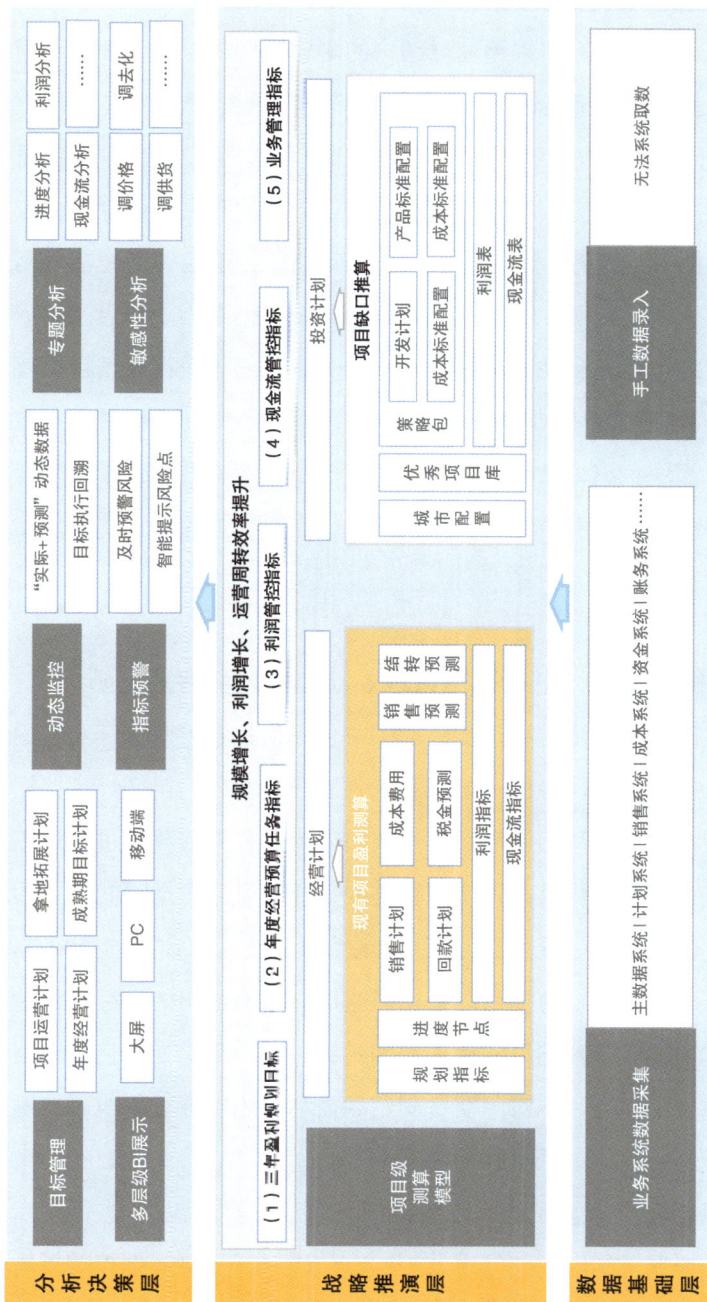

图 10-4　三年盈利规划测算平台的主体框架

2. 设计资源缺口的推算模型

资源缺口的推算将采用同样结构的测算模型，但是会根据不同级别的城市来直接调用策略包或者选取项目库的标准配置。

首先，从现有项目中选取一些标杆项目形成优秀项目的数据存储仓库；然后，从中提取和输出标准工期、标准的开发计划以及相应的成本、产品的标准配置，形成一定数量的策略包；最后，通过调取相关的策略包来生成缺口项目的利润表和现金流表，输出利润和现金流指标。

经过现有项目和缺口项目的推演和测算，三年盈利规划目标就逐步生成，企业还可以从中抽取出年度经营预算任务指标。针对企业重点关注的利润和现金流，企业也可以输出这两个方面的管控指标。此外，为了保障利润和现金流指标的达成，企业还需要项目经营管理和公司业务管理的一些指标。

（三）分析决策层：进行目标管理、动态监控和专题分析

基于战略推演测算模型输出的相关目标，企业可以进一步应用于目标管理，包括项目自身的运营计划、拿地拓展计划、年度经营计划和成熟期的目标计划。待拓展项目以及缺口项目的补充就要通过拿地拓展计划来进行，这个模块具有模拟测算功能，并且可以根据时间切片形成年度测算，这样企业在项目层面就可以看到项目全生命周期的目标。

在经营过程中，企业可以根据战略推演测算输出的目标进行动态管控，通过"实际＋预测"的动态数据对比，实时跟踪当前目标和预测目标的达成情况，还可以对年初所制定的盈利规划目标进行执行情况的回溯和分析。

目标以及目标达成的跟踪情况都可以通过多层级 BI 进行展示，可视化的图表展示能够提高经营监控的有效性，还可以根据相关指标进行及时的预警和分析，智能化地向管理者预警相关风险。

此外，企业还可以在此基础之上进行一些进度、利润、现金流等方面的专题分析，也可以进行敏感性分析，通过微调价格、去化率、供货等具体指标来查看对结果指标的影响情况，从而实现结果指标的优化。

总结

数据基础、战略推演及分析决策构成了三年盈利规划测算平台的主要结构，其中重要的测算工作在战略推演层面完成。盈利规划目标、年度预算目标、利润目标等重要内容都通过测算系统的指标生成，为相关的分析和决策管理提供依据和保障，帮助企业实现规模扩张和利润增长，提升企业运营周转效率的战略目标。

第二节　实施战略推演，在线测算与调整

战略推演是三年盈利规划测算平台的核心，直接决定了盈利规划目标和相关业务指标的准确性、可执行性。我们通过推演逻辑、在线测算、策略优化等环节，结合案例详解战略推演的实施过程。

一、汇总现有项目和虚拟项目，形成战略目标

整套战略推演的实现逻辑就是，盘点现有项目资源缺口，再加入虚拟项目进行填充、汇总，最后形成符合要求的战略目标。图 10-5 展示了战略推演分析的基本逻辑和主要流程。

首先，集团层面制定未来 3 ~ 5 年要达到的战略目标，包括净利润、销售金额、营业收入等指标，将目标分解到各个平台公司。

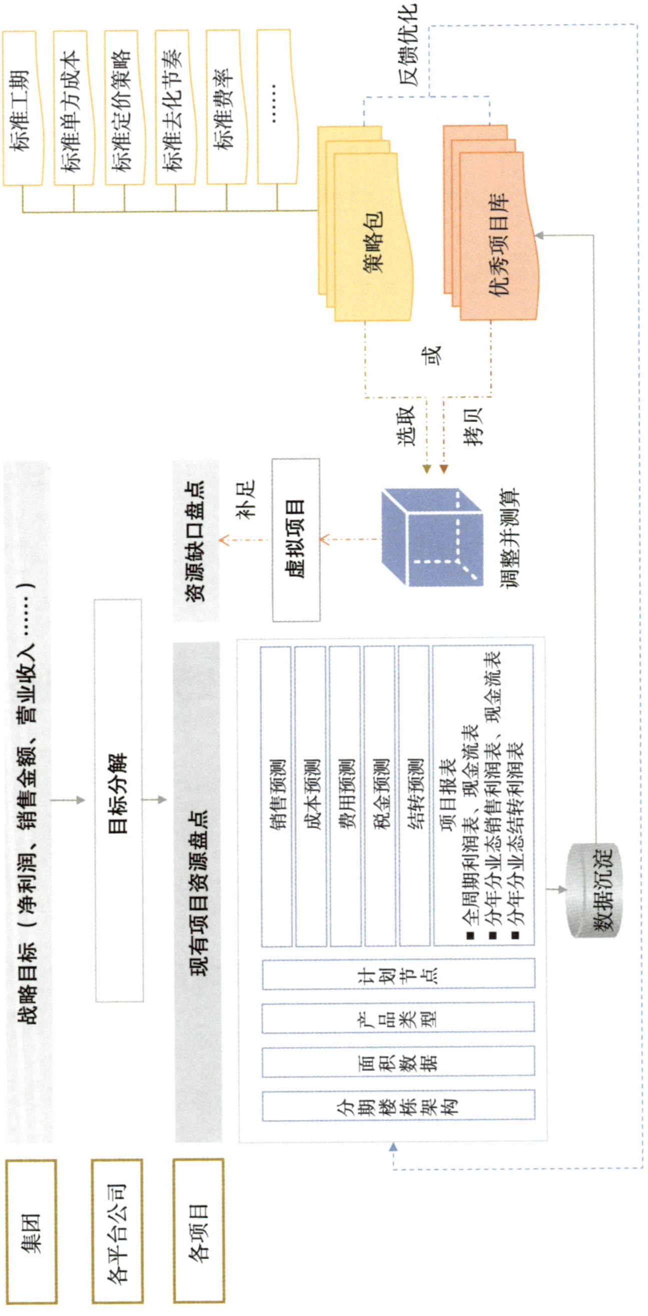

图 10-5 战略推演分析的逻辑和流程

其次，各个平台公司盘点现有项目以及需要拓展的项目，运用项目基本测算模型获取现有项目的数据，对销售、成本、费用、税金、结转等指标进行预测，并输出项目报表。现有项目的盘点数据经过处理和沉淀，形成一个优秀的项目库。同时，我们提取出项目工期、成本、定价策略、去化节奏、费率中的一些标准配置，并结合公司制度和要求形成策略包。在测算资源缺口时，我们可以从项目库中选取或者调用相关策略包，直接创建虚拟项目，经过计算后输出拟拓展项目的最终目标成果。

最后，我们可以将有资源缺口的项目以及现有项目进行整合，从而形成公司整体目标。

二、损益线与现金流线并行，测算盈利结果

根据各个部门的主要职能，盈利规划可以分为损益（利润）和现金流两条线。企业通过两条线的并行和汇总，最终测算出每个项目的利润以及现金流情况（见图10-6)。

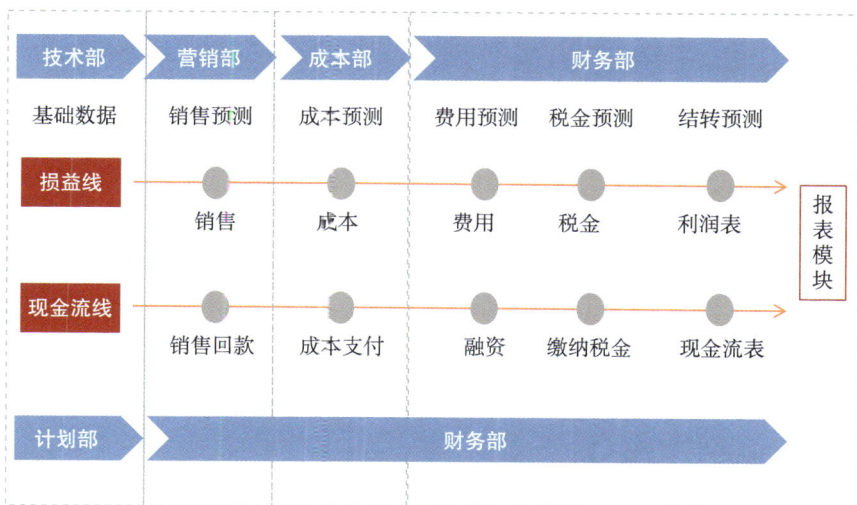

图10-6　损益线与现金流线并行测算流程图

首先，损益线由技术部和计划部提供基础数据，从而完成系统中基础信息模块的填充。然后，营销部开始计算销售数据并编制销售预测模块，成本部对成本进行相关的预测，财务部对费用、税金进行分摊和计算，最终输出与利润结转和销售相关的预测报表。

每个预测模块都会结合相应的现金流来进行，这些内容都由财务部具体执行。比如，在进行营销预测时，主要由财务部预估相应的营销回款；在成本支付、融资以及缴税方面，也要由财务部进行资金收支的相关预测。财务部根据所有模块的预测数据输出相关的现金流报表。

损益线和现金流线的预测报表相结合就可以输出项目层级、公司层级以及集团层级的主要报表，并在报表当中形成相关的利润目标结果。

三、优化测算结果，保障盈利规划目标

在填报公司和项目数据的过程中，各平台公司已经完成了现有项目资源的盘点，这时集团就可以调取策略包来快速测算并形成项目层级以及公司层级的指标结果，然后输出到公司层面进行统一管控，再利用一些策略来优化公司的盈利测算成果，从而实现集团所下达的盈利规划目标。

（一）策略包的设置方法

按照不同的城市级别和项目的经营管理类型，策略包通常会设置为现金流型、均衡型、利润型三种类型。这里通过一个案例来阐述策略包的设置方法。

首先，集团将城市区域划分为一、二线城市和三、四线城市，再针对不同项目分别建立不同的控制标准和要求，据此配置若干个符合指标要求的策略包，来满足各个平台公司的调用需求。一、二线城市的现金流型项目会要求首开周期不大于 7 个月，融资性现金流的回正周期不

大于10个月，经营性现金流回正周期不大于15个月，净利润率控制在6%～10%，并且项目整体的内部收益率要高于25%（见表10-1）。

表10-1　设置策略包所参照的项目控制标准和要求示例

城市级别	项目类别	首开周期	融资性现金流回正周期	经营性现金流回正周期	净利润率控制	内部收益率控制
一、二线	现金流型	≤7个月	≤10个月	≤15个月	6%～10%	＞25%
	均衡型	≤8个月	≤12个月	≤18个月	10%～15%	＞20%
	利润型	≤9个月	≤15个月	≤24个月	＞15%	＞18%
三、四线	现金流型	≤5个月	≤8个月	≤8个月	8%～10%	＞30%
	均衡型	≤6个月	≤10个月	≤15个月	10%～12%	＞25%
	利润型	≤7个月	≤12个月	≤24个月	＞12%	＞20%

根据这些硬性的指标要求，集团可以配置出很多能调用的策略包。策略包包含相应的标准工期、标准成本和标准定价策略。平台公司可以根据具体要求来设置这些参数，通过调用相关的策略包来保障现金流回正周期及项目整体收益的达成。

（二）利用策略包进行调整与优化

策略包主要应用于未开发的项目，也就是战略推演模块里的虚拟项目，测算时可以基于一些基础信息进行选取，比如当年拿地后对未来整体发展进行预估和铺排，我们就可以在系统当中直接调用策略包并应用于测算模型，最后输出相关的测算结果。对于已经开发的项目，我们可以根据相关的要求对单个策略进行手动调整。

基于利润增长的战略目标，企业主要采用两种方式进行调整：一是创造更多的利润型项目；二是通过加快现金的回笼保障公司的再投资，在公司层面创造更多的利润增长点。

1. 直接优化利润，调整最终的利润结果

对于已经开发的项目，我们通常采用调整开发策略和销售策略的形式。例如，缩短周转类项目的销售周期实现快速供货，或者提升一些项目的销售价格，从而实现利润优化目标。

对于待开发、待拓展的项目，企业可以直接从策略包中有目标性地选取一些标准配置来进行预测。假如项目偏重利润指标，我们就可以在系统中将更多的未开发项目设置为利润型项目，如图 10-7 所示。通过选取利润型的策略包进行测算和配置，我们就可以输出利润优化之后的结果。

如果一个未开发项目的初始定位是快速回款的现金流型项目，而且调整设置之前的利润偏低，在调整为利润型项目后其利润就可以得到优化。系统可以直接测算调整之前和之后的数据变化，在项目的经营管理中发挥针对性的参考和指导作用。

2. 优化现金流来实现利润的优化

对于已经开发但是还没有回款的项目，企业可以选择资金最优的规划策略包来优化相关的设置，从而预测未来的经营和管理情况。

假如某项目原先设置为利润型，因为利润型项目的开发和运营周期相对较长，所以为了保障公司未来几年盈利目标的达成，我们可以把它调整为一个现金流型项目，通过选取系统策略包进行快速调整设置，输出调整结果后进行数据的对比（见图 10-8）。

这种方式就是利用项目类型的调整来加速资金的回笼，再将回笼资金快速投入其他新项目，通过不同项目之间的资金调用产生新的利润增长点，从而提升公司的整体利润。

项目：A项目

项目类型：现金流型 / 利润型 / 现金流型 / 均衡型

选择不同项目类型，调用策略包标准配置

测算调整后结果，实现利润优化

三年利润目标调整	三年汇总			2020年			2021年			2022年		
	调整后	调整前	调整值	调整后	调整前	调整值	调整后	调整前	调整值	调整后	调整前	调整值
营业收入	51↑	46	5	14↑	12	2	19↑	15	4	18↑	17	1
营业成本	28↓	27	1	7↓	8	-1	9↑	9	0	11↑	12	0
税金及附加	3↑	2.5	0.5	2↑	1	1	0.8↑	0.8	0	1	1	0
投资收益	—	—	—	—	—	—	—	—	—	—	—	—
销售费用	1↓	1.5	-0.5	0.3	0.3	—	0.5↑	0.5	0	0.5↑	0.6	-0.1
管理费用	1	1	—	0.2↑	0.2	—	0.3↑	0.2	0	0.3	0.3	—
财务费用	1	1	—	0.1↑	0.1	—	0.1	0.1	—	0.1↑	0.1	0
其他	1	1	—	0.1	0.1	0	—	—	—	—	—	—
利润总额	17↑	12	5	5↑	3	2	8↑	4	4	5↑	4	1
减：所得税费用	4↑	3	1	1↑	0.8	0.2	2↑	1	1	1↑	1	0
净利润	13↑	9	4	4↑	2	2	6↑	3	3	4↑	4	0
权益净利润	12↑	8	4	3↑	2	1	5↑	3	2	3↑	4	1

图 10-7 利润型项目策略调整示例（单位：亿元）

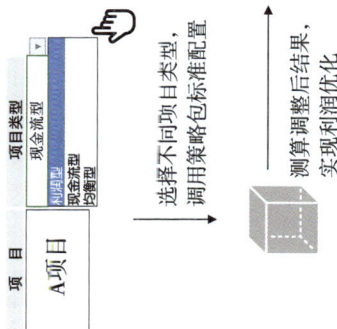

项　目　项目类型

利润型
现金流型
均衡型

A项目
B项目
C项目

选择不同项目类型，调用策略包标准配置

加速资金回笼，可以投入获取新项目，产出新的利润增长点

现金流调整	2020年			2021年			2022年		
	调整后	调整前	调整值	调整后	调整前	调整值	调整后	调整前	调整值
年初现金流余额	10 000 ↓	12 000	−2 000	100 000 ↑	63 000	36 000	170 000 ↑	147 000	23 000
现金流入	188 000 ↑	123 000	65 000	186 000 ↑	119 000	67 000	181 000 ↑	118 000	63 000
现金流出	98 000 ↑	72 000	26 000	97 000 ↑	71 000	26 000	97 000 ↑	70 000	27 000
净现流	90 000 ↑	51 000	39 000	96 000 ↑	85 000	11 000	62 000 ↑	61 000	1 000
年末现金流余额	100 000 ↑	63 000	36 000	170 000 ↑	147 000	23 000	233 000 ↑	209 000	24 000

图 10-8 现金流型项目策略调整示例（单位：万元）

─────── **总结** ───────

战略推演分析需要对现有项目及待开发项目进行测算和汇总，输出三年盈利规划目标和相关指标，并支持策略包的快速调整，优化盈利规划成果，满足集团盈利规划数据线上化和战略推演分析智能化的核心诉求。

第三节　输出盈利目标，辅助经营决策

基于测算结果输出的三年盈利规划目标，集团可以按照完整的盈利规划管控要求进行指标的分解和管理，并输出分类、分级的指标管理体系，指导公司运营。同时，集团还可以结合大屏看板进行动态数据的监控，从而辅助集团的经营决策，保障战略目标的达成。

一、明确运营方向：将盈利规划目标转换为业务管理目标

盈利规划不仅可以输出现金流和利润等盈利相关指标，还可以形成业务管理目标，以此指导项目及公司的运营管理（见图 10-9）。

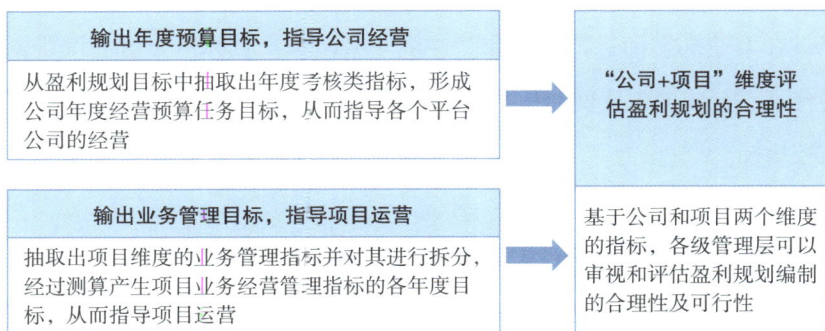

输出年度预算目标，指导公司经营	
从盈利规划目标中抽取出年度考核类指标，形成公司年度经营预算任务目标，从而指导各个平台公司的经营	**"公司+项目"维度评估盈利规划的合理性**
输出业务管理目标，指导项目运营	
抽取出项目维度的业务管理指标并对其进行拆分，经过测算产生项目业务经营管理指标的各年度目标，从而指导项目运营	基于公司和项目两个维度的指标，各级管理层可以审视和评估盈利规划编制的合理性及可行性

图 10-9　"公司＋项目"维度评估盈利规划

（一）公司维度：分解核心指标，进行分级管控

表 10-2 是一个建立指标分级体系进行利润监控的案例，围绕总货值、利润、利润率和净资产收益率等核心战略目标对指标进行分解和监控。

表 10-2　利润管控指标体系示例

战略核心指标（核心决策类）	利润管控指标体系			
	利润管控类别	一级指标	二级指标	三级指标
总货值	收入	年度目标均价	首开均价、分期推售均价	首开推货量、去化率
利润	成本	成本偏差率	目标建筑单方成本	无效成本比例
利润率	税费	目标费达成率、营销费率	综合税负率、退税达成率	单方融资成本
净资产收益率	利润及核心指标	利润创造额、净利润率	创造利润达成率	内部收益率

我们首先根据战略核心指标设定利润管控类别，分别对应收入、成本、费用税金和利润核心指标，然后进行指标的分级、分类管控。

其中，一级指标是公司整体考核类指标，包括公司年度目标均价、成本偏差率、目标费用达成率以及利润创造额的情况。二级指标是集团监控类指标，包括首开均价、分期推售均价、目标建筑单方成本、综合税负率、退税达成率、创造利润达成率等集团重点关注的指标。三级指标是在事业部层面进行管控和关注的一些指标，具体涉及首开推货量、去化率、无效成本比例、单方融资成本、内部收益率等各个项目的经营监控指标。

（二）项目维度：细分业务指标，测算年度目标完成率

项目层面的业务经营管理主要关注规模、盈利、现金流以及资源等指标，每一类指标还可以细分为具体可控的业务指标，比如规模类指

标要关注认购、签约、结转收入，盈利类指标重点监控净利润、毛利润率、净利润率、净资产收益率等（见表 10-3）。

表 10-3　项目的业务经营管理指标体系示例

类别	指标	2020 年	2021 年	2022 年
规模	认购（亿元）	26	37	28
	签约（亿元）	25	35	26
	结转收入（亿元）	10	12	25
盈利	创造净利润（亿元）	2	3	4
	结算净利润（亿元）	0.5	1	1.5
	毛利润率（%）	13	19	20
	创造净利润率（%）	8	9	10
	净资产收益率（%）	14	30	130
现金流	销售回款（亿元）	24	34	36
	经营性净现金流（亿元）	-14	21	13
	可动用资金存量（亿元）	1	2	3
	滚动 12 月回款率（%）	90	91	92
资源	期初产能储备（亿元）	178	174	142
	全年开工（亿元）	37	38	39
	期末在途资源（亿元）	18	19	17
	期末库存（亿元）	6	9	8

项目是公司整体经营的基础，通过项目层面的这些业务指标，我们不仅可以看到公司的项目全周期情况，也可以预测项目各个年度的指标完成情况。这样我们就可以从项目和公司两个维度进行更加细致的分析，在细化项目管理的基础上为达成集团的经营战略目标提供充分的数据支持。

二、辅助管理决策：将盈利规划动态数据应用于业务场景

盈利规划最终要把动态的数据清晰地呈现出来，满足业务场景的应用，辅助经营管理决策。

（一）大屏展示核心指标，掌控业务前线动态

最常见的呈现方式就是通过大屏来展示核心关键指标的动态执行情况。H企的大运营看板界面完整清晰地展示了从集团到区域、从年度指标到月度指标的执行情况，让集团管理层能够及时掌握业务前线的实时动态情况，及时发现问题并采取措施。

（二）生成动态数据，及时调整指标的预测值

数据包括实际完成数和预测数，通过"实际 + 预测"的方式生成动态数据，集团就可以对相关指标进行数据回溯和分析，这有利于各个管理层及时发现经营问题并进行管理纠偏。

我们通过一个案例来说明调整指标预测值的过程。如图 10-10 所示，4 月和 5 月实际发生数据可以直接导入并与计划目标值进行对比，通过实际完成率反映目标的实际执行情况。对于尚未到来的月份，会将当前的预测值和计划值进行对比，产生一个预测的计划完成率，并随着实际情况进行灵活调整。以销售价格为例，如果预计市场价格会有较大变动，企业就可以根据当前的实际经营情况选择合适的策略对预测价格进行调整。

（三）设置指标偏离度，及时发现问题并预警

系统会事先设置相关的预警机制，项目一旦实际执行情况与计划目标的偏差达到既定数值，就会触发预警，并通过智能化、可视化的方式提醒相关人员或管理层及时关注和规避风险，这也是风险前置化的一种体现。

表 10-4 是一个预警清单示例，事先根据指标偏离程度设定了三个等级并用不同颜色标示。当一个项目的货值跌幅达到 1.35% 时，跌幅超过 1% 的二级预警线就会被标示成二星风险，提醒相关人员关注这个问题。

分期	楼栋	产品类型	指标	年度合计			2020年4月			2020年5月			2020年6月			
				计划	实际+预测	完成率	计划	实际	完成率	计划	实际	完成率	计划	预测	预测-调整	完成率
一期	1栋	洋房	销售面积（平方米）	28 000	28 000	100%	8 400	8 000	95%	5 600	6 200	111%	1 400	1 400	1 400	100%
			销售均价（元/平方米）	15 800	16 000	10.%	15 000	15 200	101%	15 000	15 500	103%	16 000	16 000	▼	01%
			销售金额（万元）	44 240	44 800	101%	12 600	12 160	97%	8 400	9 610	114%	2 100	2 100		10%
			销售回款（万元）	69 900	62 600	90%	3 780	2 880	76%	5 040	6 020	119%	4 200	4 200		00%
一期	2栋	洋房	销售面积（平方米）	28 000	22 000	79%				8 400	6 800	81%	5 600	5 600		8%
			销售均价（元/平方米）	15 000	13 200	88%				15 000	12 000	80%	15 000	15 000	12 500	83%
			销售金额（万元）	42 000	29 040	69%				12 600	8 160	65%	8 400	8 400	6 125	73%
			销售回款（万元）	36 200	27 600	?%				6 300	5 600	89%	6 930	6 930	5 820	84%

下拉选项：上个月成交均价 / 前3个月成交均价 / 前6个月成交均价 / 市场价格

实际数据导入　　未发生计划导入　　未发生预测调整
（预警触发预测调整）

图 10-10　销售价格预测值的调整示例

表 10-4　项目预警清单示例

一级　　二级　　三级

项目	节点延误风险	货值跌价风险	断货风险	目标成本偏差风险	动态利润下跌风险	未售均价偏离风险
A 项目		-1%				
B 项目		-3%	-1%	2%		15%
C 项目					4%	
D 项目	20 天		-8%		-2%	
E 项目	20 天		-2%			5%
F 项目	5 天					
G 项目	15 天	-3%	-7%			10%
H 项目					-2%	33%
I 项目						10%

（四）围绕盈利目标进行可视化分析

系统还可以围绕重点关注的利润和现金流目标，从不同的角度进行可视化对比和深度的数据分析。

如表 10-5 所示，我们可以看到全部项目的销售面积、均价、成本、税金、利润等指标计划值，也可以看到相关指标截至本月累计的动态完成值，从而掌握目标完成情况。同时，系统还可以区分住宅、公寓、商铺等不同产品，进一步分析各个产品的目标利润率并通过图表加以展示。

表 10-5　多维度利润分析示例

规划值或动态值	全项目	截至本月累计	2017 年	2018 年	2019 年
（1）销售面积（平方米）	112 000	20 000	24 000	47 000	41 000
（2）销售收入（万元）	134 400	22 000	247 000	56 400	53 300
销售均价（元/平方米）	12 000	11 000	11 000	12 000	13 000
（3）销售成本（万元）	80 000	14 000	18 000	33 000	29 000
可售单方成本（元）	7 000	7 000	7 000	7 000	7 000
（4）期间费用（万元）	8 000	1 000	1 000	4 000	3 000
（5）税金及附加（万元）	14 000	1 000	1 000	4 000	9 000
（6）销售利润（万元）	32 400	6 000	4 700	15 400	12 300
	住宅	公寓	商铺	写字楼	车位
分产品目标利润率	28%	26%	31%	31%	34%
已售产品利润率	27%	25%	32%	32%	33%
未售产品预估利润率	26%	25%	30%	31%	33%

表 10-6 是一个现金流分析的示例，我们关注现金流回正时间、现金流回正周期、资金峰值、内部收益率等细分指标，将动态数值与启动会版、年初版的目标值进行对比，对偏差进行预警。例如：当前的现金流回正周期是 14 个月，比启动会版的目标延迟一个月，因此显示预警。

表 10-6　基于多版本目标对比的现金流分析示例

版本及偏差	现金流回正时间	现金流回正周期	资金峰值时间	资金峰值	内部收益率
	预警	预警	正常	预警	正常
动态跟踪					
动态版与年初偏差	0 个月→	0 个月→	0 个月→	−0.5 亿元↓	0.3% ↑
动态版与年后偏差	1 个月↑	1 个月↑	0 个月→	−0.4 亿元↑	2.5% ↑
动态版	2020 年 4 月	14 个月	2020 年 1 月	14 亿元	26%
目　标					
年初版	2020 年 4 月	14 个月	2020 年 1 月	14 亿元	25%
启动会版	2020 年 3 月	13 个月	2020 年 1 月	13 亿元	24%

经过战略推演得到的盈利规划目标，只有落实到具体的业务管理目标上并通过动态化、可视化的方式展示在集团管理层眼前，才能真正帮助管理者掌控一线的业务动态，及时有效地调整策略，指导项目和公司运营。

三、盈利规划信息化的价值

我们通过两个方面来总结一下盈利规划的信息化对于提升运营管理与保障战略目标实现的价值。

（一）可视化动态跟踪，推动数据的系统性全面管理

通过三年盈利规划数据信息化，企业可以实现战略目标的线上动态推演，在经营过程中进行可视化的目标执行和动态跟踪，倒逼相关的业务部门对数据进行更完善的梳理和优化，提高盈利规划和基础业务数据的准确性，实现对指标数据的系统性全面管理。

1. 业务操作效率提升：直接抓取数据，快速进行指标分析

各个项目的具体操作人员可以直接通过系统抓取相应的历史数据，高效便利地进行计划的编制，不需要再对各种数据进行数据口径的人工转化、筛选和汇总，这样既可以提高计划编制的效率，还能保障数据的准确性。

同时，系统支持一线人员快速可靠地进行相关指标的回溯和分析。在指标数据的指引下，一线人员可以很清晰地看到当前项目经营的实际情况，避免因为数据延后或不全面而误判项目当前的经营情况。

2. 公司决策效益提升：有效处置风险，推动数字化决策

平台公司为管理层提供了一个更加灵活和智能的工具，可借此进行

数据的深度挖掘和分析，实现跨业务、多维度的风险预警并提供相关问题的处理指引，从而帮助公司管理层在大量数据的支撑下进行决策和管理。

3. 集团经营风险可控：实时掌握整体经营动态，保障业务健康发展

集团管理层可以及时掌控众多平台公司和项目的整体经营管理情况，实时获取盈利规划目标的执行动态，让集团在进行整体数据回顾和决策时不需要经过线下收集数据和计算的过程，在减少数据滞后性的同时提高数据的准确性，这样就有利于在制定集团战略或者优化管理时获取有效的数据支持，确保集团业务的持续健康发展。

（二）落实集团、业务和项目的统筹管理

三年盈利规划测算平台可以从战略规划直接延伸到公司的年度经营目标，再深入各个项目的年度计划，甚至是具体项目全周期的运营管理，从而真正围绕战略目标落实全集团、全业务、各项目的统筹管理，为实现公司的战略目标提供保障。

总结

盈利规划的信息化将实现战略推演的线上化，从而打通从项目、公司到集团的数据通路，让业务数据和指标可以得到快速采集、梳理和输出，各级管理层可以实时监控一线业务动态，及时发现问题和调整策略。同时，集团的战略规划也能落实到公司与项目的计划和节点中，实现全方位的统筹管理，保障集团战略目标的实现。

第十一章

预警案例：3 000 亿级利润型 S 企的指标预警与风险寻源

预警也是 4P 的重要环节，通过指标监测和问题溯源，及时预见未来的经营风险，将干预措施前置。本章重点通过 3 000 亿级利润型 S 企的实例来讲解预警管理在企业中的具体应用，核心内容包括集团和项目两个层面的经营指标预警、节点偏差预警以及预警寻源。

第一节　集团预算视角下的三级预警机制

S 企的预警管理除了设计预警场景和预警指标之外，还利用了联动功能进行风险的寻源，向上追溯偏差的预警源头，更好地定位这类问题的症结。

一、集团三级管控场景下预警对标刻度设计

V 企的预警侧重于项目层级的管理，而本文案例 S 企则针对三个层级和三个版本进行了不同的指标设计。其中，集团区域仅对当年预算进行规模类和利润类指标的预警，区域层级对当年预算进行规模、利润和绩效类的预警，项目层级对启动会、首次全景计划和当年预算三个场景分别进行不同类别的预警。三个场景对应三个不同的预警版本，它们都有各自对标的刻度（见图 11–1）。

（一）设计预警的场景

首先，S 企制定出一个项目全周期的目标，要求在项目拿地后到启动前完成目标的制定。

其次，S 企在项目启动后的每一个季度都会召开全景计划会，但在进行预警对标时仅仅以首次计划目标作为预警管理的标准。

最后，当年预算包括不同层级的年度目标，项目的年度目标可以理解为全周期目标的年度切片，并且将实现集团和区域层级的年度目标作为制定目标的最低标准。

（二）设计指标类别与对标刻度

S 企总共设置了五大类指标，即规模、利润、进度、周转与绩效。

其中，年度预算对标四类指标，包含规模、利润、绩效和进度。全周期目标版本对标三类指标，即利润类、周转类和进度类。利润类为各版本对标的相同类别。

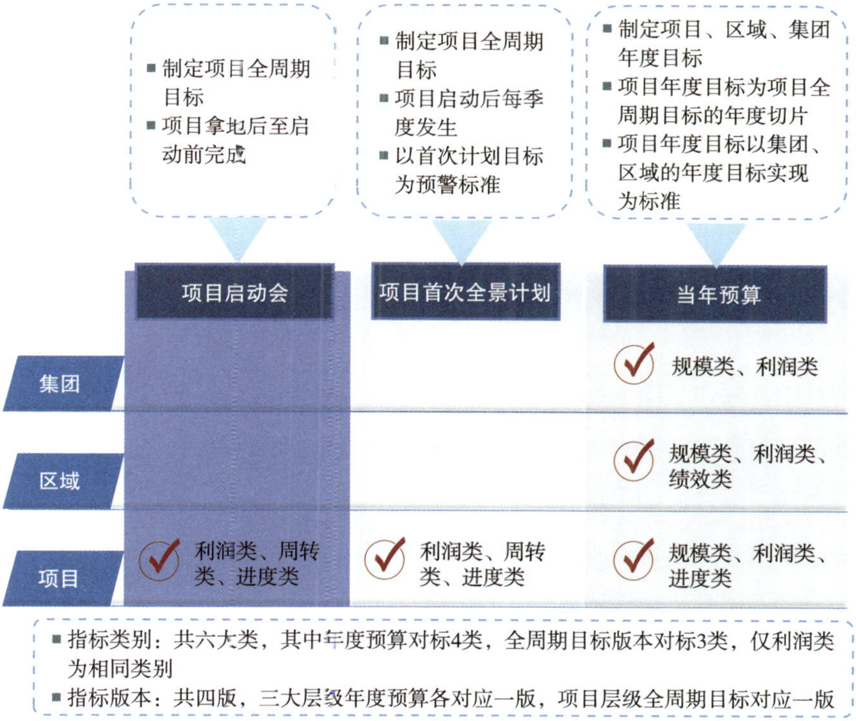

图 11-1　不同层级和不同预警版本的对标刻度

预警版本共有四个，三大层级的年度预算各对应一版，项目层级的全周期目标对应一版。项目层级会针对三个对标刻度进行不同版本的预警，集团和区域只针对当年的预算进行预警。

二、区分三大版本，建立预警指标的关联

下面从两个层面讲解 S 企设计预警指标的方法。

（一）对标年度预算，构建不同层级间的指标关联

年度预算对标了三个层级，我们先分析在年度预算的版本中不同层级指标之间的关系。

1. 集团层级预警的指标关系

图 11-2 左侧是集团层级的预警，涉及"投、供、销、回、结"等不同环节，环环相扣、互相关联，比如投资货值会影响可售货值的目标，可售货值向下会影响合同销售，再向下会影响资金回笼额，也会影响企业归属母公司的净利润和融资。

在集团层面，除了规模类的预警之外，权益可用资金余额也在一定程度上反映出资金的使用情况，可供进行资金链的风险跟踪。预警主要涉及规模和利润两大类别，规模类指标从集团层级统筹到项目层级和区域层级，关联区域和项目的投资货值、可售货值、合同销售和资金回笼额，区域和项目可以直接触发相同的预警。在利润类指标方面，集团层级只关注归属母公司净利润，区域和项目层级则对于利润类指标进行了更为详细的拆分。

2. 区域和项目层级预警的指标关系

区域和项目层级的整体预警环节与集团层级类似，对应"投、供、销、回、结"五个环节，指标之间也相互关联。

区域和项目层级的规模类和利润类指标完全一致，便于集团向下再进行分级溯源和管理。规模类指标对应集团层级的预警管控类别，利润类指标关注净利润和净利润率等，并对三费的费率进行了重点跟踪，关注费效比。

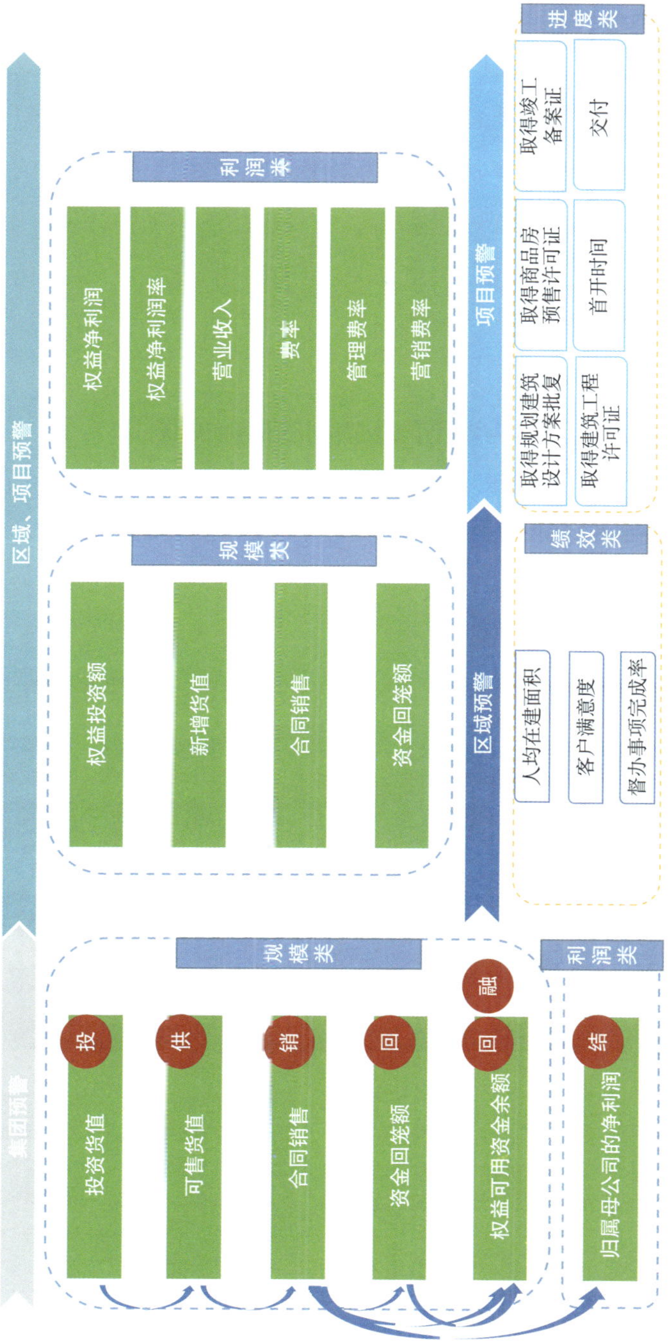

图 11-2　对标年度预算时不同层级间的指标关系

区域和项目层级的预警也存在差异性，区域层级会进行单独的绩效类预测，包括人均在建面积、客户满意度、督办事项完成率。人均在建面积关注的是建设价值链的整体情况，客户满意度关注的是对客户口碑的管理，督办事项完成率就是对会议形成的关键事项进行后续的跟踪。项目层级强调对于项目节点的跟踪，主要包括影响项目开发、首开及交付的节点，企业通过这些节点来关注价值链中的"投、供、销、回、结"等环节。

（二）同一个层级下，构建不同版本间的指标关联

项目层级是唯一会涉及三个不同版本的预警，如图 11–3 所示。在项目层级的预警中，启动会和全景会高度一致，与年度预算会有一定的差异。

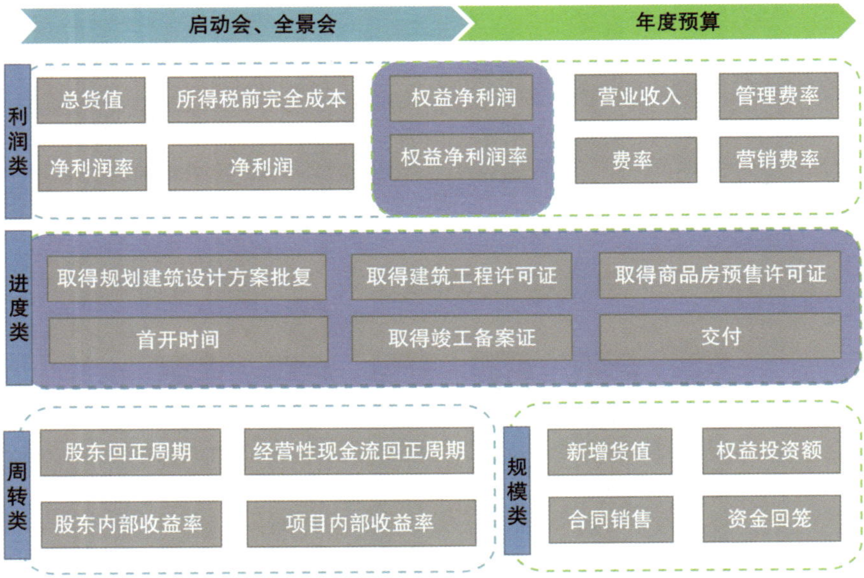

图 11–3　项目层级不同版本间的指标关系

项目层级的整体预警涉及以下四大类指标。

在利润类指标中，重合指标是权益净利润和权益净利润率。除此之外，启动会和全景会都关注总货值、净利润等情况，年度预算关注的是当年结转收入和费率等。

三个版本的进度类指标完全一致，都关注项目的关键节点。因为进度对于各个版本都是统一的，年度预算也是全周期目标的切片，所以指标完全重合。

周转类指标只能在全周期情况下进行预警，因为回正周期、内部收益率等指标都是在项目全周期情况下才有可能计算出来。

在进行年度预算时，企业做了规模类指标的预警，包括货值、销售金额和资金回笼等情况，可以说这是通过切片来判断能否达成整体目标的前置性预警。

三、灵活设计三级预警流程

预警指标的阈值做了四级设置，按照正常、三级预警、二级预警、一级预警依次向上升级（见图 11-4）。设置的特点是由不同层级的专人来填报每一个阈值，预警阈值顺应 S 企运营管理部门的要求进行设置，具有很大的灵活性。

S 企将"正常"作为最低等级的预警并实施弱管控，其余三个等级的预警都需要进行强管控。在预警流程中，从触发三级预警开始就有了系统推送待办事项。三级预警时需要将待办事项推送至项目经营层，二级预警要推送至区域运营管理中心，最高等级的预警要到达集团运营管理中心（见表 11-1）。待办事项需要在 5 天内完成确认，这表明 S 企在审批的时效性方面比 V 企的 10 天确认期要求更高。

集团	区域	项目		正常 偏差范围	三级预警 偏差范围	二级预警 偏差范围	一级预警 偏差范围
		预警等级	预警指示				
启动会版	总体变量		总货值	至	至	至	至
			所得税前完全成本	至	至	至	至
			净利润	至	至	至	至
			净利润率	至	至	至	至
			权益净利润	至	至	至	至
			权益净利润率	至	至	至	至
			股东回正周期	至	至	至	至
	周转类		经营性现金流回正周期	至	至	至	至
			股东内部收益率	至	至	至	至
			项目内部收益率	至	至	至	至
			取得规划建筑设计方案批复	至	至	至	至
			取得规划建筑设计方案施工许可证	至	至	至	至
			取得建筑工程施工许可证	至	至	至	至
			取得商品房预售许可证	至	至	至	至
	进度类		首开时间	至	至	至	至
			取得竣工备案证	至	至	至	至
			交付	至	至	至	至
	总体变量		总货值	至	至	至	至
			所得税前完全成本	至	至	至	至
			净利润	至	至	至	至
			净利润率	至	至	至	至
			权益净利润	至	至	至	至
			权益净利润率	至	至	至	至
			股东回正周期	至	至	至	至

图 11-4 预警指标阈值设计示例

表 11–1 各预警级别的待办事项推送路径和审批时效

预警	正常（最低等级）	三级预警	二级预警	一级预警（最高等级）
监控级别	项目预警	项目经营班子	区域公司运营管理部	区域公司经营班子
待办事项推送路径	—	1. 系统推送待办事项至项目经营班子	1. 系统推送待办事项至项目经营班子 2. 至区域运营管理中心	1. 系统推送待办事项至项目经营班子 2. 至区域运营管理中心（计划运营管理组） 3. 至集团运营管理中心（计划运营管理组）
审批时效	—	5 日内完成待办消息确认	5 日内完成待办消息确认	5 日内完成待办消息确认

四、分级展示预警结果，增加切换和跳转功能

集团层级展示的是集团汇总指标和年度预算版的差异，以亮灯的形式展示预警等级，我们可以单击"切换"查看各区域的预警指标偏差情况。我们还可以单击"区域公司"，穿透至区域层级预警展示页面（见图 11–5）。

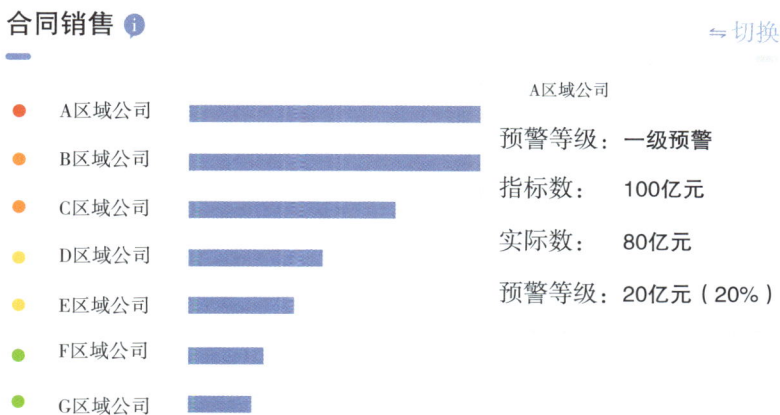

合同销售 ⓘ

⇆ 切换

A区域公司

预警等级：一级预警
指标数：100亿元
实际数：80亿元
预警等级：20亿元（20%）

图 11–5 穿透区域层级预警展示页面

区域层级主要展示区域汇总指标与年度预算版的差异，以亮灯形式展示预警等级。区域下所有项目的全部指标预警信息，以色块形式展示项目指标的预警等级和偏差幅度。在排列次序上，先按照一级预警指标数量排序，再按二级预警指标数量排序。以此类推，确保预警级别最高和预警次数最多的项目排在最前面。如图 11-6 所示，单击具体的预警色块，会跳转至风险寻源的界面。

项目层级会展示项目指标与启动会版、首次全景会版、年度预算版的差异，以亮灯形式显示预警等级。项目层级可以切换版本展示预警情况，比如进度类的预警触发条件是前置节点有偏差，根据偏差自动触发里程碑节点预警。如图 11-7 所示，单击"详情"可以跳转至版本对比详情页，我们可以对每一个版本以及当前月度的版本、交底会版本的偏差进行整体比对。

总结

S 企是行业内较少实现从集团穿透到项目、从财务预算穿透到运营管理的数智化经营的企业，其三个层级、三个版本、三级预警机制具备较强的前沿探索价值。

图 11-6 通过点击预警色块跳转至风险寻源页面

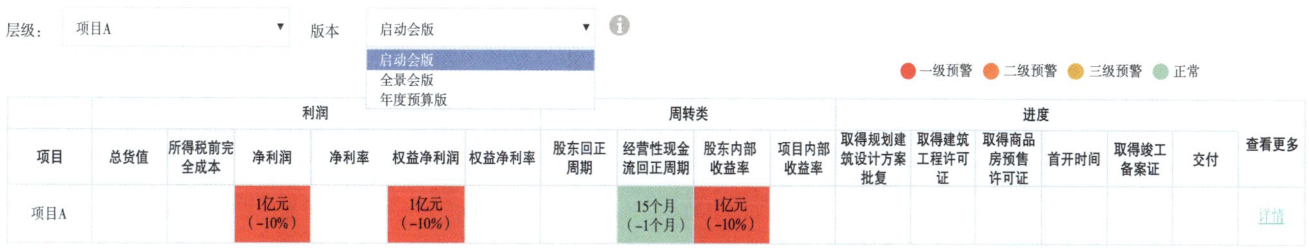

图 11-7 单击"详情"跳转至版本对比详情页

第二节　项目全周期动态收益预警管理实践

S企的项目预警管理主要侧重于两个方面：第一个是经营目标的风险预警，第二个是节点偏差的风险预警。

一、经营目标的风险预警

风险预警体系的建立是一个系统工程，需要众多环节的科学设置，这样才能发挥快速识别、及时反馈和事前解决的作用。S企通过设置风险预警的场景，严格按照预警级别实施推送和审批流程，合理规划预警指标的阈值，再结合有效的预警展示形式，构建起完备的风险预警机制。

（一）设计风险预警的场景

在风险预警的场景设计上，S企主要抓住了四个要点（见图11-8）。

第一，S企以项目全周期的视角对关键运营结果指标的偏离程度进行整体跟踪。这种视角要求企业对项目的实际数据和预测数据同时进行滚动测算。

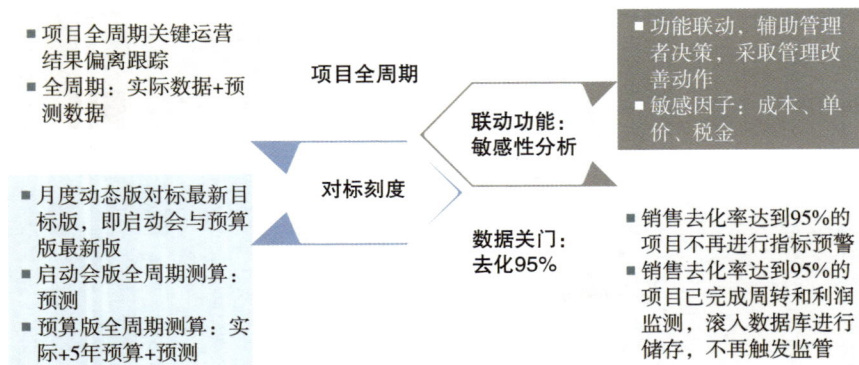

- 项目全周期关键运营结果偏离跟踪
- 全周期：实际数据+预测数据

- 月度动态版对标最新目标版，即启动会与预算版最新版
- 启动会版全周期测算：预测
- 预算版全周期测算：实际+5年预算+预测

项目全周期

对标刻度

联动功能：敏感性分析

数据关门：去化95%

- 功能联动，辅助管理者决策，采取管理改善动作
- 敏感因子：成本、单价、税金

- 销售去化率达到95%的项目不再进行指标预警
- 销售去化率达到95%的项目已完成周转和利润监测，滚入数据库进行储存，不再触发监管

图 11-8　风险预警场景设计的四个要点

　　第二，具备联动功能的敏感性分析。S 企的投资运维模型将成本、销售单价和税金这三项指标作为敏感因子。如果监测到关键运营指标结果出现偏离的风险，那么我们可以通过敏感性因子的调试与联动功能来测算未来可能达到的运营结果，辅助管理者进行决策并及时采取相应的管理改善动作。

　　第三，将此处作为对标刻度的应该是最新目标版，即启动会与预算版最新的版本，月度动态版是项目按照月度动态滚动测算的版本，与最新目标版进行比对。启动会版的全周期测算是指整体的前瞻性预测，项目预算版全周期测算则是由实际数据、5 年预算数据和长期预测共同拼接而成，且预算版与半年度预算联动，半年更新一次，使得对标目标更具可参照性和对比性。

　　第四，设置数据关门时间，项目在销售去化率达到 95% 时就不会再进行指标预警。在 S 企的投资运维模型中，所有销售去化率达到 95% 的项目就已经完成了利润周转、奖惩和风险预警等场景的重点监控，不会再有很大的风险，项目数据可以正式滚入数据库进行存储，不会再触发任何一个监管动作，这样可以让管理层聚焦到没有达到 95% 销售去化率的项目上。

（二）围绕四大维度选取预警指标

　　S 企在选取预警指标时覆盖了规模、利润、周转和风险管控四个维度，主要围绕利润和周转的核心指标进行设置，指标体现为企业关注的核心目标，即股东利润指标、现金流周转指标。利润维度的核心指标包括股东毛利润率、股东净利润率和股东净利润额的变化情况，周转指标则聚焦在经营性现金流回正周期的延后时间上（见表 11–2）。

表 11-2 预警指标设置的四大维度、六大指标

选取维度	规模指标	利润指标			周转指标	风险管控
指标名称	货值变化	股东毛利润率变化	股东净利润率变化	股东净利润额变化	经营性现金流回正周期延后时间	未售预计均价高出已实现均价的幅度（业态）

风险和规模是前置的两个维度，其中只有风险管控细化至业态层级，其余指标才能预警至项目层级。以利润、周转为核心，以目标实现为标准，指标设置具备前置性、决定性，且指标间互相关联、互相影响。指标体现企业关注的核心目标，即股东利润指标、现金流周转指标。这些指标之间互相关联、互相影响，具有前置性和决定性的作用。

风险管控监测未售均价高出已售均价的幅度，单价的变动可以影响货值是否达标，也就是规模指标的实现（见图 11-9）。规模指标又会影响收入和利润，如果达不到收入目标，这就会影响回款，经营性现金流的回正时间无法保证，也会触发周转指标的预警。

利润与周转指标为预警的核心指标，反映了项目运营的综合评价标准并受多个因素的影响。利润指标不仅受货值变化的影响，还受杠杆、成本这些非预警指标的影响。同样，周转指标除了受到规模指标影响之外，还受节点达成指标的影响。同时，S 企设置的偏差预警指标中，有三个关键时间节点会对周转指标的达成产生影响，分别是首次开盘时间、回款 30% 时间、首笔土地类资金流出 10% 的时间。因为这些时间点会影响销售时间、回款速度、回款比例、成本费用支付的节奏，以及税金支付的时间和金额等，最后又同时影响了周转指标。

（三）设置预警等级和审批流程

在项目的风险预警体系中，S 企设置了不同的预警等级和管控强度，而每个预警等级又规定了相应的审批流程，以确保各级管理层及时发现风险并采取相应措施。

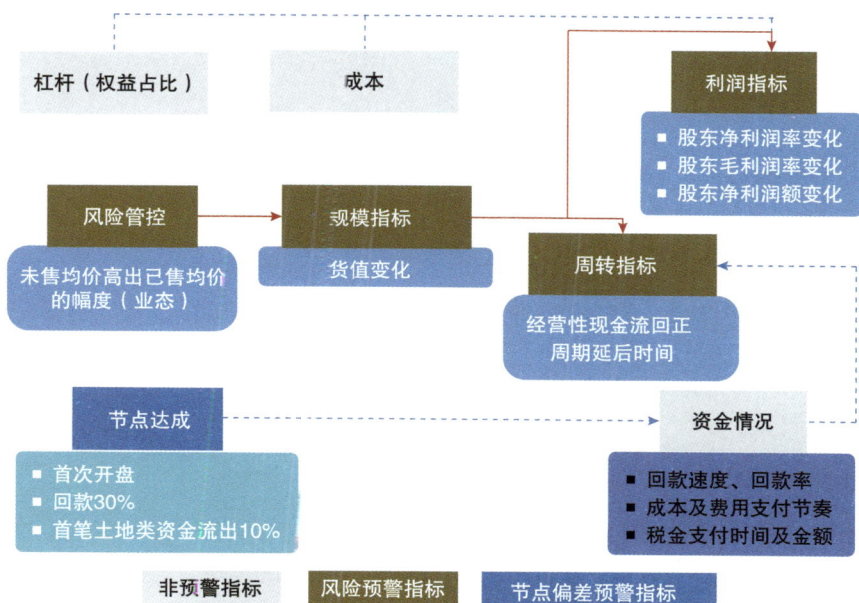

图 11-9　各类风险预警指标之间的逻辑关系

1. 预设预警等级，匹配相应的管控强度

S 企从低到高设置了四个预警等级，对应"三强一弱"的管控类别，其中第四级是最低的预警等级，属于弱管控的范畴，从一级到三级的预警都要进行强管控。风险指标预警场景设计如表 11-3 所示。

表 11-3　风险指标预警场景设计的主要内容

预警等级	四级预警	三级预警	二级预警	一级预警
货值变化	0 ≥货值变化 > −1%	−2% <货值变化 ≤ −1%	−3% <货值变化 ≤ −2%	≤ −3%
股东净利润率变化	0 ≥股东净利润率变化 > −1%	−2% <股东净利润率变化 ≤ −1%	−3% <股东净利润率变化 ≤ −2%	≤ −3%

（续表）

预警等级	四级预警	三级预警	二级预警	一级预警
经营性现金流回正周期延后时间	1个月	2个月	3个月	4个月及以上
未售均价高出已售均价	5%～10%	10%～15%	15%～20%	20%以上
管控类别	弱管控	强管控	强管控	强管控

2. 确定审批路径，严控审批时效

不同的管控类别触发的审批动作也不一样，这样就可以保证相应的管理层能够及时掌握项目风险和预警情况，有利于逐步提升管控强度并采取及时的管理措施。

弱管控会触发项目层级的预警，但不会有审批的动作。一旦进入强管控的范畴，其后果就不仅仅是触发不同级别的预警，同时还要有一个审批动作。比如，在三级预警时，我们就需要项目层级进行确认，具体动作是系统发送待办事项给项目层级的财务经理，财务经理再发起审批，最后由项目团队进行确认。

集团对于二级预警的管控会更强，审批等级会相应提升到了区域职能层级。项目方的财务经理收到代办事项后发起审批，先由项目团队进行审批，之后再由区域团队进行审批。一级预警是最高级的预警，除了前面的团队审批之外，企业还需要区域总经理进行确认。

不同等级的预警存在审批路径和审批动作的差异，但是审批时效都统一为10日以内。这意味着S企对于任何风险预警都要求做出同样快速的反应。此外，如果出现一个项目有多个指标发生预警的情况，系统会以最高等级的预警去触发相应的审批流程。

（四）预警阈值标准化，提升预警精确度

预警的阈值就是每一个指标不同等级之间的跨度，根据阈值才能精准划分指标的预警等级（见图 11-10）。

1. 设置规模指标的预警阈值

规模维度聚焦货值的变化，只要出现无法达成货值目标的情况就开始预警。不能达成的幅度超过 3% 时就达到了最高级的预警条件。规模指标的每一个预警阈值是 -1%，归入项目层级的全周期指标。

2. 设置利润指标的预警阈值

利润维度选取了三个指标，股东净利润额只作为展示而不触发预警流程，股东毛利润率和净利润率变化指标的设置有一些相似。它们都是从毛利润和净利润无法实现目标也就是出现负值的时候开始预警，当毛利润率变化达到 -5%、净利润率变化达到 -3% 时，两者就达到了最高预警等级。毛利润率变化的一个预警阈值是 -2%，净利润率变化的一个预警阈值是 -1%，说明 S 企对于净利润率的监测更加严格，而对于毛利润率的监测相对宽松。利润维度的三个指标最后也归属于项目层级的全周期指标。

3. 设置周转指标的预警阈值

周转指标主要是指现金流回正延后的时间，它是从延后达到 1 个月时开始预警。实际上，投资模型的测算精确度也只能达到以月为单位，因此我们可以将其理解为企业只要出现了偏差就开始预警，超过了 4 个月之后就达到最高预警，每一个等级的阈值跨度是 1 个月。

	规模指标	利润指标			周转指标	风险管理
	货值变化	股东毛利润变化	股东净利润率变化	股东净利润额变化	经营性现金流回正周期延后时间	未售预计均价高出已实现均价的幅度
预警范围	■开始预警：负值，即不能实现目标 ■最高级预警：≤-3%	■开始预警：负值，即不能实现目标 ■最高级预警：≤-5%	■开始预警：负值，即不能实现目标 ■最高级预警：≤-3%		■开始预警：1个月 ■最高级预警：≥4个月	■开始预警：5%；未售均价低于已实现均价 ■最高级预警：≥20%
各级阈值	-1%	-2%	-1%		1个月	■5% ■未售均价低于已实现均价，设为二级预警；针对市场较大波动出现的或销售计划备案排错误，进行强制提醒
特殊设计				仅展示金额，不触发预警流程		
设置层级	项目层级，全周期比对	项目层级，全周期比对	项目层级，全周期比对	项目层级，全周期比对	项目层级，全周期比对	细分至业态层级，全周期，区分比对

图11-10 不同指标和预警等级的预警阈值示例

4. 设置风险管理的预警阈值

风险管理是最为前置的维度，在业态层级进行指标设置。关于未售预计均价高出已实现均价的幅度设置比较特殊，有两个触发预警的条件：首先，当未售预计均价高出已实现均价的幅度达到 5% 的时候开始触发最低级别预警；其次，未售预计均价达到 20%，将触发最高等级的预警，因为在这种情况下预计均价能够实现的可能性非常低，每一个等级的阈值是 5%。

第二种情况是未售预计均价低于已实现均价，这就直接设置为二级预警。导致这种情况发生的原因可能有两种：第一种情况是企业对于货值的铺排产生了错误判断，所以才会出现未售预计均价低于已实现均价的情况；第二种情况是市场在短期内出现了较大的波动，直接触发了较高等级的二级预警。

（五）多元展示预警结果，可视化、可排序、可穿透

首先，风险预警的展示通过不同颜色来区分不同的预警层级。

其次，按照预警的级别和数量对项目进行有序罗列，把重点关注和较高预警等级的项目放在最前面。选定区域层级后会先按照一级预警指标的数量进行排序，一级预警指标数量越多，项目排序就越会靠前，然后按照二级预警指标的数量排序，依此类推。

由于均价偏差幅度是业态层级的全周期指标，我们可以通过点击详情来穿透到项目下的业态均价展示页面。如图 11-11 所示，单击详情之后我们可以查看全部业态的均价偏差幅度、分业态预警情况，以及已售均价和未售均价的具体情况。

项目预警

区域 ▢ 重庆地产

不同颜色展示不同级别预警

状态栏图表注解：● 一级 ● 二级 ● 三级 ● 四级

点击详情穿透到项目下业态均价展示页面

注：与启动会版和预算版孰新对比

默认排序：
先按项目一级预警指标数量排序，
再按二级预警指标数量排序，以此类推

项目	货值变化	股东毛利润率变化	股东净利润率变化	经营性现金流回正周期延后时间	均价偏差幅度	详情
A项目				1	●	查看
B项目				1	●	查看
C项目					●	查看
D项目				−12		查看
E项目	0% ●	(2%) ●	(3%) ●			查看
F项目	0% ●	0% ●	(1%) ●			查看
G项目	2% ●	10% ●	5% ●	1	●	查看
H项目	0% ●	(1%) ●	(1%) ●	−24 264	●	查看
I项目	0% ●	0% ●	0% ●	4	●	查看
J项目	1% ●	1% ●	(1%) ●	−2	●	查看
K项目	0% ●	0% ●	(1%) ●		●	查看
L项目	2% ●	2% ●	2% ●	−2	●	查看
M项目	(1%) ●	(20%) ●	(13%) ●	−15		查看
N项目	0% ●	0% ●	(1%) ●	2	●	查看
O项目	0% ●	0% ●	(3%) ●	1	●	查看
P项目	7% ●	5% ●	1% ●	−1	●	查看
Q项目	(2%) ●	(1%) ●	(1%) ●	−13	●	查看
R项目	2% ●	3% ●	2% ●	−5		查看

查看详情

状态栏图表注解： ● 一级　　　● 二级　　　● 三级　　　● 四级

业态	均价偏差幅度（ ）	分业态预警状态	已售均价	未售均价
⊟全部业态	−0.06	6.00 ●	9 768	9 162
⊟住宅	0.33	6.00 ●	9 768	13 021
⊟住宅、联排别墅	0.14	2.00 ●	13 860	15 834
住宅、联排别墅（普通、可售、毛胚）	0.14	2.00 ●	13 860	15 834
⊟住宅、联排别墅	—	—		15 500
住宅、叠拼别墅（普通、可售、毛胚）	—	—		15 500
⊟住宅、洋房	0.26	4.00 ●	9 787	12 339
住宅、洋房（普通、可售、毛坯）	0.26	4.00 ●	9 787	12 339
⊟住宅、小高层	—	—	8 149	
住宅、小高层（普通、可售、毛坯）	—	—	8 149	
⊟配套	—	—	--	2 279
⊟配套、地下非人防车库	—	—		2 278
配套、地下非人防车库（普通、可售）	—	—		2 278
⊟配套、人防车库	—	—		2 278

图11-11　风险预警展示示例

二、节点偏差的风险预警

S企从整个价值链中选取了一些关键环节作为监测和预警的时间节

点，通过对节点偏差的跟踪、联动和预警确保计划目标的达成。

（一）利用轨道图展示项目节点偏差

节点偏差预警的展示形式是轨道图，如图 11-12 所示。轨道图中每个已经发生的节点都会计算实际值与预计值的偏差，并将具体的结果展示出来，比如提前一个月或延迟一个月。对于尚未发生的时间节点，S企按照整体全周期的铺排来预测它们会延迟还是提前。此外，轨道图中具体的节点还联动了奖惩功能，因此会有奖惩金额（或星级）的展示。

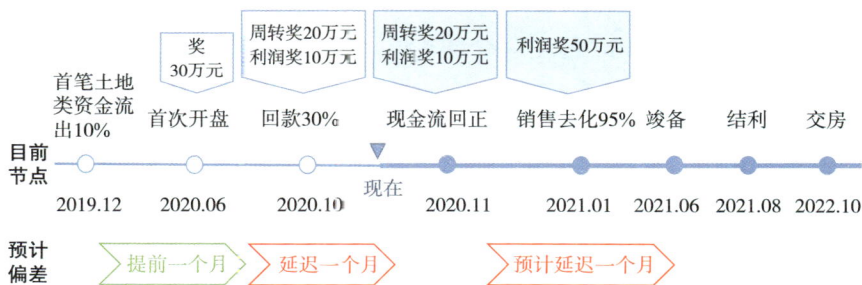

图 11-12　时间节点偏差预警的轨道图示例

（二）选取需要预警的关键节点

S 企选取了八大关键节点作为预警的目标，即首笔土地资金流出10%、首次开盘、回款 30%、现金流回正、销售去化 95%、竣备、结利和交房（见表 11-4）。

我们接下来对这八个关键节点的含义和监测目的分别进行详细阐述。

第一个是首笔土地类资金流出 10% 的时间，即首次成本支付的时间，也是现金流回正周期前置性的时间节点。

第二个是首次开盘的时间，这时项目正式开始销售，它可以监测销售计划的实施情况，同时也与奖惩进行联动，因此关联到首开奖惩展示的时间节点。

225

表 11-4　八个关键节点的详细说明

首笔土地类资金流出10%	首次开盘	回款30%	现金流回正	销售去化95%	竣备	结利	交房
首次成本支付时间	销售开始时间，监测销售计划实施情况	监测首开回款情况	资金回笼，可以用于其他项目投资，通过高周转实现更多收益	数据关门时间	开发计划跟踪	开发计划、回款（全款支付确认收入）及收入情况跟踪	开发计划跟踪、结利前置跟踪
用于计算现金流回正周期	首开奖惩	周转奖惩、利润奖惩	周转奖惩、利润奖惩	利润奖惩	—	财报体现	—

　　第三个是回款 30% 的时间，主要是对首开回款情况的监测，同时也关联了周转和利润的奖惩。

　　第四个是现金流回正的时间，即正式的资金回笼时间，说明这个项目在周转方面已经覆盖了之前的成本。这个时间点之后所得到的多余现金流可以投入到其他项目上，通过高周转及时把现金流盘活，让其他项目产生更多的利润。同时，它也关联了周转奖惩和利润奖惩的时间节点。

　　第五个是销售去化达到 95% 的时间节点，它是项目数据关门的时间，同时也是最后一个发放利润奖惩的时间节点。

　　竣备和结利的时间节点都用于开发计划的跟踪。其中结利的时间节点同时会影响回款时间及收入确认时间，从而影响财务报告所呈现的经营情况。

最后是交房时间，交房是对于开发计划的跟踪，同时也是对结利这样一个前置时间节点的跟踪。

（三）确定预警的展示内容和形式

预警的具体展示内容和形式主要包括三个方面。

第一个预警内容是节点时间，对已发生、计划发生的时间节点进行区分，并用不同的颜色进行标示。

第二个预警内容是与预计的偏差。这时的对标依据是启动会，而不是最新的计划版本。与风险预警不同，节点偏差关注的是启动会计划是否能够达成，而风险预警关注的是当前情况下是否能够达成最新目标，能否实现最为有利的决策计划，该计划会根据市场情况进行调整。在视觉显示方面，针对与预计的偏差，企业也使用了不同颜色区分提前、延迟、符合计划等情况。

第三个预警内容是联动功能，通过奖惩机制落实启动会目标管理方案，分别对不同的节点展示奖惩的星级或金额，对尚未发生的节点则依据项目全周期情况进行预测。

总结

S 企的预警管理主要包括风险预警和节点偏差预警两个部分。风险预警以利润、周转为核心，S 企设置了六大指标，各个指标之间互相关联、互相影响。S 企为节点偏差预警选取了八大关键节点，通过轨道图的形式展示预警情况并关联奖惩。风险预警关注当前情况下能否实现最优的决策计划，节点偏差预警则关注启动会计划能否达成——两者共同实现动态与静态、实际与预测相结合的预警效果。

第三节　围绕全周期和进度类目标规划风险寻源路径

风险寻源就是设置前置性的时间节点，再沿着相关的路径去寻找可能影响关键性指标节点达成的原因。S企在进行风险寻源设置时选取了项目全周期目标的版本，包括项目全周期启动会版和首次全景会版，不包括年度预算版。同时，S企还选取了七个重要的进度节点进行跟踪，并规划了向上穿透的风险寻源路径。

一、全周期预警指标的风险寻源方式

风险寻源涉及全周期预警的16个指标，希望通过功能前置来定位运营的症结点。下面分别讲解每一个指标的风险寻源方式。

（一）总货值指标的风险寻源

总货值出现偏差后，系统会向前寻源三个指标：一是未取证的货值，二是已取证未售的货值，三是已售货值。然后，系统会依次对整个动态货值和业态进行拆分。未取证货值向下会拆分到业态，比如多层、高层等，每一个业态还可以再向下拆分到当前货值的均价和面积，直到发现产生偏差的原因（见图11-13）。

（二）税前完全成本指标的风险寻源

所得税前的完全成本按照成本科目进行拆分，通过一级节点可以拆分为直接成本、期间费用、增值税及附加和土增税，通过二级节点再向下拆分就定位到各个具体的科目。

直接成本可以拆分为土地成本、前期费用、工程费用等，期间费用拆分为管理费用、销售费用和财务费用，增值税及附加可拆分为增值税和附加税，依此逐一查找产生偏差的原因（见图 11–14）。

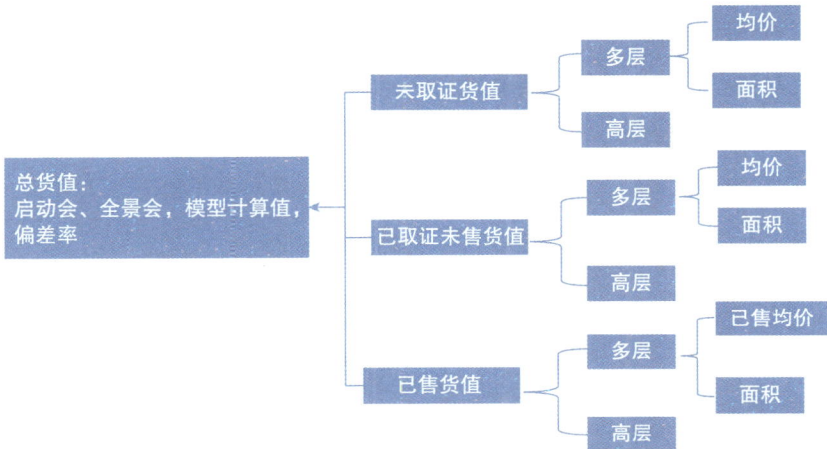

图 11–13　总货值的指标拆解和风险寻源路径

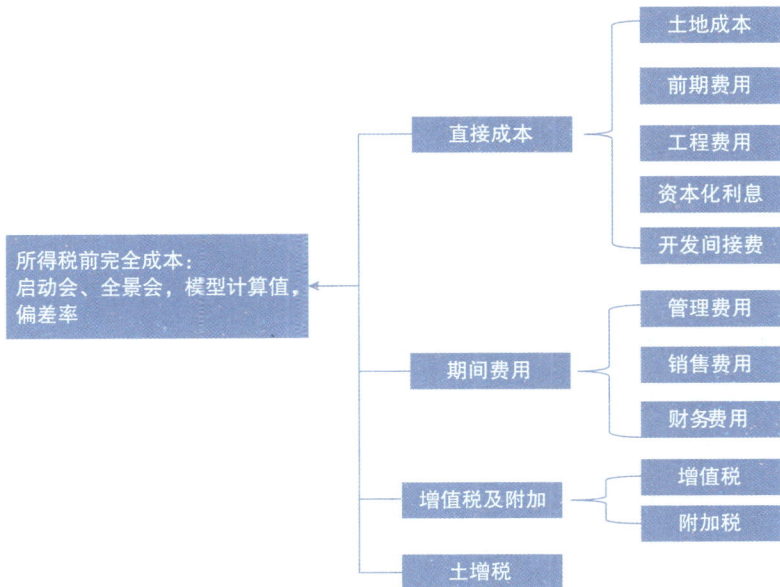

图 11–14　成本项的指标拆解和风险寻源路径

（三）净利润指标的风险寻源

利润部分先拆分成净利润和营业收入。净利润又可以拆分成所得税和税前利润：因为所得税会受到利润、费用的多次影响，所以需要单独拆分出来；税前利润可拆分到营业收入和所得税前的完全成本，完全成本可以跳转到前面的税前成本，然后进行具体科目的追踪。营业收入按照业态进行拆分，细化到某一个具体业态的营业收入（见图 11–15）。

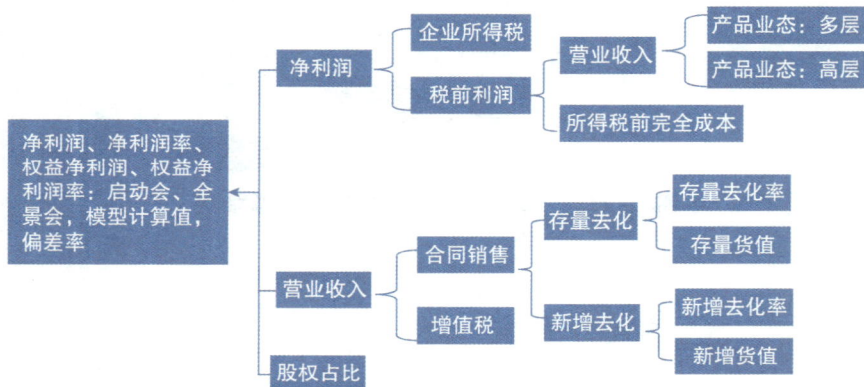

图 11–15　利润项的指标拆解和风险寻源路径

同时，企业对营业收入进行了前置性跟踪，即向下拆分为合同销售和增值税两部分。其中，合同销售为销售节点，即收付制下的收入节点，进而向下对去化情况进行详细拆解。销售节点主要针对去化进行追踪，拆分出的合同销售部分又会分解为存量去化和新增去化，再继续拆分到去化率和货值。这样，企业就可以知道营业收入在哪里实现，本部分的前置销售收入是否对营业收入进行了两次追溯。其中，税前成本下的营业收入拆分为业态收入，是指结转确认的收入，可满足对不同收入类型的比较和追溯分析。而另一部分拆分则是前置销售收入，对存量及新增分别进行拆解及追溯分析，以了解销售收入的来源，并帮助管理层锁定销售情况较差的供货，以针对不同供货采取不同的管理力度和措施。

因为是权益性的净利润和利润率，所以最后会涉及 S 企的股权占比这个指标。

（四）现金流回正周期指标的风险寻源

回正周期指标包括股东回正周期和经营性现金流的回正周期，可以向下拆分四个指标，如图 11–16 所示。

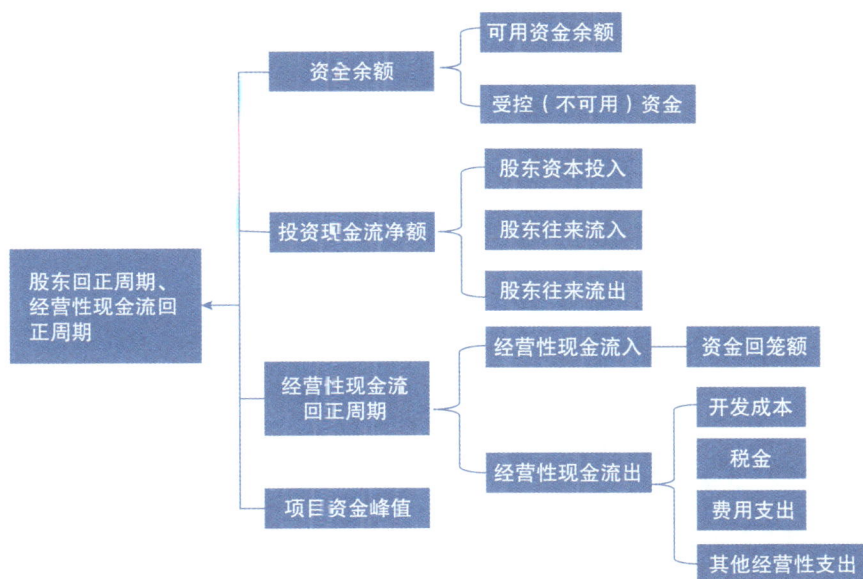

图 11–16　回正周期项的指标拆解和风险寻源路径

资金余额监测资金的整体情况，会拆分到可用资金余额和不可用资金。投资的现金流净额对股东资金的投入、流入和流出进行了整体拆分，查找影响股东资金周转的原因。经营性现金流回正周期拆分到经营性现金的流入和流出，流入部分就是回笼金额的拆分，流出部分涉及每一笔成本的支付金额和节点。项目层级的资金峰值会影响回正周期，通过与之前计划的版本进行对比，企业可以监测到其整体投入是否按照前期设计的目标来进行。

（五）内部收益率指标的风险寻源

内部收益率包括股东的内部收益率和项目的内部收益率，可以拆分为股东的融资性现金流净额和投资性现金流净额，以及项目的经营性现金流净额。

融资性现金流的流入包括利息、借贷和其他融资流入，流出主要是偿还银行借款、利息支出和其他融资支出，根据这些时间节点和金额进行跟踪（见图 11-17）。项目层级的内部收益率是从经营性现金流的流入、流出两个方面进行监测，与前面的现金流回正周期的风险寻源方式比较接近。投资性现金流主要在项目收到股东资本流入、股东收回投资、向股东分配利润这几个时间节点进行监测。

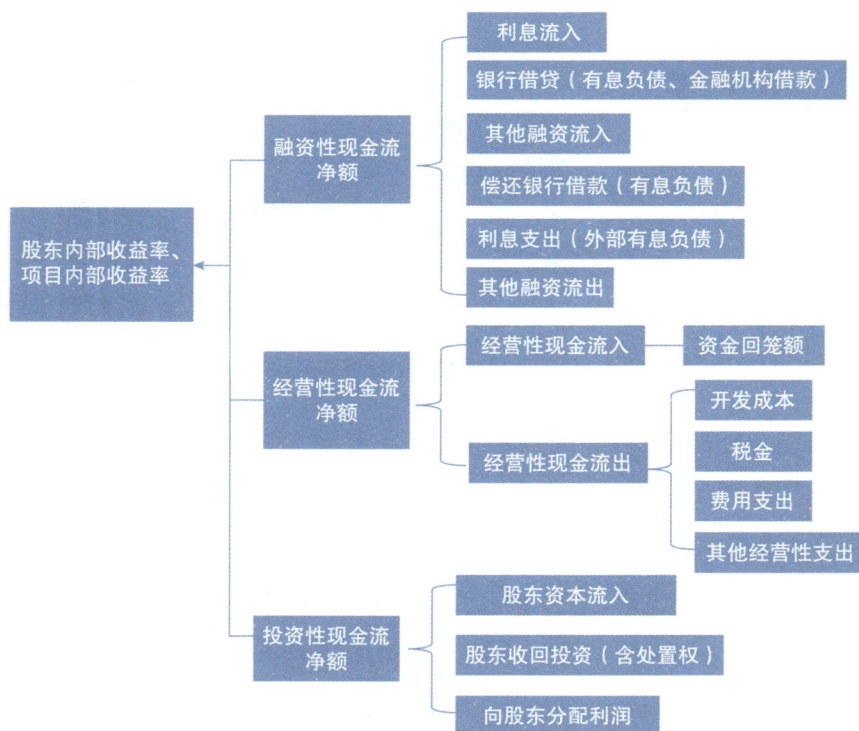

图 11-17　内部收益率的指标拆解和风险寻源路径

二、进度类目标的风险寻源路径

S 企对进度类目标设计了风险寻源的路径，选取了七个主要的节点，并对每一个节点进行了路径的穿透（见图 11-18）。

取得规划建筑设计方案批复节点的前置预警指标为确定规划建筑设计方案，因为从完成方案到获得方案的批复预计需要超过一个月的时间，具有前置预警的意义。发生风险时，我们就沿着这个节点向前追溯到召开项目启动会、召开项目产品定位会、取得建设用地规划许可证、完成项目交底这些关键的节点，逐个查找风险的源头。

取得建筑工程施工许可证以取得建设工程规划许可证和施工图图审合格证为预警指标，风险寻源时可以向前追溯到取得建筑工程规划许可证、完成报建施工图设计、取得设计方案的批复这些时间节点。

取得商品房预售许可证以取得建筑工程施工许可证、主体结构达到预售条件以及取得国有土地使用证为预警指标。首开时间及首开当月去化率在风险寻源时可以向前追溯到很多节点，包括开工、样板房开放、主体结构达到预售条件、取得施工许可证、取得预售证等时间点。

归还股东投入的时间也就是股东现金流回正的时间，前提是销售去化和放款要基本实现，发生风险时可以向前追溯到首开时间、首开去化率、推盘时间、工程进度达到抵押贷款放款条件等时间节点，最终确定问题所在。

因为从规划验收到取得竣工验收备案证需要 1 ~ 2 个月的时间，所以竣工交付时间节点的风险可以向前追溯到完成土建单体工程施工、完成规划核验这几个时间节点。由于很多项目在竣备当月就交付，只对竣备节点进行预警有些滞后，所以最后设置了项目交付这一预警节点，发生风险时可以向前追溯到完成土建单体工程施工、完成规划核验、完成项目综合验收等时间点。

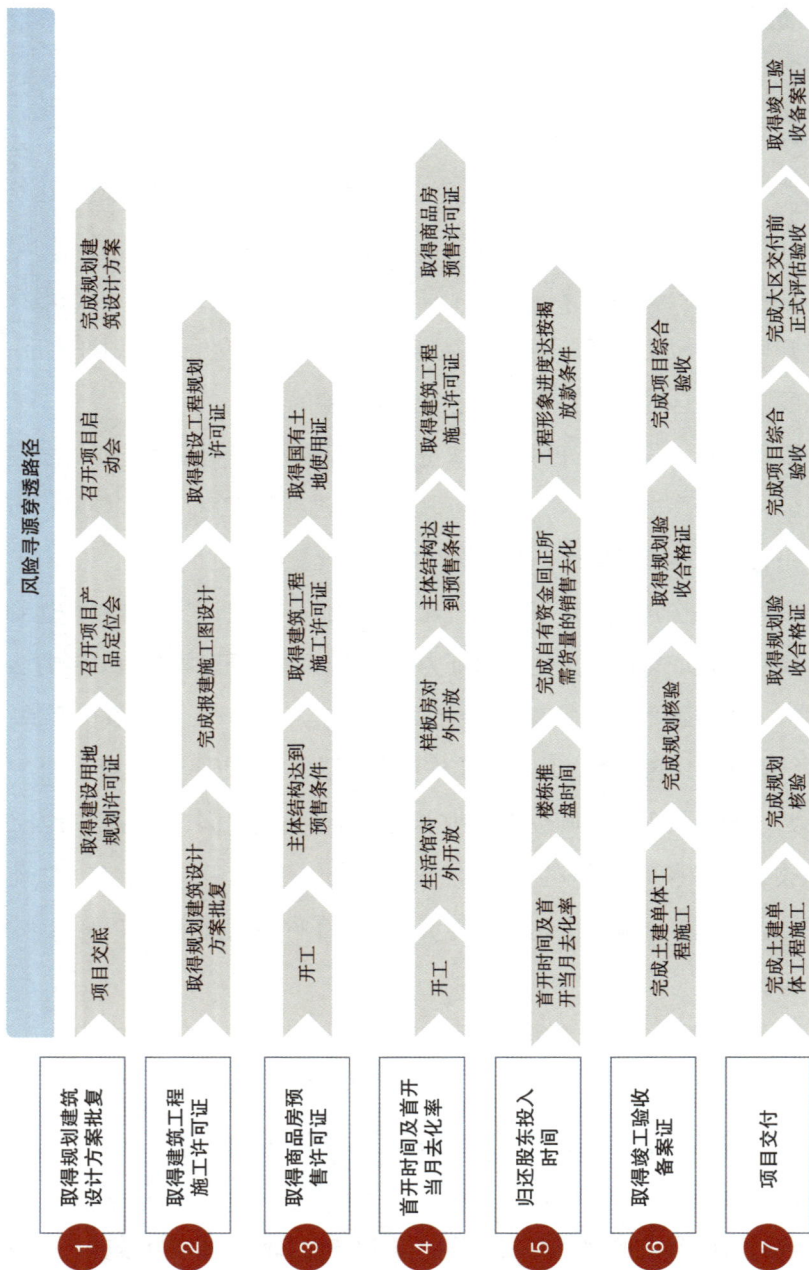

图 11-18 七大节点的风险导源路径详解

┌─── **总结** ───┐

　　S 企针对不同的层级设计了不同的预警版本，让同一版本、不同层级的指标和同一层级、不同版本的指标形成交叉预警，增加了预警管理的完整性和有效性。S 企的预警管理还有一个重要的内容，就是设置 16 个关键指标的风险寻源路径，在重要节点发生风险时能清晰有序地向上穿透，准确定位风险产生的根源。

第十二章

预控案例：4 000 亿级多元化 V 企的目标预控与在线激励

　　V 企预控的策略既包括经营目标和卡位标准，又包括预实分析与预警寻源，还包括在线实时激励手段，其中的重心是目标管控、过程管控、走势管控一体化。V 企还把事后激励提前到过程中，动态化辅之，以最优方案推演，强效保障业绩目标达成。

第一节　V企线上大运营预控管理体系

从行业角度来看，房地产发展已经从增量市场转化为存量竞争市场，企业要有明确的内部增量提效、精细化管理目标。

V企布局房地产上、下游业务，坚持区域聚焦、城市深耕战略，积极拓宽投资管道，加强土地资源储备，优化供货节奏，助力实现规模质量双增长。

业绩规模快速增长，倒逼企业不断提高综合运营能力，优化升级组织架构和管理体系。在此背景下，V企提出精细化大运营管理的一系列预控、预管措施，通过信息化手段实现管理场景线上化，落地预控管理标准，辅助并保障战略目标达成。

一、框架：三大运营标准，四大管理标准

V企运营管理的核心要义是，以战略视角为起点，以经营更智能、管理更智慧为价值体系，构建公司全流程、全维度神经系统。

V企提出两个阶段性目标：一是从层级角度来实现项目、区域、集团各层级专业条线之间的信息对称；二是从横向角度使成本、财务、营销、运营间的信息互通有无，促成战略目标的落地和实现。这往往会面临数据和管理两个核心难题。

- 数据难题：主要是数据标准缺失，存量不清，各数据颗粒度不一致、精度不足，使数据在部门与部门、层级与层级之间传递时往往会失真。
- 管理难题：大量数据处理会衍生对应的管理问题，因为数据传递，从一线人员统计报表到集团管理人员的经营决策的整个流程过长、

费时费力，从而导致管理效率低下。

数据庞杂加之数据留存过程中可能失真，导致经营决策的依据往往不一致。要施行大运营体系并达成战略目标，V 企要从三个维度落地解决。

第一，构建线上运营管理标准框架体系。

第二，在构建运营管理框架体系的基础上，优化运营管理标准。

第三，通过管理场景落地，落位对应的管理标准。在落位过程中，最核心、最重要的是一系列预控、预演职能的达成。

从运营管理标准框架体系出发，房企需要结合管理场景形成三大运营标准、四大管理标准。

运营框架与运营体系的搭建，不是一个从无到有的过程，每家企业都有自己的运营管理标准，问题在于是否形成体系。V 企的运营管理是，以企业发展内核和财务指标为导向，以现金流和利润为抓手，以计划管理为主线，实现项目全周期及各专业条线的高效统筹管理。

为保障运营成功，房企需要在运营管理机制的基础上形成相应的管理标准，实现预控。

管理机制或管理标准，通过一系列量化指标，进行机制落位。从房地产开发链条来看，标准或指标在各阶段的表现是管理场景。

比如，V 企拥有一系列动态管理机制，形成项目经营计划、管理标准，通过月度经营沟通会的指标表现，以及月度运营报告、风险周报、动态预警等管理标准或阈值标准，落位管理机制。V 企在巡查方面会形成一系列巡查机制，比如编制巡查计划、巡查要点、巡查考核评价标准。落位标准的过程包括综合巡查、专项巡查、例行巡查等，房企需要反复通过量化标准落位其机制，即管理场景的预控机制（见图 12-1）。

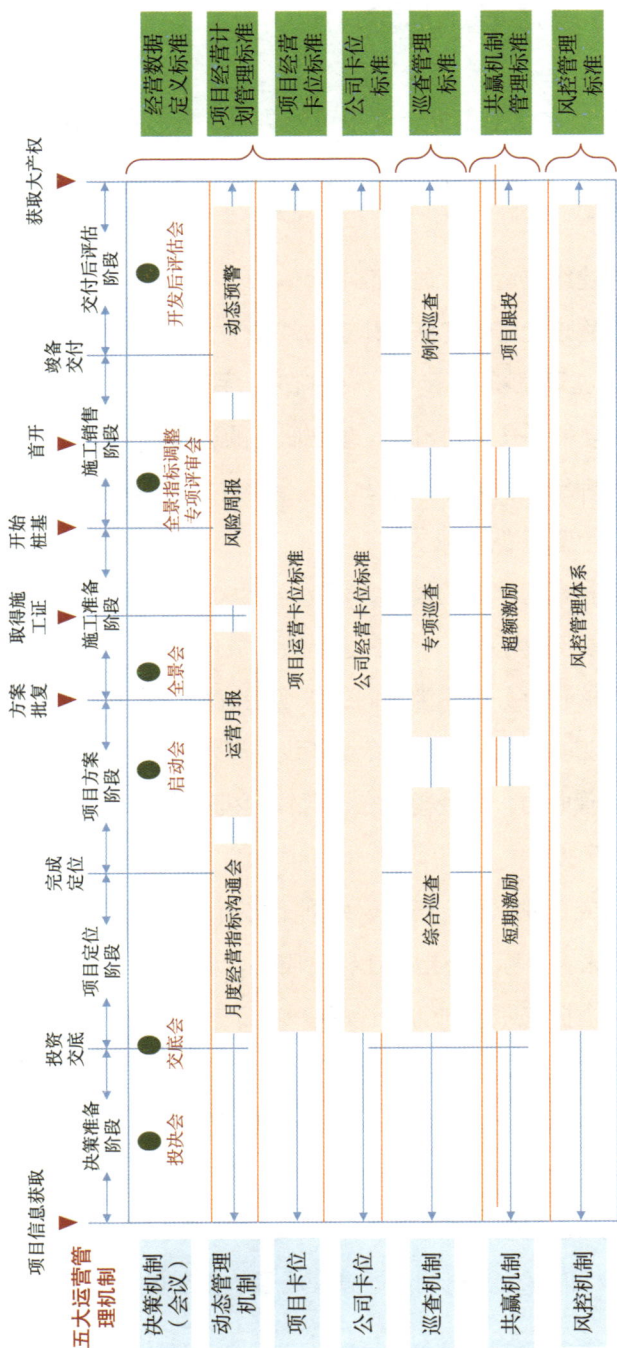

图 12-1 运营管理机制示例

最后，结合管理场景形成企业运营管理标准整体框架，即三大运营标准、四大管理标准（见图 12-2）。V 企的运营标准从量化角度进行考核，管理标准则从定性机制上进行完善。

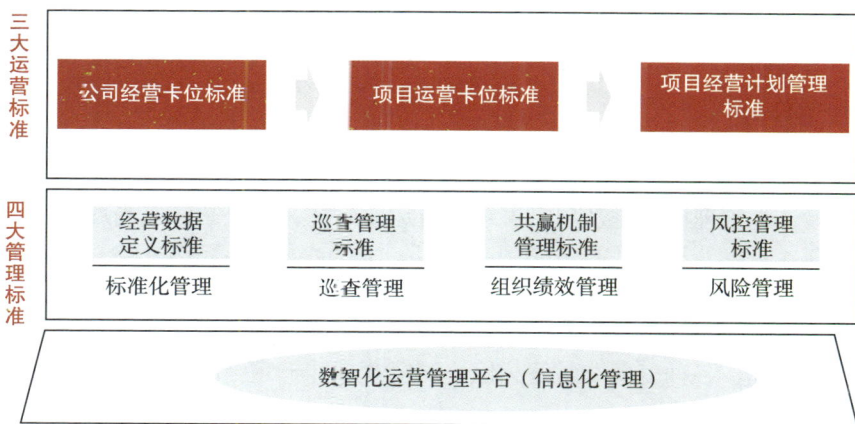

图 12-2　运营管理标准框架体系

V 企通过对运营管理标准框架进行梳理，建立了符合自身发展的运营管理体系，并运用信息化手段实现管理场景线上化，让经营更加智能。

二、标准：三大运营标准形成线上大运营预控管理体系

运营、管理标准整体框架建好后，房企需要对其运营标准进行梳理、提炼和总结。

公司经营卡位标准、项目运营卡位标准、项目经营计划管理标准三大标准构建了整个大运营预控管理体系。三大运营标准相辅相成，对整体运营把控或风险预控实施有效保障，辅助目标达成。

其中，项目经营计划管理标准包括预算计划、项目经营计划，系统层面表现为预算系统或计划管理系统、ERP（企业资源计划）系统，落位企业年度目标或项目整体管理目标。项目经营计划管理因为只针对某一项目定量考核，所以具有一定片面性，无法在项目与项目、公司与公

司、行业与行业之间形成横向比对。因而，它对整体运营把控或风险预控没有进行很好的保障，无法评测项目是否处于健康状态。

在此基础上，房企引入的项目运营卡位标准可以很好地弥补横向比对，或评判项目运营机制的好坏。比如，项目定位为现金流型、均衡型还是利润型，是一线还是三、四线。定位和区位不同，项目运营卡位标准也不一样。

此外，房企还需引入公司经营卡位标准。项目运营卡位标准和项目经营计划管理标准是从项目层级评价运营好坏，如果站在更高层级（如区域或集团）来看，那么单项目运营成功并不意味着公司是健康的。比如，在某个阶段或区域，为进入市场、完成短期目标而运营一个项目，项目指标、各种表现非常好，但公司经营却并一定健康，因为该项目可能严重透支公司资源。所以，除预控项目是否按照正常卡位标准进行外，房企还需公司经营卡位体系来做平衡。

公司经营卡位标准、项目运营卡位标准、项目经营计划管理标准的构建思路，主要围绕战略目标而展开，评价战略目标有规模和利润两个维度。V企定位的战略目标十分明确——三年冲击重回行业前十，这要有高复合增长率和合格的净资产收益率。因此，V企提出未来几年复合增长率为20%，合格的净资产收益率为15%。

1. 公司经营卡位标准：健康下限比上限更重要

对于公司经营卡位标准体系的搭建，企业可以从四个角度加以评判和收集。

- 评价维度选取：从行业价值链出发，梳理开发各环节核心评价指标，形成价值链层面联动评价指标体系，再将各项指标按照公司经营评价四大维度（盈利、运营、风险和发展）进行分类。

- 企业经营关注指标：以目前关注的核心经营指标为基础，比如销售、回款、方案批复、预售证、施工证、首次开盘、股东投入回正、竣备、交付、投资货值、新增融资、归属母公司的净利润、利润总额等。Ｖ企从销售、投资、利润等角度把经营指标分为四大类，形成四类企业关注指标。
- 借鉴行业标准：从经营评价四大维度，借鉴行业通常关注指标，在价值链分析所得指标的基础上进行适当增补，最终形成整体公司经营卡位标准指标体系。
- 评价指标可获得性：制定一系列标准后，如果数据无法支撑做相关分析，那么标准则是无效的。所以，房企要做数据探源，寻找指标可获得性，形成一系列评价标准。

公司健康经营评价标准从盈利、运营、风险和发展四个维度进行梳理。在指标选取上，以当年销售目标为基础，明确供货、存货、开发管理核心指标。若要达成当年合同销售额，房企就要看年度新增供货和存货情况，通过比对供存货与合同销售额，关注存量去化率、存销比、长期库存比以及新增去化率等标准（见图12-3）。

再往前推，若要达到当年新增供货及存货标准，房企就要关注开发阶段年度货值和年度新开工货值分别有多少。因此，比对开发与供货，房企需要关注在建比和承销比两个比率，通过层层往前、往后推导，形成每个阶段核心指标之间的比率标准。

房企在建立公司评价标准时，更多是从比率维度出发，只有以百分比呈现的比率才能更好地做横向比对。房企需要从盈利、运营、风险和发展四个维度形成公司整体评价标准，梳理出一系列指标（见图12-4）。

完成指标梳理后，房企要筛选适合公司经营方向、经营定位或较为关注的指标。

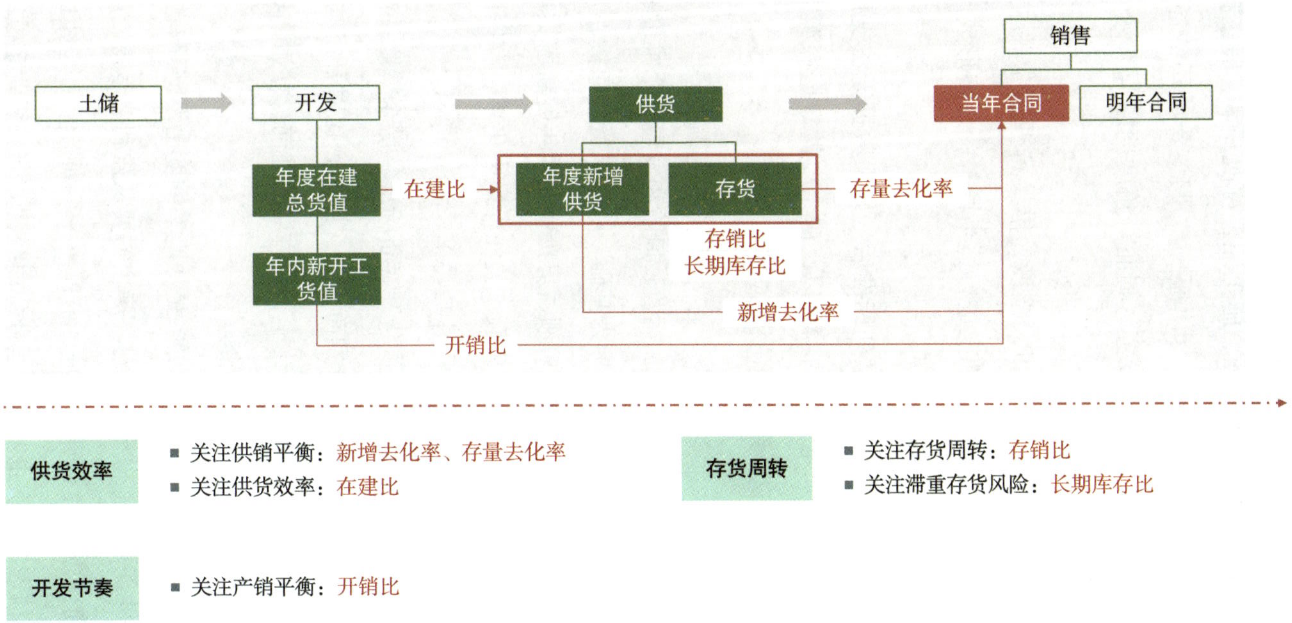

图12-3 公司经营卡位指标选取逻辑分析

注：各环节结构仅作为逻辑分析，结构中各部分不代表构成关系（下同）。

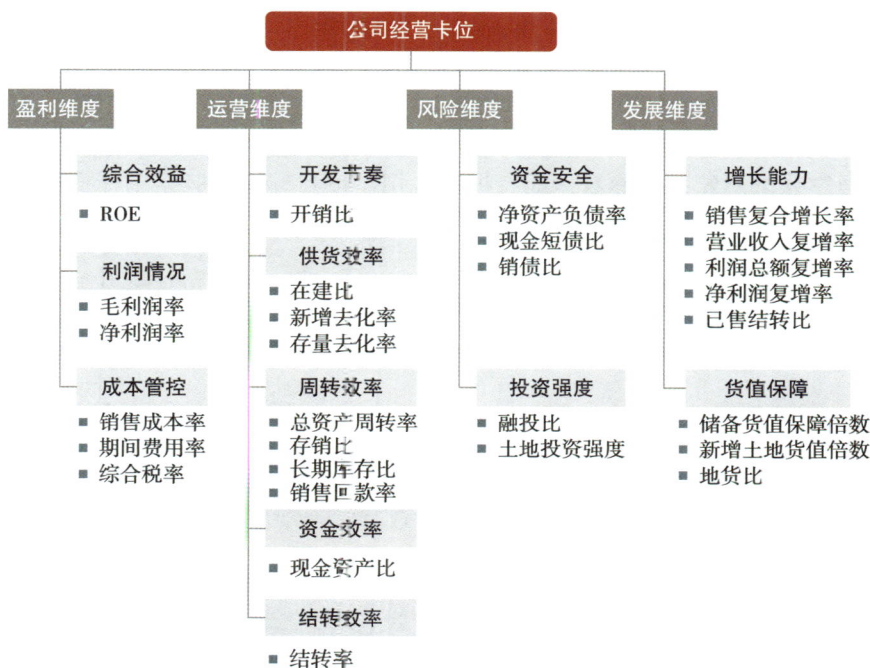

图 12-4　公司经营卡位四大维度

　　V 企非常关注净资产收益率，因为净资产收益率是衡量企业经营绩效最复合的指标，它能够很好地体现公司经营质量。房企可以通过把净资产收益率拆解成收益、股东投入情况以及风险、资产负债率红线等，分析企业赢利能力、经营效率、风险把控、发展潜力等维度，评价监控企业复合增值率。净资产收益率是核心展示指标，也是实现预控、公司卡位标准的核心指标。

　　梳理出指标后，怎么设置公司健康上限或下限（公司的健康区间）更为重要。V 企的梳理方法比较简单：通过历史数据收集片区过去几年卡位标准的上限与下限，在此基础上，对标战略目标，确定每个指标的提升比例。V 企梳理出盈利、运营、风险和发展四大维度后，主要聚焦核心指标，比如盈利维度关注毛利润率，运营维度关注供销比，风险维度关注资产负债率，发展维度关注复合增长率。

梳理健康区间下限可依据历史数据，再通过核心指标健康区间下限进行推演，使得战略目标能够达成；健康区间上限则有更多弹性空间，通过分析调整某些参数，或者根据公司年度目标合理制定指标提升比例，设定健康区间上限。

如表 12-1 所示，对于整体公司经营卡位标准，下限比上限更加重要。

表 12-1　公司经营卡位示例

一级维度	二级维度	评价指标	下限	上限
盈利维度	综合效益	净资产收益率		
	利润情况	毛利润率	15%	25%
		净利润率	6%	10%
运营维度	开发节奏	开销比		
		开储比		
	供货效率	在建比		
		新增去化率		
		存量去化		
	存货周转	供销比	1.3	1.4
		长期库存比		
	应收周转	综合销售回款率		
	资金效率	现金资产比		
	结转效率	上年度结转比		
风险维度	资金安全	净资产负债率	70%	85%
		现金短债比		
		收支比		
		销债比		
	投资强度	融投比		
		土地投资保障系数	100%	150%

（续表）

一级维度	二级维度	评价指标	下限	上限
发展维度	规模增长	销售复合增长率	10%	20%
	收入增长	营业收入增长率		
		已售结转比		
	货值保障	储备货值保障倍数		
		优质土地		
	优质土地	地货比		

公司经营卡位标准有两大价值。

第一，通过经营卡位，进行价值链联动分析，房企可以快速找到经营问题所在，以便采取应对措施。

第二，将卡位标准与目标经营实时并行分析，判断经营目标实现情况是否在健康区间范围内，能够更好地实现经营目标达成及对经营过程纠偏的目的（见表12-2）。

2. 项目运营卡位标准：聚焦项目层级运营

项目运营卡位标准的指标梳理思路主要围绕规模和利润两个维度（见图12-5），聚焦项目层级运营，思考项目核心管控方向。

首先，从规模维度来看，通过自有资金与前融杠杆、地货比、供销比等系数得到单一项目最终合同规模。再比对自有资金到杠杆之间的系数，我们可得出合同规模维度的项目卡位标准。

其次，从利润角度出发，常规净利润＝收入－成本－费用－税金。从一系列卡位里，我们可得到费率、单方成本、税负率等评价指标。

表 12-2 公司经营卡位与目标经营并行分析示例

维度	公司经营目标监控（经营看板）指标	年度目标	全年动态预测	动态目标	预计年度目标达成率
合同销售类	合同销售额				
	去化率				
	签约毛利润率				
	销售回款率				
进度类	拿地-开工周期				
	开工-开盘周期				
	归还股东投入时间				
	经营性现金流回正时间				
	股东资金占用余额				
财务类	净利润率				
	营销费率				
	管理费率				
	地货比				
	总货值				
投资类	项目内部收益率				
	经济增加值总额				

一级维度	二级维度	公司经营卡位 评价指标	下限	上限
盈利维度	综合效益	净资产收益率		
	利润情况	毛利润率	15%	25%
		净利润率	6%	10%
	开发节奏	开销比		
		开储比		
		在建比		
运营维度	供货效率	新增去化率		
		存量去化率		
	存货周转	供销比	1.3	1.4
		长期库存比		
	应收周转	综合销售回款比		
	资金效率	现金资产比		
	结转效率	上年度结转比		
风险维度	资金安全	净资产负债率	70%	85%
		现金短债比		
		收支比		
		销债比		
		融投比		
发展维度	投资强度	土地投资保障系数	100%	150%
	规模增长	销售复合增长率	10%	20%
	收入增长	营业收入增长率		
	货值保障	储备货值保障倍数		
		已售结转比		
	优质土地	新增土地货值倍数		
		地货比		

合同销售规模 ＝ 自有资金 × 融资杠杆 × 合作杠杆 × 货地比 × 土地货值 × 供销比 × 资金周转次数

自有资金占资金峰值比例　融资杠杆系数　权益占比　货地比资金峰值比例　可售率　供销比　自有资金回正周期经营性现金流回正周期

净利润 ＝ 收入 － 成本 － 费用 － 税金

项目内部收益率　销售量×销售均价　土地成本＋建安成本　营销费用＋管理费用＋财务费用　增值税及附加＋土增税＋所得税
股东内部收益率

净利润率

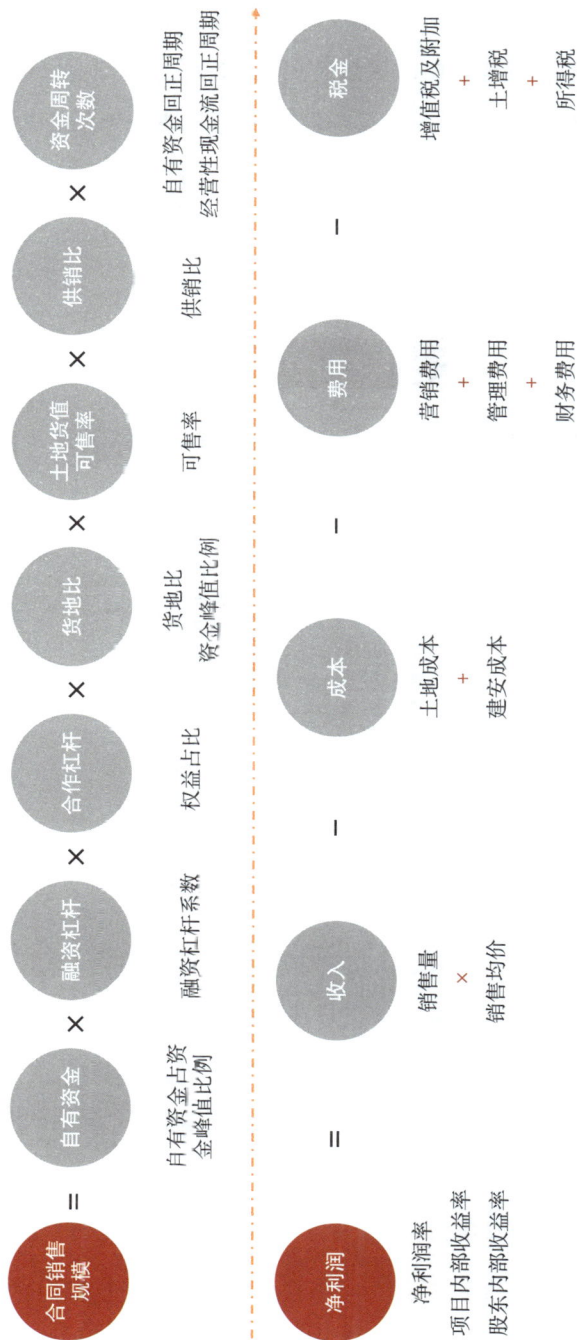

图 12-5　项目运营卡位标准指标梳理思路

249

最后，形成项目运营卡位标准，主要从六个维度看，即投资、设计、运营、营销、成本和财务资金（见图12-6）。通过卡位梳理得出的结果跟公司评价标准差不多，其指标维度均从比例角度进行评价。以绝对值比对没有太多参考价值，因为项目卡位评价标准也包含一系列指标，除周期类指标外，也可能包括节点与节点之间的指标，还有其他一些阈值指标，这样比率关系才能更好地支撑其评价运营效益和效率。

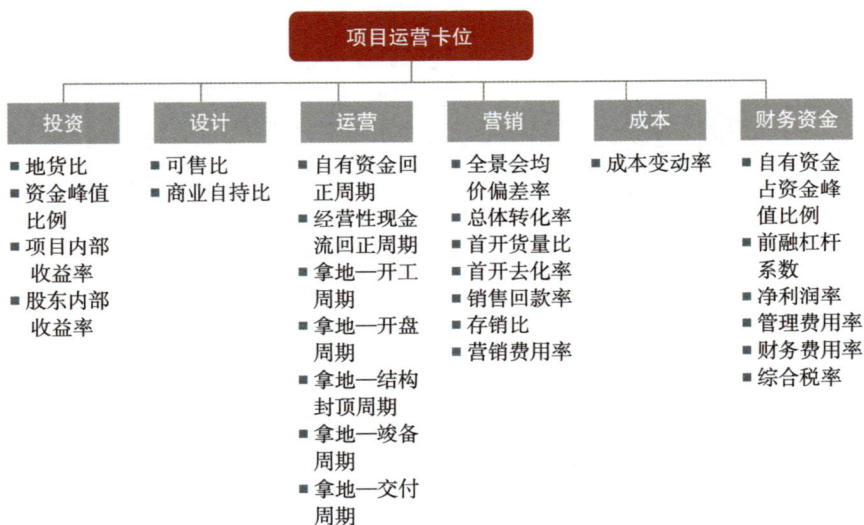

图 12-6　项目运营卡位标准六个维度

梳理指标是第一步，第二步定位项目卡位更为重要。行业内一般会用到现金流型、均衡型、利润型以及其他类型，V企有自己的定位标准。

例如，现金流型定义的股东内部收益率大概是20%，运营效率为5个月，从拿地到开盘，存销比是3~6，净利润率控制在6%以上。V企除评价现金流型、均衡型与利润型以外，在一线、强二线、二线、三线及四线城市分别设置对应的项目卡位标准。跟公司卡位标准相类似，V企关注的也是若干核心指标，如股东内部收益率、拿地—开盘周期、存销比、净利润率等，以及对应梳理出的评价标准（见表12-3）。

表 12-3 项目运营卡位标准核心指标

序号	维度	指标	现金流型	均衡－现金流型	均衡－利润型	利润型
1	投资	地货比				
2		资金峰值比例				
3		项目内部收益率				
4		股东内部收益率	20%			
5	设计	可售比				
6		商业自持比				
7	运营	自有资金回正周期				
8		经营性现金流回正周期				
9		拿地—开工周期				
10		拿地—开盘周期	5 个月			
11		拿地—结构封顶周期				
12		拿地—竣备周期				
13		拿地—交付周期				
14	营销	全景会均价偏差率				
15		总体转化率				
16		首开货量比				
17		首开去化率				
18		销售回款率				
19		存销比	3~6			
20		营销费用率				
21	成本	成本变动率				
22	财务资金	自有资金占资金峰值比例				
23		前融杠杆系数				
24		净利润率	6%			
25		管理费用率				
26		财务费用率				
27		综合税率				

项目运营卡位标准有以下三个核心点（见图 12-7）。

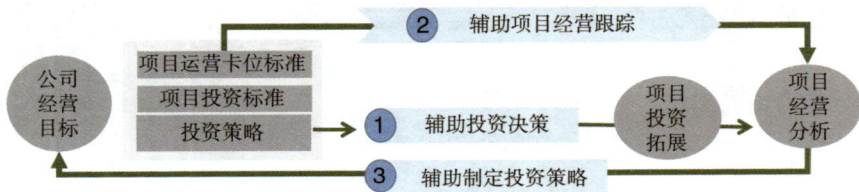

图 12-7　项目运营卡位标准三个核心点

第一，辅助投资决策。项目卡位来源点与投资决策目标相符合，在投资决策过程中，定位会和交底会会形成一系列指标。项目卡位通过落位评价标准和收集历史数据来判断投资决策或投委会阶段形成的指标是否合理，使运营与投资相协调，形成反哺效应。

第二，辅助项目经营跟踪。项目卡位能够避免运营指标发生严重偏离，更好地辅助制定经营策略并对未来数据进行预测。其中，对未来进行预测十分重要。在某一时间点卡位可能发生偏离，它预示着整个项目按照目前趋势发展下去，会偏离投决会或启动会目标。在此背景下，项目经营跟踪可实现预控和提前量的标准。

第三，结合投资标准，形成城市卡位地图，辅助制定投资策略，这是项目卡位标准的重要价值点。

3. 项目经营计划管理标准：与开发链条相匹配

除公司经营卡位标准和项目运营卡位标准外，更重要的是项目经营计划管理标准。V 企有企业项目全周期评价指标，指标要从考核角度出发进行设计。考核基准通过年度做分解，最后与奖惩考核挂钩。企业项目全周期评价指标主要有五个维度，包括销售、回款、财务、进度及管理指标（见表 12-4）。

表 12-4　企业项目全周期评价指标

类别	经营指标
销售指标	销售合同金额
回款指标	销售回笼金额
财务指标	利润总额
	净利润
	综合毛利润率
	归属于股东利润
	结转收入
	融资金额
	内部收益率
进度指标	里程碑节点
	关键节点计划完成率
管理指标	品质
	费率
	客户满意度

　　项目经营计划管理标准的梳理逻辑也是以预控为出发点进行设置的。在投资阶段，项目拿地规模和资金投入由投资部门决定；运营部门将交底会作为一个切割点，主要目标是管好进度，确保里程碑节点的达成，并关注项目品质、费率和人员保障。

　　监控好进度并管理好内部指标后，房企更要关注供销回情况，做好供销回的达成，最终反映到财务报表上，即对外公告净利润、归属母公司的净利润和营业收入。

三、落位：关键场景核心指标

　　有了标准与量化指标后，房企要对经营机制进行落位，即日常工作、管理动作在落位管理标准、管理机制上的体现。

明确管理场景分为三个维度：管什么、怎么管以及管得怎么样。房企可以从这三个维度落位管理标准（见表 12-5）。

表 12-5　管理场景的三个维度

	指标地图	多因子分析，覆盖经营管理场景核心指标
管什么	经营看板	对指标进行动态监控、健康体检，及时发现项目运营中的异常情况，实现数据可知、可控、可预测
	测算投模	基于自动预测实现投前可知、投后可控，形成数据资产，助力目标达成
怎么管	战略推演	围绕经营重心，建立业务标准模型，实现自上而下的战略落实、自下而上的战略推演
	项目卡片和区域卡片	归档集团内所有子公司或项目的基础信息，跟踪经营状况，实时更新项目数据
	预警展示和风险寻源	监控项目核心指标与启动会、首次全景计划版指标及当年预算指标偏差，并向管理层推送预警通知，通过穿透发生预警的指标，定位公司运营症结点
	项目会议体系	聚焦项目运营价值链关键环节中最为核心的会议，实现会议模板编制、会议发起、会议情景化、会议纪要推送等功能
	敏感性分析	单因子或多因子敏感性分析、标准场景敏感性分析
	风险管理	以业务流程为导向的全覆盖风控体系，实现事前风险预防、事中控制、事后追责的有机衔接
管得怎么样	绩效考核	组织绩效和激励的线上核算、数据分析、实时跟踪等
	巡查管理	线上化巡查管理工作，形成巡查触发有原因、巡查过程必留痕、巡查结果可追踪的管理闭环
	督办管理	完善督办系统功能，实现督办事项来源线上化、督办体系一体化，督办成果可视化

首先，"管什么"是三个评价标准的量化指标体现。从信息化角度来看，它通过指标定义的统一形成对应指标地图，把指标进行逻辑角度的整合、分析，形成分析主题或对应的经营看板。同时，房企还要把指

标量化动起来，对投模和指标进行动态展现。

其次，"怎么管"是日常管理动作和一系列分析报告，包括进行战略推演，形成项目、区域卡片分析报告，展示核心指标运行（比如项目运营会、敏感性分析、风险管控等）。这是日常管理动作以及管理标准量化的体现。

最后，"管得怎么样"是一系列管理场景分析，包括绩效考核、巡查和督办、监控、落位日常管理场景。

1. 管控经营管理关键场景的核心指标

V 企设计了整个指标地图或多维查询，在全集团各条线之间形成运营中心统一管控口径标准，明确所有指标定义，包括计算公式、取数逻辑、统计口径，以及需要关注和评价的具体指标。除三大类标准外，V 企还有四类指标体系，两者结合形成一系列指标。系列指标的核心在于统一数据口径，"用同一门语言说话"，建立起全集团统一的指标管理规范。

2. 保证数据准确性，预实偏差管理

数据模型的搭建逻辑是保障数据准确性，即通过整合公司或项目基础指标进行逻辑计算后，输出核心指标的预演和推演，从而达到预实偏差管理或预控目的。模型测算的核心目的或要求是测得准、算得快、管得住，这也是偏差管理的核心目标（见表 12-6）。

房企通过细化公司、项目多层级数据模型，可以解决数据预测准确性、及时性的问题。同时，以经营目标为导向，公司全范围、项目全周期的多版本运维监控，能够实现预实偏差管理。

表12-6　落位标准的数据模型搭建（模拟数据）

标准策略包　销售模型　成本模型　费用模型　税金模型　利润模型　现金流模型

签约损益表（不含税）　可售物业利润表（报表口径）　可售物业利润表（管理口径）　其他板块利润表（报表口径）　其他板块利润（管理口径）　整体利润表（报表口径）　整体利润表（管理口径）

指标	状态	合计	2019.3	2019.4	2019.5	2019.6	2019.7	2019.8	2019.9	2019.10	2019.11
销售面积（平方米）	业态合计	102 810.40	1 472.24	3 533.89	1 504.02	299.54	715.42	272.52	321.77	460.54	475.02
	—住宅	100 310.72	1 458.24	3 507.89	1 493.02	294.54	708.42	270.52	320.77	455.54	473.02
	——高层	100 310.72	1 458.24	3 507.89	1 493.02	294.54	708.42	270.52	320.77	455.54	473.02
	—商办	2 499.68									
	——底层商业网点	2 499.68									
	—地下室一级业态		14.00	26.00	11.00	5.00	7.00	2.00	1.00	5.00	2.00
	——地下室		14.00	26.00	11.00	5.00	7.00	2.00	1.00	5.00	2.00
房屋结算收入（万元）	业态合计	241 787.04	3 744.83	8 628.37	3 680.06	770.06	1 756.81	671.33	758.42	1 155.94	1 183.66
	—住宅	232 408.09	3 519.83	8 203.37	3 491.56	690.06	1 645.81	619.33	742.42	1 075.94	1 143.16
	——高层	232 408.09	3 519.83	8 203.37	3 491.56	690.06	1 645.81	619.33	742.42	1 075.94	1 143.16
	—商办	6 969.11									
	——底层商业网点	6 969.11									
	—地下室一级业态	2 409.84	225.00	425.00	186.50	80.00	111.00	32.00	16.00	80.00	40.50
	——地下室	2 409.84	225.00	425.00	185.50	80.00	111.00	32.00	16.00	80.00	40.50

整个模型的搭建核心离不开三点：利润指标的核心输出、现金流指标的输出以及核心指标整合。为了输出利润、现金流以及核心指标，前端需要怎样的基础指标（包括成本、销售、合同等），逻辑怎样铺排，数据如何沉淀，每个公司都有一系列标准。构建数据模型可以更好地为不同场景服务（包括动态管理），即落位预控标准系统的核心目的，比如站在 2020 年 7 月去看未来 1 年或 5 年项目如何铺排。如果没有很好的模型输出，实现预实偏差管理就有一定难度。供货合同销售动态分析、现金流动态分析、节点达成动态分析三个分析维度是 V 企落位标准的良好体现（见图 12-8）。

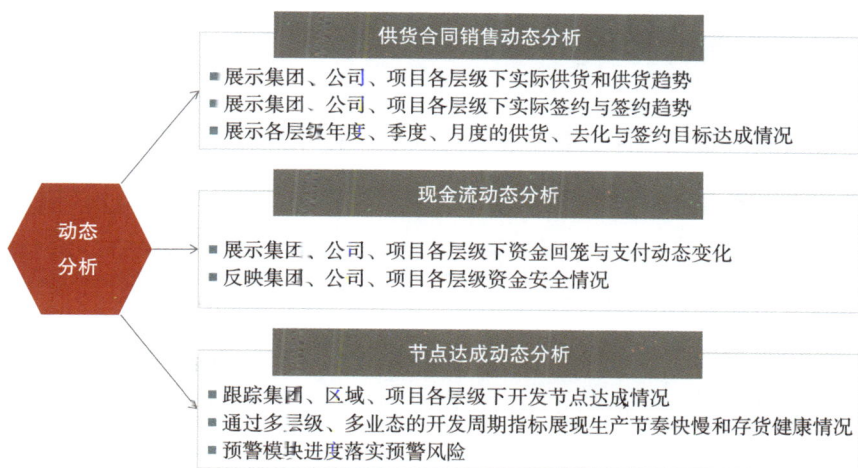

图 12-8　三个动态分析维度

3. 运营风险提前识别，分层级预警

实现预控的重点在于运营风险的提前量。它有一系列核心卡位标准，通过实际数以及对未来策略包的铺排，我们能看出整体项目核心指标的偏差。例如，对于关注项目净利润率的项目，其卡位标准大概是 20%，现阶段项目已经销售一个月。根据首开情况，项目整体净利润率

257

可分为两部分：实际数和预计数。对实际数进行铺排，不仅能够提示风险、提示首开是否达成，还能输出项目整体毛利润率和预计投决会、启动会目标是否有偏差。通过预警等级显示偏差率是多少，对应岗位员工根据偏差等级落地对应的管理措施进行纠偏，这是风险识别和风险预警的目的所在（见图12-9）。

除量化指标提前预警外，进度类、节点类指标也要做预警提醒。比如，里程碑节点、首开时间能否按期完成，可通过前置影响因素来判断。完工进度达到首开条件的时间节点并不见得是里程碑节点，而是根据一级或二级节点能否达成，进而预判里程碑节点能否达成。房企可以从量化指标、进度类指标两个维度，对静态指标和动态指标做出预警，从而构建出整体标准体系的预控呈现。

4. 进行沙盘推演、压力测试和多版本比对分析

在系统里基于落位标准进行沙盘推演、压力测试和多版本比对分析，其核心应用点在于模型搭建以及对应的敏感性分析（见图12-10）。

敏感性分析落位的预控逻辑有三个重要目标或作用。

（1）责任量化：原因追溯，量化定位，对应主责部门。通过责任量化追溯原因，落位职责部门。比如，目前项目的内部收益率没有达标，在将项目计划内部收益率调整为与目标内部收益率一致的情况下，通过模型反向推演营销、成本、计划条线数据变化，监控销售均价、里程碑节点进度、动态成本等核心指标与目标值的偏差。这是反向推演的落位。

（2）业绩路演：模拟沙盘、快速测算，方案对比，决策支撑。通过模拟沙盘修正销售均价、单方成本、节点进度等动态、静态、政策因子指标，正向推演项目的经营目标达成情况，能够为下一步管理动作的跟进提供参考。

公司运营风险预警

项目运营风险预警

区域：集团

状态栏图标注解：● 四级预警　● 三级预警　● 二级预警　● 一级预警

区域	指标名称	货值变化	股东毛利率	股东净利率	股东净利润额（万元）	经营性现金流回正周期延后时间	未售预计均价离出已实现均价的幅度		
江北	A项目	-4%	-3%	-1%	-600	4个月	-6%（住宅-洋房-普通）	6%（住宅-洋房-普通）	6%（住宅-别墅-双拼）
江北	B项目	0	-4%	0	-100	3个月	-6%（住宅-洋房-普通）	6%（住宅-洋房-普通）	-6%（住宅-别墅-双拼）
江北	C项目	0	0	-4%	100	2个月	-6%（住宅-洋房-普通）	6%（住宅-洋房-普通）	-6%（住宅-别墅-双拼）
江北	D项目	-4%	-3%	0	-600	4个月	-6%（住宅-洋房-普通）	6%（住宅-洋房-普通）	-6%（住宅-别墅-双拼）
沔南	E项目	0	0	-1%	-10	0个月	6%（住宅-洋房-普通）	-6%（住宅-洋房-普通）	-6%（住宅-别墅-双拼）
江南	F项目	0	0	-1%	0	0个月	6%（住宅-洋房-普通）	-6%（住宅-洋房-普通）	6%（住宅-别墅-双拼）
江南	G项目	-4%	0	-1%	500	0个月	6%（住宅-洋房-普通）	-6%（住宅-洋房-普通）	-6%（住宅-别墅-双拼）
江南	H项目	-4%	-3%	-1%	300	4个月	6%（住宅-洋房-普通）	6%（住宅-别墅-联排）	-6%（住宅-别墅-双拼）
江东	I项目	0	-3%	-1%	0	4个月	-6%（住宅-洋房-普通）	-6%（住宅-别墅-联排）	6%（住宅-洋房-普通）
江东	J项目	0	0	-1%	0	4个月	-6%（住宅-洋房-普通）	-6%（住宅-别墅-联排）	6%（住宅-洋房-普通）
江东	K项目	0	-3%	-1%	0	4个月	-6%（住宅-洋房-普通）	-6%（住宅-别墅-联排）	6%（住宅-洋房-普通）
江东	L项目	0	-3%	-1%	0	4个月	-6%（住宅-洋房-普通）	-6%（住宅-别墅-联排）	6%（住宅-洋房-普通）

图12-9　落位标准的系统呈现——运营风险预警

收益动态敏感性分析　卡位敏感性分析

成本分析

条件区

开表计划于工程款支付表调整　｜　销售计划与节奏调整

产品类型	销售面积	销售计划				调价节奏							落袋起始单价 (元/平方米)
		第4个月	第5个月	第6个月	第7个月	第1个月	第2个月	第3个月	第4个月	第5个月	第6个月	第7个月	
小高层住宅	227 857	14.29%	14.29%	14.29%	14.29%	14.29%	14.29%	14.29%	14.29%	14.29%	14.29%	14.29%	45 243　+400 44 843
高层住宅	60 665	16.67%	16.67%	16.67%		16.67%	16.67%	16.67%	16.67%	16.67%	16.67%		48 032　+200 47 843
独立商业街	15 610	16.67%	16.67%	16.67%		16.67%	16.67%	16.67%	16.67%	16.67%	16.67%		69 486　+300 69 186

分析结果

销售收入（万元）　296 104　+10,459　计划值：285 645
总成本（万元）　176 000　-1234　计划值：176 000
利润总额（万元）　438 164　+341　计划值：431 623
净利润（万元）　301 092　-1 000　计划值：302 002
销售净利率　30.07%　+0.20%　计划值：29.07%

NPV净现值（万元）　278 403　-1 000　计划值：279 403
总销售收入（万元）　398 725　+0　计划值：398 725
可售方成本（元/㎡）　23 014　+1 010　计划值：22 024
现金流量净值　-569 760　+10 000　计划值：579 760
现金流量回正时间　2019年1月　+1个月　计划值：2018年12月

内部收益率（IRR）　141.72%　-1.00%　计划值：142.72%

	已完成数值	剩余值预计	
销售收入（万元）	235 343	135 343	+400
付地价款（万元）	135 340	35 370	+400
工程成本（万元）	35 232	35 212	+400
其他成本（万元）	35 000	34 050	+400

全周期现金流量分析　—优化值　—启动值　—投资值

金额（万元）：300 000　200 000　100 000　0　-10 000　-20 000

（横轴：2018年5月—2019年5月）

图 12-10　落位标准的对应敏感性分析

（3）压力测试：盈亏平衡分析、极限测试、辅助日常运营。项目极限压力测试工具，是在把模型核心指标或基准值调到最低最坏的情况下，当设定临界点为项目内部收益率等于基准收益率时，反映项目的推演方向，或者制定几个核心指标极限值，以保障项目目标的顺利达成。

大运营管理场景落位的核心在于建立统一的指标管理规范，通过全范围、项目全周期的多版本运维监控，以经营目标为导向，动态分析指标达成，实现预实偏差管理，辅助运营及决策。

总结

V 企的大运营预控管理体系利用信息化手段进行管理场景落位，通过评价维度筛选、数据模型测算，输出核心指标的预演和推演，并进行多版本对比和跟踪，对经营过程有效纠偏，辅助管理决策和日常运营，实现经营智能化、管理智慧化，保障战略目标顺利达成。

第二节　在线激励考核，保障目标达成

在大多数房企利润增速普遍下行的行业背景下，V 企核心利润增速达到 40%，稳居上市房企前列。

在多元化经营模式下，V 企激励考核的实时跟踪和预测体系是一大亮点。该激励方案充分强化人效匹配，让项目目标达成有所保障。本节重点介绍 V 企在住宅开发板块的在线激励方案。

一、基于全周期经营模型的激励方案，强化高周转意识

V企的经营激励方案，以项目全周期经营模型为基础，充分体现项目经营过程中目标达成的激励导向。相关奖罚节点与项目经营管理的核心环节紧密挂钩，表现公司对项目全生命周期各节点管控的需求。V企通过全周期经营模型激励方案，加强项目团队的高周转意识，强化现金流管理，鼓励加快项目周转，提高资金使用效率。

项目全周期经营模型，也叫1234全周期经营模型。其中，1是指现金流回正时点；2是指两个指标，即内部收益率和净利润率；3是指三个模式，即3456、3478、4589（含获取工程规划许可证时间、获取施工许可证时间、示范区开放时间、获取预售证时间），3456对应高周转项目，3478对应快周转项目，4589对应价值型项目；4是指四个业务线条，即项目运营线、开发线、营销线以及资金线。

业务条线管理中涉及的奖罚节点主要包括以下内容。

其一，在前期开发节点中，针对工规证、施工证、示范区开放和预售证四个节点，分别设置相应的奖罚。表12-7中的方案是基准奖金方案，包括前期各个节点发放项目全周期奖金的比例，节点达成后可分配到整体奖金的30%。

其二，供货端每月按照要求达成供货的目标，实现具体到楼栋供货的要求，能够支撑以销定产，就可获取整体奖金的10%。

其三，营销线要严格按照目标去化率和去化周期的要求，完成相应销售额。

其四，资金线要按照相应的节点要求，实现每月销售资金回笼，例如30天回笼40%、60天回笼50%、90天回笼70%、180天完成所有已销售部分资金的回笼。

表 12-7　项目全周期经营模型示例

核心环节	序号	奖罚节点		奖金比例（%）	项目（%）	集团（%）
开发节奏	1	前期节点	3 个月获取工程规划许可证	5	60	40
	2		4 个月获取施工许可证	5	80	20
	3		7 个半月示范区开放	10	80	20
	4		8 个月获取预售许可证	10	80	20
货值	5	运营线：运营节点	每月按要求供货（按楼栋奖励）	10	80	20
	6	营销线：销售去化	每月按要求完成销售额（按月奖励）	16	70	30
	7	资金线：回笼	每月按要求完成销售回笼（按月奖励）	10	70	30
核心指标	8	经营性现金流回正		7	80	20
	9	交付确收		3	80	20
	10	交付满意度		3	80	20
	11	销售均价实现		7	80	20
	12	内部收益率		7	80	20
	13	净利润率		7	80	20
合计				100		

在以上四个环节都达成的情况下，员工可获取项目整体相应占比的奖金。

最后是项目经营成果的指标内容，主要包括现金流、交付和利润。其中，现金流关注的是经营性现金流回正的达成情况，确认交付的满意度是否达到标准，确认售价是否达到最初定价时的价格要求。

如果项目整体内部收益率水平及净利润率控制都按要求达成，员工就可获得相应比例的奖金。

在分配比例中，房企又可把相应节点的奖金按照分配方案分配到项目和集团，再根据不同的具体角色和岗位，设定相应分配比例。

二、实时动态地跟踪目标执行计算绩效奖金

V企绩效奖金的系统应用流程，主要有以下几个内容需要重点考虑。

基础数据获取是基于公司整体组织架构、项目和楼栋信息均与主数据对接后获取相应信息，以此作为整体项目奖金计算的基础模型。奖金计算过程涉及目标设置、执行情况、奖金查询，以及对奖金结果进行优化调整的一系列 PDCA 过程（见图 12-11）。

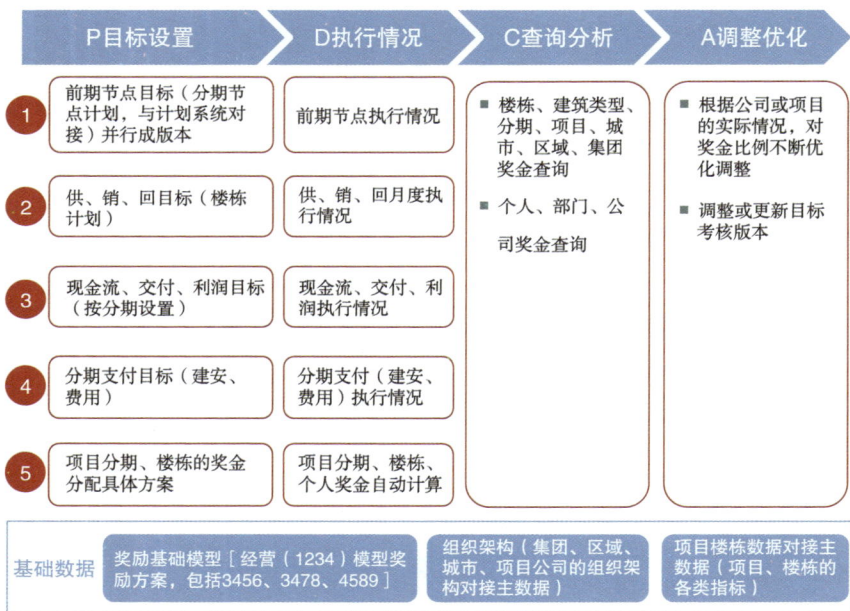

P目标设置	D执行情况	C查询分析	A调整优化
① 前期节点目标（分期节点计划，与计划系统对接）并行成版本	前期节点执行情况	■ 楼栋、建筑类型、分期、项目、城市、区域、集团奖金查询 ■ 个人、部门、公司奖金查询	■ 根据公司或项目的实际情况，对奖金比例不断优化调整 ■ 调整或更新目标考核版本
② 供、销、回目标（楼栋计划）	供、销、回月度执行情况		
③ 现金流、交付、利润目标（按分期设置）	现金流、交付、利润执行情况		
④ 分期支付目标（建安、费用）	分期支付（建安、费用）执行情况		
⑤ 项目分期、楼栋的奖金分配具体方案	项目分期、楼栋、个人奖金自动计算		
基础数据	奖励基础模型［经营（1234）模型奖励方案，包括3456、3478、4589］	组织架构（集团、区域、城市、项目公司的组织架构对接主数据）	项目楼栋数据对接主数据（项目、楼栋的各类指标）

图 12-11　V 企绩效奖金系统业务应用流程

在目标设置中，房企可对各个甲供项进行灵活设置，例如在供货节点，根据当前值设定每月要供的目标值，以此为基础计算是否能够提取或足额提取这笔奖金。同时，房企也可设置一定的分配比例，一线和总部、各角色和业务线条之间的分配，都可以设定相应参数进行灵活

配置。

当目标设定好后，房企可在系统中实时动态地跟踪目标执行情况。针对主要管控目标，房企可以从其他业务系统抓取相应指标的实际发生数，对比目标设定的数值，使系统可以自动计算各个环节的相应奖金额，并分配到各组织甚至个人头上，从而使奖金计算明确和细致。

在奖金金额算出后，系统可支持多维度、多层级奖金金额查询，包括奖金计算过程（比如奖金目标和实际奖金对比），并支撑管理层实现多角度经营管理分析和相应调整需求。

最后，房企可根据不同项目或项目历史情况，调整奖金比例，针对不同版本目标设定进行考核更新，进而不断完善奖金系统方案，使奖金优化方案有数据基础。

三、奖金分配细化至基础岗位，激励明确到人

项目全周期经营模型主要有三类奖金计算模型，它们是根据三类不同项目的分类来设置的。它们不同的地方在于对项目的定位，即前期四个关键节点（工规证、施工证、示范区开放、预售证）的差异。房企可在集团给定奖金比例范围内根据项目情况调整：3456（高周转项目）、3478（快周转项目）、4589（价值型项目）。

根据前期节点要求，只要达到要求，员工即可提取 30% 的奖金。在具体设定奖金的时候，房企可根据不同节点，按照项目情况，把这 30%分配到各节点中，比如：工规证时分配 5%，施工证时分配 5%，示范区以及预售证时各分配 10%，根据项目基础情况调整分配比例。

在每类模型中，项目均包括 13 个奖金项。各奖金项会设定相应的目标要求，奖金比例及分配方案均作为项目参数，在集团规定范围内有限度地调整，进而满足奖金计算的灵活性。各奖金项 = 奖金基数 × 奖金比例 × 分配比例。

　　此外，奖金计算模型中的分配方案支持层层细化的分配比例设置，其整体表现为分配对象细化到整个组织架构中最基础的岗位，奖励计算精确到员工个人（见表 12-8）。这也使得奖励更加有力和透明化，能够强化激励力度。通过奖励分配的精细化，房企也可支撑相关经营激励数据分析，从而不断地优化奖金分配方案。

表 12-8　公司节点奖励分配示例

	分配对象	建设工程规划许可证（%）	建设工程施工许可证（%）	示范区开放（%）	预售证获取（%）
总部中心节点奖励分配	总经理	50	50	—	
	设计院负责人	30	30	—	
	运营中心总经理	20	20	—	
	示范区、研发中心、工管中心、园林公司、成本中心、采购中心、运营中心总经理			10	
	工管中心总经理	—	—	—	40
	采购中心总经理	—	—	—	30
	运营中心总经理	—	—	—	30
一线公司节点奖励分配	总经理	35	35	35	35
	报建分管领导	25	25		
	设计分管领导	20	20		
	报建部门负责人	10	10		20
	设计部门负责人	10	10		
	展示区分管领导	—	—	30	
	工程分管领导				15
	项目部	—	—	25	20
	工程、成本、采购、设计负责人			10	

　　在实践过程中，房企还可根据实际情况不断调整奖金计算目标版。比如，根据历史奖金发放情况匹配项目实际经营情况，或根据个人表现

优化目标方案。在选定奖金计算目标版本的同时，房企可通过对比各种版本之间的差异，辅助决策判断，预估激励作用，从而相应地调整不同版本作为奖金目标版（见表 12-9）。

表 12-9　前期节点的版本对比示例

计划名称	计划完成日期		
	拿地版	启动版	方案版
获取工程规划许可证	2020/3/1	2020/5/1	2020/7/1
获取施工许可证	2020/4/1	2020/5/1	2020/5/1
示范区开放	2020/7/20	2020/7/20	2020/7/30
获取预售许可证	2020/8/1	2020/8/1	2020/8/1

四、预测可实现的奖金情况

在实际执行过程中，房企通常需要有针对性地获取相关业务数据，带入奖金计算目标版本的目标值，对比计算得出各奖金项的实际执行情况以及未来预测情况，以此作为奖金计算、奖金分配调整的分析依据。

从表 12-10 可以看出，根据供、销、回三个不同过程管理中的节点，我们既可以看到过去的业务数据，如 3 月份目标值与实际达成值以及相应提取的奖金金额，也可在未来月份（如 4 月份）比对目标情况，预测可实现的情况，从而进行相应的奖金预估。

根据目前走势，房企可以预判下月奖金是无法计提的。在精确明细的奖励推动情况下，房企可以很明确地激励项目团队和员工个人，促使他们调整自己的工作方向，完成相应工作要求，进而实现奖金提取。

表 12-10 供销回执行情况示例

指标项		3 月		4 月		……
		目标	实际	目标	预测	
供	可售面积（平方米）	10 000	12 000	10 000	9 000	
	单价（元/平方米）	20 000	20 000	20 000	20 000	
	供货金额（万元）	20 000	24 000	20 000	18 000	
	奖金比例	5%	5%	5%	0%	
	奖金额度（元）	25 000	25 000	25 000	0	
销	销售面积（平方米）		8 000	10 000	9 000	
	单价（元/平方米）		20 000	220 000	23 000	
	销售金额（万元）		16 000	220 000	20 700	
	奖金比例			5%	0%	
	奖金额度（元）			25 000	0	
回	回款金额（万元）			8 000	9 600	
	奖金比例			5%	5%	
	奖金额度（元）			30 000	3 000	

五、奖金预测查询：提升员工积极性和管理效率

1. 充分实现对项目成员的激励作用

在应用过程中，奖金计算结果分析可充分实现对项目具体成员的激励作用。员工可在系统中实时查询自己的奖金（见表 12-11），明确了解并追踪所在项目的实际奖金发放情况，以及该奖金是如何达成的。这可以促使员工评估自己目前的工作情况，积极调整他们的工作方向或工作内容，判断自己是否与公司项目管理经营相匹配，有助于员工个人进行工作调整。

表 12-11 项目成员奖金查询示例

奖金总额：12.3万元	可发放 5.3万元	项目 A			项目 B			项目 C		
		目标（元）	可发放（元）	预则（元）	目标（元）	可发放（元）	预则（元）	目标（元）	可发放（元）	预则（元）
前期节点	3个月获取工程规划许可证	20 000	0		20 000	20 000		20 000		
	4个月获取施工许可证	10 000	10 000		5 000	0		8 000		
	7个半月示范区开放									
	8个月获取预售许可证									
运营线：运营节点	每月按要求供货（按楼栋奖励）									
营销线：销售去化	每月按要求完成售额（按月奖励）									
资金线：回笼	每月按要求完成销售回笼（按月奖励）									
现金流交付利润	经营性现金流回正	20 000		0	10 000		10 000	10 000		10 000
	交付确收									
	交付满意度									
	销售均价实现									
	内部收益率									
	净利润率									

同时，员工可以直接查询个人预测获取的奖金情况，对于预测奖金可直接追溯到具体考核目标及分配比例。绩效奖金具体数据计算和结果呈现，能够驱动员工采取更加有力、有效的业务决策，推动他们调整自身工作。房企也可通过该奖金模块，及时反映组织绩效变化的动态。

预测奖金结果反映的是公司对项目运营的要求，将促使员工及时跟进相应动态变化，促进员工更加关注公司对项目管理的要求，提高员工及各部门与公司之间的运营协同效率，有助于提升员工本身工作的积极性。

2. 提升组织绩效管理的质量与效率

对于房企来说，管理层可借助奖金计算的结果分析，提升相应绩效管理质量和效率。通过分层级、分不同维度的汇总，管理层能够实时或者定期分析目标达成以及目标完成情况，进而对奖金情况做相应的对比和分析（见表 12-12）。

表 12-12　项目奖金情况汇总分析示例

项目	项目类型	前期节点				运营节点	销售去化	回笼	现金流、交付、利润			小计
		3个月获取工规证	4个月获取施工证	5个半月示范区开放	6个月获取预售证	供货（按楼栋奖励）	销售额（按月奖励）	销售回笼（按月奖励）	经营性现金流回正	交付确收	交付满意度	
项目A	3 478	4	5	6	7	8	9	12	13	10	13	87
项目B	3 456	5	7	6	8	8	9	12	13	10	13	91
项目C	4 589	6	8	8	8	8	9	12	13	10	13	95
项目D	3 478	7	5	8	8	8	9	12	13	10	13	93
项目E	3 456	8	9	6	7	8	9	12	13	10	13	95
项目F	4 589	4	6	9	8	8	9	12	13	10	13	92
项目G	3 478	5	7	5	10	8	9	12	13	10	13	96
项目H	3 456	6	8	6	10	8	9	12	13	10	13	95
项目I	4 589	6	5	6	7	8	9	12	13	10	13	90
项目J	3 456	4	5	6	7	8	9	12	13	10	13	86
合计		55	65	70	80	80	90	120	130	100	130	920

例如，有些节点的要求太高，员工难以达到要求，导致奖金分配和奖金提取比较少。再者，如果有些节点能够按时完成或超额达成，那么在这种情况下，管理者是否可以调整相应目标，形成奋斗版或挑战版目

标，稍微提升项目团队要求。管理者可以通过相应的数据支撑，来做管理决策。同时，通过奖金报表的输出，管理者也可相应地支撑奖金方案的调整，还完善了项目及公司的经营管理。

六、绩效应用的优化：更加直观地呈现奖惩预测

V 企绩效方案的应用，体现的是很细致的数据层面内容，直观和直接地呈现奖惩预测，通过奖惩跟踪放大激励效应，强化员工个人绩效（见图 12-12 ）。

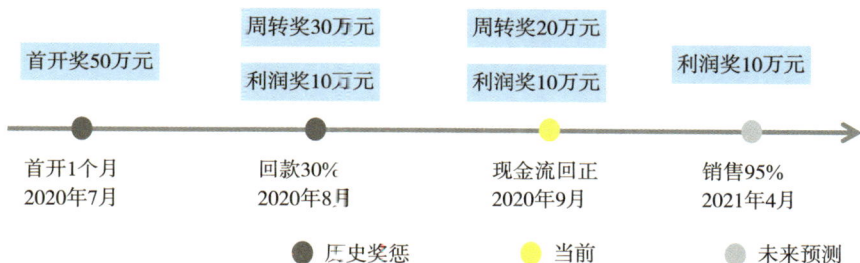

图 12-12　项目层级奖惩跟踪示例

例如，看板或个人工作区可以直接呈现员工目前实际已经获得的奖金情况并预测未来奖金情况。如果有惩罚，那么看板或个人工作区也要进行不同预警的呈现，这种方式对员工和公司管理层有很直观的刺激作用。

除了采用直观呈现方式，房企还可对奖金项进行排名，公开、透明地发布奖金项排名。这种方式同样可以充分激发员工工作的热情，让他们看到别人的优秀，从而产生对比心理。房企也可在看板的基础上实时刷新当前考核数据，通过预警指导一线调整业务策略。

总结

　　V企的经营激励方案，把项目运营节点与绩效管理严格挂钩，通过信息化建设充分强化了人效匹配，实现了奖金分配精细化，更加明确地激励了项目团队和员工个人，从而使得在高周转模式下项目各个环节的目标达成有所保障。

　　在绩效奖金计算过程中，V企实时动态地跟踪目标执行并预测未来奖金情况，对奖金结果进行优化调整，使激励方案更加灵活，提升了员工积极性和公司管理效率。

4

建设篇

各房企对大运营管理的理解各有千秋，但本质上是相通的。大运营管理的落地在各房企都会遇到相似的瓶颈：一是管理机制如何保障，二是数智化工具如何实现。

房企的运营部目前都"兼并"了原来的 IT 中心（现在很多企业称之为数字管理中心），除了承载了业务统筹协调的使命，它还必然承载了企业数字化转型、用 IT 手段实现大运营管理的使命。在实践中，大家都会面临一些问题：运营部到底能干些什么？如何摆脱繁杂的数据整理工作，真正体现管理绩效和岗位价值？

首先，房企要梳理管理场景，全面做好各业务条线的权责匹配、考核落地。其次，房企要配置优秀的建模运算工具，真正用数据说话，用指标评价，让各业务线和运营管理线形成合力，共同为企业的战略和经营目标服务。

第十三章

场景设计与管理规则设置

通过丰富的案例实践，爱德地产研究院在数字化咨询服务领域形成了比较成熟的方法论。

本章重点介绍场景设计和管理规则设置这两个部分，相对复杂，专业要求比较高。

第一节 场景设计：数字化经营的第一步

场景设计通常是在调研之后进行的，包含高层需求的分析、场景的识别以及场景方案的规划。

场景设计，即数字化规划最终会用在哪些业务上。这些业务需要跟软件的界面、功能做相应匹配——有些场景需要设计，有些场景需要识别，只有这样，软件、系统的服务才能匹配业务的需求。

场景设计是做数字化经营的第一步，是整个工作的起点、出发点以及未来的工作内容。我们通过介绍两家企业的案例，对场景设计进行具体分析。

一、Z 企：五大场景对应五个主体

2015 年，Z 企提出要做智慧经营分析，需要识别什么时候做经营分析、分析什么、谁来做。这就是场景设计的核心内容。

通过调研分析，爱德地产研究院识别出了五个主体，即集团、房地产公司、事业部、区域公司本部、区域公司业务部门，每个主体都要做五种类型的分析（见表 13-1）。

五个主体对应的五大应用场景如下：一是经营监控；二是风险管理；三是业务监控（由不同业务专业线的领导负责监控）；四是预警（不同级别人员会看到不同的预警）；五是市场及对标信息分析。五大场景对应五个对象，因此房企要识别的内容就有 25 个单元。

经营监控是核心，主要包括 KPI（关键绩效指标）、经营指标和关键事项监控。

表13-1　Z企业智慧经营分析的五大应用场景

	❶ 经营监控		❷ 风险管理	❸ 业务监控			❹ 预警	❺ 市场及对标信息
	KPI指标	关键事项		业务指标	进度节点	项目监控		
1.集团	√（下级）	√（下级）	√（下级）	√（部分）	√（项目类、部分）	×	√	
2.房地产公司	√（本级、下级）	√（本级、下级）	√（本级、下级）	√（部分）	√（项目类、部分）	×	√	
3.事业部	√（本级、区域）	√（本级、区域）	√（本级、区域）	√（部分）	√（项目类、部分）	×	√	√（共享）
4.区域公司本部	√（本级、下级）	√（本级）	√（本级）	√（详细）	√（项目类、部分）	√（项目投资目标监控）	√	
5.区域公司业务部门	√（本级）	√（本级）	√（本级）	√（详细）	√（项目类、详细）	√（项目投资目标监控）	√	

　　KPI 是考核经营指标，也是公司最关注的指标。经营指标是核心经营指标，通常又分为项目型经营指标和企业型经营指标，关键事项主要是督办事项。这就是该企业的经营监控场景，所有的工作都要围绕着场景开展。

　　例如，该企业在月度经营分析会议上，需要打开系统关注经营监控场景的指标。集团要分析整个公司的经营、市场对标和各个事业部的经营。各个事业部要分析 KPI 完成情况、存量项目的货值、投资情况、销售情况和回款情况。

　　具体来看，图 13-1 所示版面是投资事业部的业绩汇报，展示的是该事业部的投资情况。其中关注的指标有：当年投资规模、累计投资规模、各个区域投资规模、每个月投资规模的增加情况以及投资产品和投资合作方。

　　在没有智慧经营分析系统前，Z 企开月度运营会就是按照这些指标进行分析的。因此，数字化展现要匹配企业线下开会的方式和常年积累的经营分析习惯。

　　这就是场景的识别，即通过企业线下工作的需求、线下工作的习惯、关注的指标和分析的维度，把场景识别出来。然后，整个系统的建设都围绕它来开展。

二、V 企：五类管理八大场景

　　V 企的场景识别是关于项目经营监控的（见图 13-2）。

　　从横向来看，一个项目的周期是从投决会到启动会再到开发后评估会的。

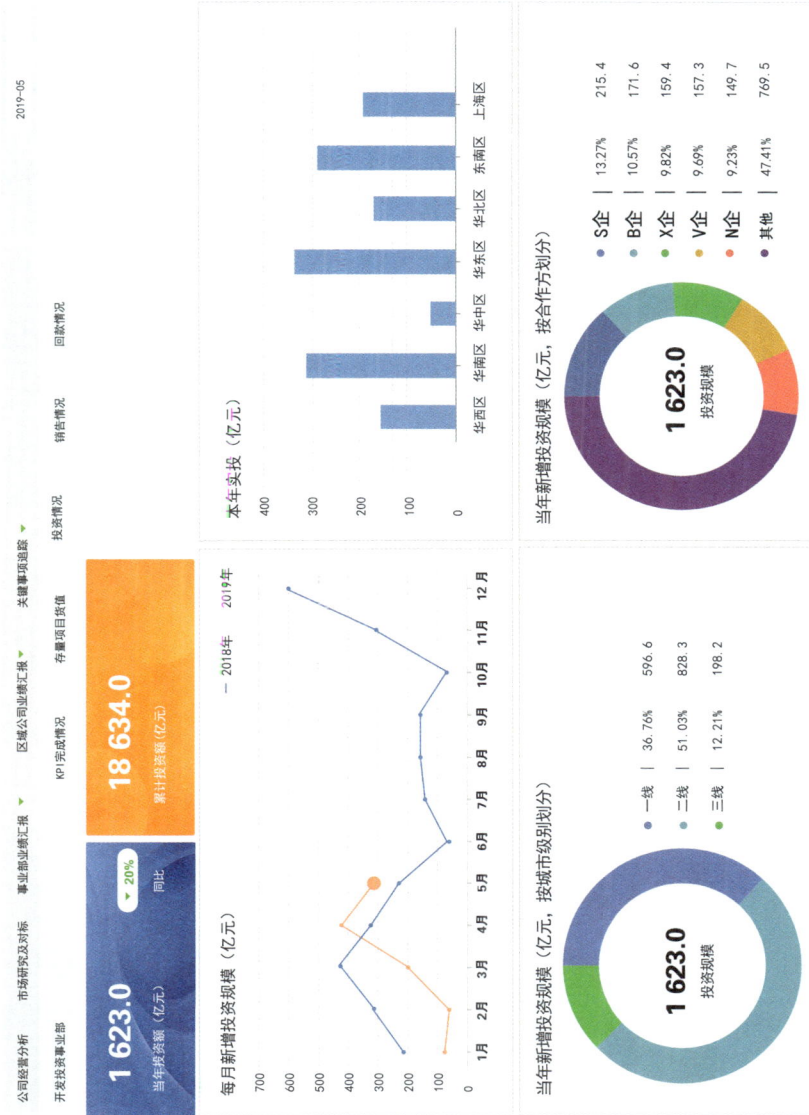

图 13-1 某事业部的投资情况汇报页面

279

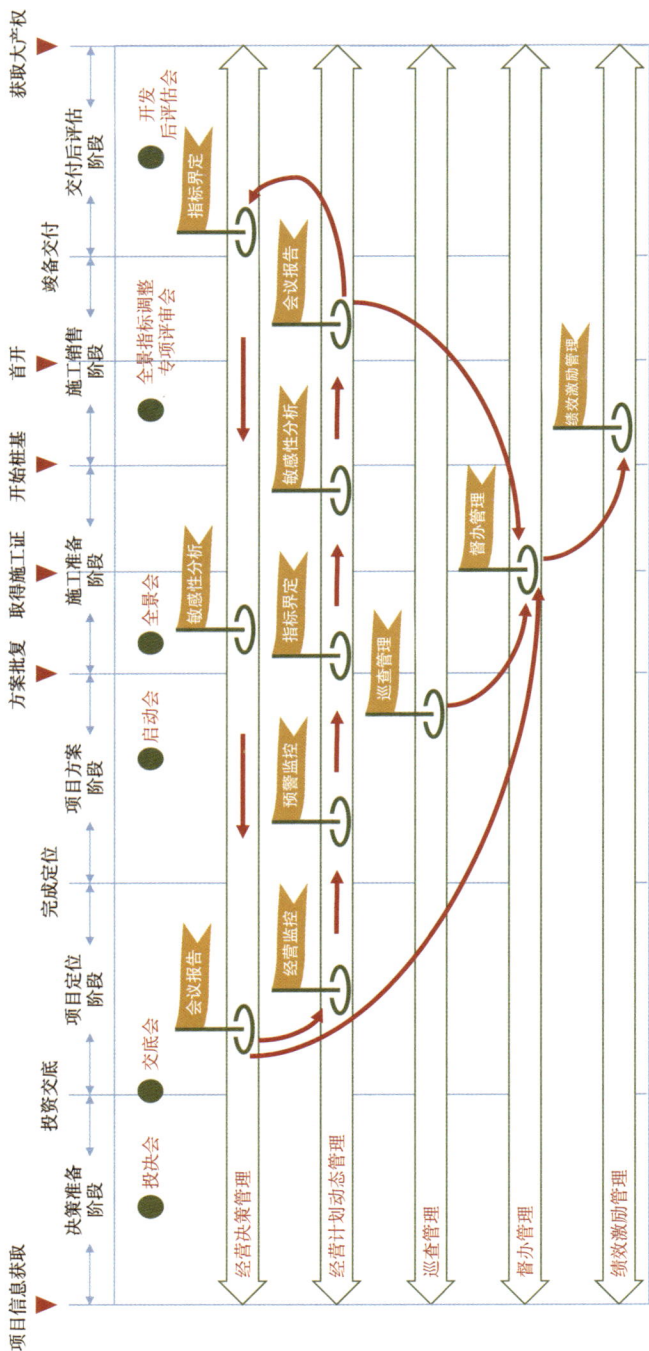

图 13-2 V 企项目全价值链五类管理八大场景

从纵向来看，全价值链有五类管理。第一是经营决策管理；第二是经营计划动态管理，即项目经营的预算或者项目经营的测算；第三是巡查管理，即总部对各个分子公司以及项目、专业开展的情况检查；第四是督办管理，即重要事项的管理；第五是针对考核激励方面的绩效激励管理。

这五类管理跟开发环节匹配，具有多种应用场景的规划。

三、场景识别：线下场景需跟线上系统匹配

在项目经营决策管理中，对应的场景是会议报告、敏感性分析和指标多维查询，这就是在管理范畴内可能用到的场景。

经营计划动态管理首先要用到经营监控，即监控每个项目的情况。经营计划动态管理之后用到的是预警监控，包括预警指标和阈值，最后开展多维查询、敏感性分析和会议报告。

企业要做什么样的管理，主要的场景是什么，以及哪些场景会跟系统信息化匹配（匹配的场景优先上线），这就是整个系统蓝图规划需要重点考虑的因素。它的识别需要有一定的专业背景，而且对系统有相应的了解。有些系统对线下工作没有多大价值，有些系统却能发挥巨大价值，比如大量数据的多维查询、敏感性分析和经营监控。

线下通常碰到的场景，比如开会，在系统上很难管理起来。因为开会是一种沟通机制、决策机制或者协调机制。如果是远程会议，房企通过会议系统就可以解决。如果是现场会议，数字化在这方面的作用就非常有限。

因此在场景识别时，识别的场景是会议的报告，而不是会议本身。会议本身非常重要，但在线上产生的作用和转化的效果很小，所以这个场景没有被放进来。

巡查管理也一样，更多的是过程中的巡查、沟通和交流。巡查管理

规划的是计划和最后结果管理。抛开软件本身，真正的巡查管理更偏向巡查问题、交流和整改。巡查过程很关键，前期策划也很重要。

在做场景识别时，房企需要把系统中能发挥最大价值的部分和业务管理的实际情况做一定的匹配，从而确定软件需要上线和服务的场景。

四、预警场景方案规划：查看预警、风险寻源、形成重点管理清单

在 V 企的场景设计中，例如在做预警场景设计时，房企需要对预警做更细致的规划。这并不是说识别完场景就结束了，这种场景需要继续进行分析，从而尽量让软件场景匹配线下场景。

V 企原来并没有做过预警监控，预警监控场景是一种新创立的场景，需要构建它的主要功能以及子公司和集团公司之间的关系（见图 13-3）。

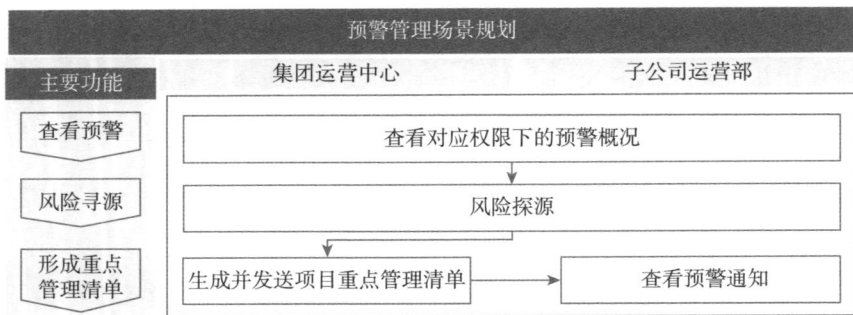

图 13-3 V 企预警场景方案规划

预警场景的第一个功能是查看预警，先要识别出预警的指标和阈值。预警场景的第二个功能是风险寻源，即看到预警后，分析预警产生的原因，把预警源头找出来。

预警场景的第三个功能是形成重点管理清单，找到风险源头后，总结形成主要的管理清单，对最容易预警的地方做相应的识别和分析。

这个清单是否关闭？预警给谁了？谁在执行？预警时间和等级是什么？相应责任人需要对预警做对应处理，随时跟进处理记录和关闭情况，然后对预警进行销项（自动或者手动），这就是主要功能的逻辑。

这些动作实际上是预警机制设计，设计的要点包括指标、阈值、预警对象、处理机制、权限、流程、职责等。风险寻源是设计指标分解路径，用于识别引发预警的原因。之后，预警机制生成重点工作清单，相关责任人可以把重点工作输进去。相关责任人就可以查看到预警通知，接收到预警管理清单，然后做销项管理。具体细项的内容还要继续规划，待规划完成后，软件就有对应的功能，这就是场景设计的意义。

综上所述，场景设计作为数字化经营的第一步，其核心要素就是场景识别。我们在根据企业高层需求（包括企业线下工作内容、习惯、关注指标和分析维度等）进行场景识别时，需要注意线下场景跟线上系统的匹配性。

在识别出场景后，整个线上系统的建设（比如软件界面、功能的设计）都围绕场景开展。我们还需继续分析场景，做细一步的规划，形成场景方案。

第二节　管理规则设置

在场景一定的情况下，我们要梳理场景对应的管理规则。

例如，V企在巡查管理上，应对管理内容和巡查时间设置标准。如果没有标准，房企又想做巡查管理，这就涉及巡查机制的构建。

巡查机制要说明巡查时间、巡查人以及巡查问题的整改。V企有综合巡查、专项巡查和例行巡查，V企对这三类巡查的具体要求和程序做出了规定。

一、与场景对应的管理规则设计

以爱德为 V 企规划的五大管理规则为例，首先我们要梳理出该企业项目投后运维所需要的五大场景，即项目投资决策、投资指标监控、投后运营管理、项目健康评价和考核激励（见图 13-4）。

项目投资决策场景与项目投资管理机制相对应，有投资管理相关的制度与规则。

项目投资管理机制包含投资指标体系、指标跟踪与预警，这是投资指标监控所需要的。因此，一个机制可能会实现两个场景，机制与场景并不是一一对应关系。

投后运营管理涉及投后经营分析、预警机制和货值管理机制，这个场景是由两个管理机制来实现的。

项目健康评价对应的管理机制是项目经营风险预判机制，考核激励项目经营评价机制。

图 13-4 还反映了实现这些管理机制需要规划的功能，例如，项目投资管理机制涉及的功能包括项目投资决策模型、投资测算、投资敏感性分析、投资指标跟踪、投资指标预警。

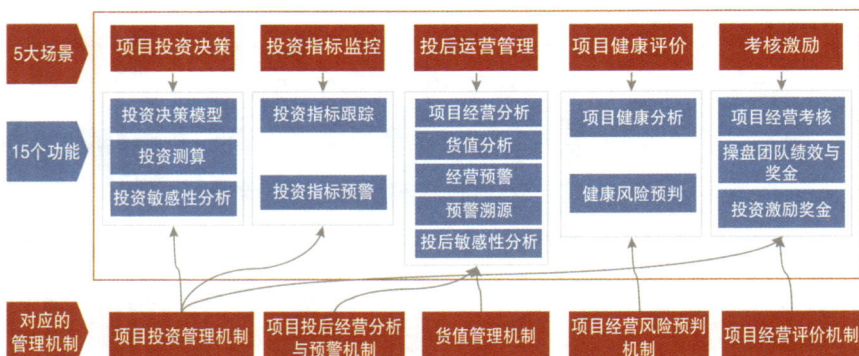

图 13-4　V 企五大规则

为了服务场景，软件系统要构建相应的机制和软件功能，才能有机地结合企业管理需求落地管理规则。

二、指标梳理与设计

通常，构建管理机制会涉及指标。因为高管层最终的抓手很多都是指标，机制、奖惩以及指标的预警都会长在指标上，所以指标梳理与设计是关键工作。

指标梳理的前提是把指标找出来，为经营服务的指标不同于业务指标，指标也要为场景服务，要与管理机制有机结合。通常，我们所说的指标是指经营管理指标，它服务的对象大部分是经营管理层，通过高层往下逐渐传递，可以分解到更多、更细的业务指标。

1. 指标识别的方法

首先，我们要把指标的全集找到，确保指标没有遗漏。然后，我们需借鉴行业的经验，做指标的增加或去重。最后，我们再做指标的应用和分析。

爱德探索出了六种找指标的方法（见图 13-5 ）。

6 问题导向法　　1 价值树法

5 专业线分解法　　2 经营分析主题法

4 生产要素法　　3 经营要素法

图 13-5　爱德指标识别的六种方法

一是价值树法。这种方法根据企业追求的价值（如快速发展、高利润等）分解出一系列指标。这种方法适合于各类型企业，优点是适用面较广，即便是新业务也能用这种方法寻找指标；缺点是在寻找指标时，如果不懂这个行业，对行业指标的适用性就会打折。

二是经营分析主题法，即要做什么分析，分析的主题是哪几个类别。通常，房地产行业要做货值分析、现金流分析、项目利润分析。包含的指标就基于这种分析来做梳理和分解，我们需要把这些指标找到。

三是经营要素法。房地产行业的核心经营要素通常包含土地、资金、人力等，房企基于这些要素分解相应的指标。

四是生产要素法。房地产行业的生产要素是储、建、供、销、存，基于这些要素分解出的指标对生产过程的把控比较突出，贴近房地产发展的需要。一些生产要素分析的指标（比如开销比、存销比）是货值管理、生产管理中非常关键的指标，贴近企业生产管理的需要。

五是专业线分解法，常见的指标有财务指标、设计指标和成本指标等。在寻找这些考核指标时，我们通常会较为方便、直接。但在经营管理上，我们一般还要从跨专业的角度来找指标。该种方法往往只看专业本身的指标，因此它也具有局限性。

六是问题导向法，即根据企业想解决的问题找相应的指标。例如，企业要解决快速发展、快速回笼现金的问题，如果找到的是高利润，就会引申出一个核心的问题。围绕核心问题分解出要想实现高利润，我们就要有高收入和低成本。我们再根据如何做到高收入、低成本，分解出细项的指标。用该方法找指标能够迅速解决企业当前关注的问题，指标的针对性很强，但全面性稍弱。

在找指标时，这几种方法可以同时应用，也要借鉴行业标杆企业的指标。

2. 指标分类分级

找到指标后，我们通常要对指标进行分类或分级（见图 13-6）。

通常，指标是按专业或企业的大类来分的。专业分类指标的管理属性比较强，比如投资类指标、销售类指标、进度类指标和财务类指标。如果企业想实现有效的指标分解和应用，那么这种分类方法往往还不够。

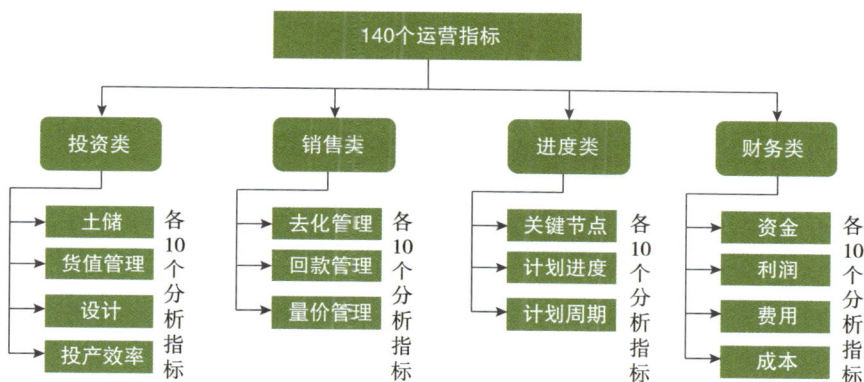

图 13-6　V 企的指标分类

比如货值这个指标，销售货值或存货货值不一定适合归纳于投资类。因此，对指标进行分类时，除了按照专业来分外，我们还可以按照指标应用来分类。

通常，我们还会按照组织层级来分，比如决策层关注的指标、管理层关注的指标和业务层关注的指标。通常，这种指标有一定的重复性，比如业务层关注的指标，包括自己关注的指标和管理层关注的指标。也就是说，业务层可能要关注所有的指标，因为对于高层关注的指标来说，下层一定要关注。

3. 指标结构的设计

指标的分类或分级，说到底是指标的结构划分。结构的梳理一定要结合企业指标的应用，通常指标结构可分为四个类别（见图 13-7）。

一是专业结构，比如设计指标、工程指标、成本指标。二是管理层级结构，比如决策层的指标、管理层的指标。三是分析逻辑结构，比如要做去化、供销存分析，就要关注供销的比重和结构，这叫分析逻辑。四是相关性结构，即指标的关联图谱或指标的血缘关系。

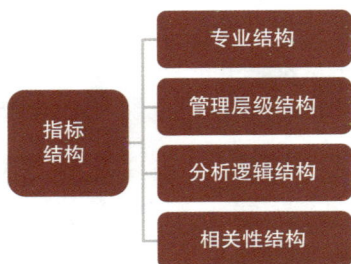

图 13-7　指标结构的四种类别

在应用中，特别是在经营监控运营过程中，分析逻辑结构比较常见。以分析签约金额为例，签约金额是由总供货和综合去化率组成的。总供货又分为初期存货、存量项目供货和增量项目供货，去化又分为存货去化、新开去化和当月去化等。

这样一层层往下分解，就是对经营管理或高层关注的指标的分析逻辑。在经营分析构建和数据经营上，这是一种很关键的逻辑。因此，爱德主张按照这种方式来做相应的结构拆解。

相关性结构应用的场景通常是在所见指标为单个的情况下，提示指标的应用者，跟该指标相关的指标有哪些。有些指标关联性强，有些关联性弱。

例如，利润 = 收入 - 成本 - 税金 - 费用，这些指标的"血缘"关系很近。收入包括房地产开发收入、物业管理收入、物业咨询收入，还可能跟项目数量有关，不过这种关系稍远。

在为一家企业构建指标图谱时，爱德标注了指标三代之内的亲属关系、血缘关系，与中心指标相连的三代指标都可以关联出来（见图13-8）。管理层在看到这个指标时，就会提醒自己再关注另外有关联的指标。

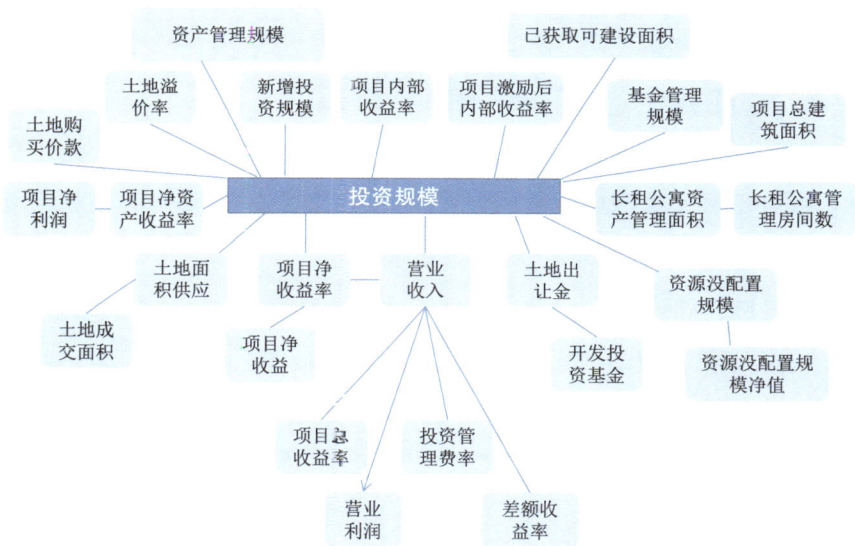

图13-8　某企业的指标图谱

4. 指标结构的应用：层层分解，解决问题

指标结构的构建对于经营分析有实实在在的作用。爱德构建了这些指标族和指标体系，根据经营关注的核心指标，在二级指标中还会细化到资金支出。融资、税费、成本费用及分摊等，都要考虑在这些指标之内。

关于指标结构的应用，我们以一家企业为案例进行具体分析。通过经营App（软件程序）的看板，我们可以看出这家企业关注去化率、存销比。

存销比由存货和销货计算得出，存货又可拆解为新供存货和库存存货。根据新供存货和库存存货去化率计算可得，该企业的综合去化率为26.5%。销售也一样，在分析销售渠道时，我们可以看出它是自销、中介销售还是全民经纪人销售，这也是一种分解关系。

在经营看板数据页面中，该企业未回款的原因可以从条形图中看出，造成未回款的原因有七个：一是未达标草签；二是形象进度未达标；三是未做按揭；四是做了按揭没有放款；五是全款分期；六是限价草签；七是问题件。

实际上，未回款还可分为正常未回款和逾期未回款。在未回款金额里，我们应重点关注逾期未回款金额。只有层层分解，我们才能具象地知道问题所在，然后聚焦问题、解决问题。

项目投模指标有启动会版和动态版。动态版是每个月测算的指标，跟启动会版指标做比对时会发现它的偏差。项目核心经营指标包括效率指标和盈亏指标，以此可做效率和盈亏分析，这就是指标层级的应用。

找指标时，我们应该把这些指标找出来。比如，企业需要找的指标有限价草签的金额和未达标金额，在梳理指标时，我们就应该把它们梳理出来。

5. 指标的等级：五级指标的金字塔型结构

一家企业在做项目经营监控时，构建了五级指标结构（见表13-2）。

一级指标找出了 6 个结果性指标用作预警，这些都是需重点关注的指标。一般企业预警的指标就是核心指标。如果预警指标太多，企业就会发现在某件事还未达成之前，一连串的指标都会发出预警。一个指标的变动可能会带来其他影响，比如面积的衰减可能会影响货值、销售额、现金流回正。这些预警同时发出的时间一长，企业可能就会麻木，并且不知道重点和源头在哪里。因此，预警的指标不在多，而在精。

表 13-2　某企业的五级指标结构

一级指标	6 个结果性指标	货值、股东毛利润率、股东净利润率、股东净利润额、经营性现金流回正周期、未售预计均价
二级指标	13 个投资跟踪指标	销售毛利润率、地货比、销售净利润率、销售内部收益率、第一年签约比例、次年签约比例、经营性现金流回正、销售部分开盘周期、次年结算比例、第三年结算比例、销售占比、运营第三年成本收益率、整体内部收益率
三级指标	9 个运营节点及 26 个全周期运营指标	
四级指标	项目测算指标	
五级指标	业态测算指标	

二级指标是投资指标，跟场景相关。投资指标是企业在投资拿地后，重点跟踪的指标，即投资管理机制。在投资管理机制中，对投资指标的关注是企业的一个场景。这个场景的指标作为二级指标，一共有13 个。

三级指标是细化到每个项目的关键运营节点和整个项目全周期运营指标。该企业关注的运营节点指标有 9 个，全周期运营指标有 26 个。每家企业都会有项目核心指标，关注的指标数量和内容需要挑选出来，否则就无重点可言。

四级指标是项目测算指标，它的核心指标比较多，有些是经济指标，有些是面积指标，有些是其他指标，比如成本、单方指标等。

五级指标是多业态测算指标。一个项目是由多种业态组成的，不同业态之间存在差异，比如商业和住宅的指标就不同。

这家企业形成了五级指标的金字塔形结构，越往下层关注的指标越多，越往上层指标越聚焦。

三、看板设计：指标展示设计

1.明确指标分析需求，进行页面布局设计

接下来，我们要进行页面布局设计。我们需要根据已经选择的分析方法，明确指标分析需求，制定页面布局规范，最终形成统一的页面布局形式，这样便于有效展现平台内容。

如图 13-9 所示，页面布局主要采用"卡片 + 趋势分析图 + 结构分析图 + 报表"的方式，能满足基础分析、趋势分析、结构分析、关联分析等多种需求。这种页面布局方式可以在各种维度下对指标的结果进行展示，同时可以穿透层级一直追踪到最原始或者最基础的指标。

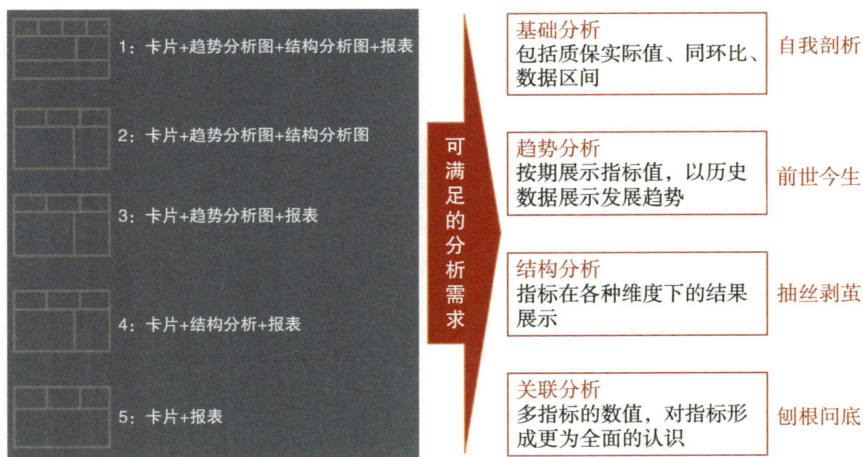

图 13-9　页面布局设计的展现形式及作用

2. 根据指标和维度形成各种分析主题

通常，从业务或者企业需求角度进行主题分类，有利于搭建数据仓库，也符合业务人员的操作习惯。

实践中比较常见的方式是，根据指标和维度形成各种分析主题，比如从业务角度可形成销售分析、运营分析和财务分析主题，或者从计划、成本等角度形成相应的分析主题，最后将这些分析主题在界面上分类展现（见图 13-10 ）。

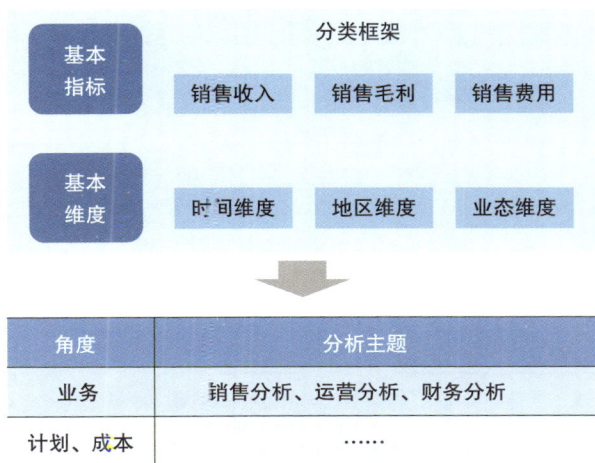

分类框架

| 基本指标 | 销售收入 | 销售毛利 | 销售费用 |
| 基本维度 | 时间维度 | 地区维度 | 业态维度 |

角度	分析主题
业务	销售分析、运营分析、财务分析
计划、成本	……

图 13-10　常见的分析主题设计示例

找出指标后，我们就要构建看板，通常要做总揽分析，还要做专题分析。

以 V 企为例，专题分析有六个，包括销售分析、货值分析、资金分析、盈利分析、效率分析和质量分析。每个专题分析里又会划分子专题，比如在销售专题分析中，子专题是签约分析和去化分析（见图13-11）。

对于子专题，企业也要分析它们关注的指标有哪些。比如，签约分析关注签约金额，而签约金额的分析内容又包括集团年度签约目标差额、集团签约目标完成率等（见图13-12）。

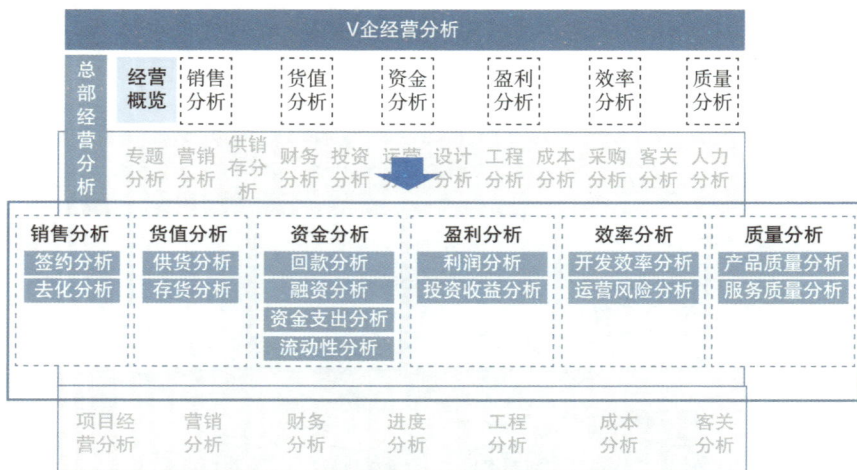

图 13-11　V 企的六个专题分析

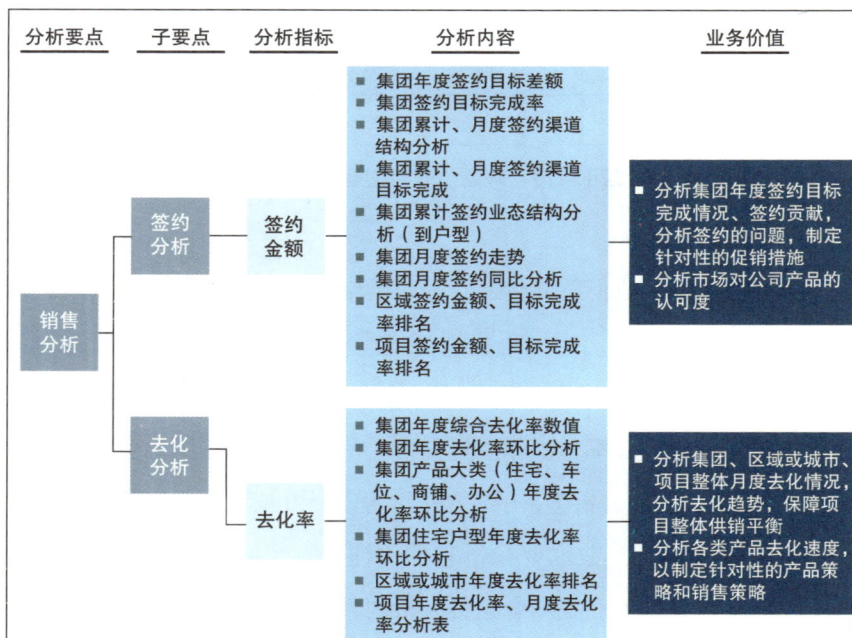

图 13-12　V 企销售专题分析过程

在这些分析内容确定以后，我们就可以对集团整个区域的签约金额、目标完成率进行排名。在展示时，我们可以设计展示前五名或后五名，这就是看板构建的一种分析逻辑和分析路径。

展示的形式有两类：一是滚屏，二是动态条形图。这就实现了从分析内容到展示内容规划的构建，最终的呈现效果需要进行 UI（界面设计）配色和排布屏幕中的位置。这就是完整的看板构建方法。

3. 选择分析方法，保证结果准确

选择合适的分析方法是方案设计的首要前提，也是保证分析结果准确和分析图形符合客户实际需求的关键。

如图 13-13 所示，常见的分析方法包括基础分析、重要性分析、技术性分析、透视性分析、统计分析。每一类方法又包括多种分析工具，比如基础分析法的常用工具有同比分析、环比分析、趋势分析等，重要性分析的常用工具有关联分析、异常值分析等，技术性分析的常用工具有平衡性分析、差异显著性分析等。

四、预警机制的构建：关注重点指标，设计阈值和处理机制

1. 预警机制构建的重点：指标选定、阈值设定、处理机制

通常，预警机制构建包含三项重点内容。

一是指标选定。不同层级关注的指标可能不一样，预警的指标也不同。很多企业可能原来就有一些预警指标，但这些指标还不够全面。

二是阈值设定。预警的等级对应阈值，预警情况要看企业管理的成熟度。预警等级要根据企业情况做相应的设计，级别要根据它的管理对象和管控程度来确定。比如，一级预警是到总裁，二级预警是到总部业务部门，三级预警是到区域，四级预警是到城市公司；预警等级跟它的管理层级要对应。

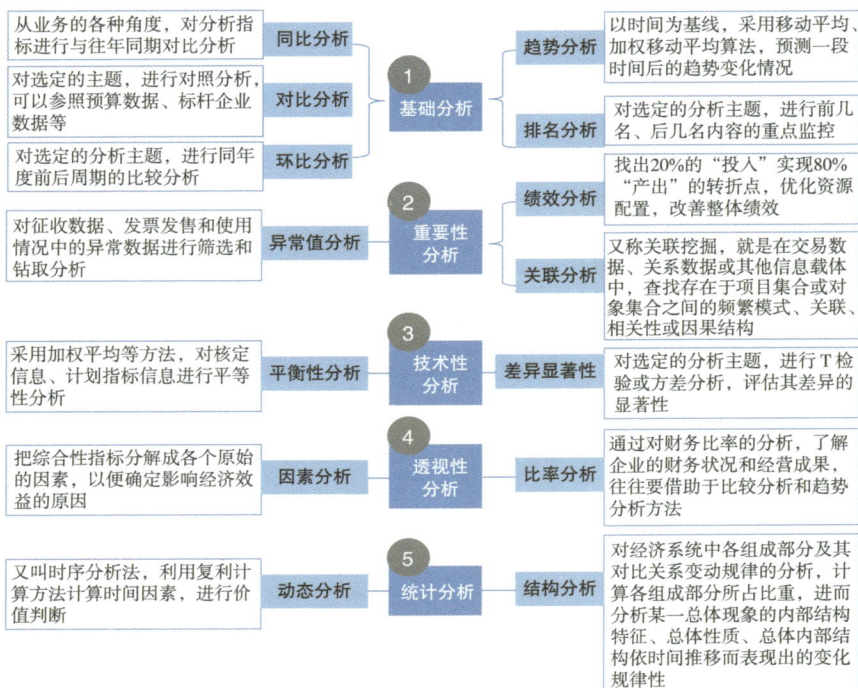

图 13-13　常见的分析方法及相关工具

三是处理机制，即预警的关闭、传递或后续动作。预警出现后，企业的相关人员要重视起来，或采取相应的处理和应对方法。该机制应该包含预警机制的运作、预警对应动作的跟进以及预警的销项等。

2. 预警阈值设计案例：对标内部数据和外部数据

表 13-3 是 H 企开盘周期预警阈值数据，开盘周期对应不同的城市。

H 企规模大，我们能根据以往项目的数据或管理的数据，来总结出阈值范围。企业如果项目多，就做相应项目的总结；项目少，就参照行业数据。

从表 13-3 可以看出，南通的最快开盘周期是 6 个月。H 企发现，它的开盘周期要比当地最快开盘周期长，比当地平均开盘周期短。

表 13-3　预警阈值构建的部分数据

城市	当地高周转企业最快开盘周期（月）	首开业态	对立H企标准开盘周期（月）	城市	当地高周转企业最快开盘周期（月）	首开业态	对应H企标准开盘周期（月）
南通	6	17层	7	扬州	6	8层	7
盐城	7	33层	9	滁州	4	11层	6
武汉	6	33层	9	泰兴	6	18层	8
襄阳	8	33层	9	句容	6	6层	7
长沙	5	10层	9	马鞍山	5	6层	6
徐州	7	2层合院	7	南京	9	7层	7
无锡	6	32层	8	镇江	7	住宅	6
江阴	8	10层	7	佛山	8	20层	7
常州	4	13层	6	江门	—	—	—
合肥	4	24层	7	开封	7	26层+7层	8
蚌埠	4	高层	6	杭州	7	别墅	7
阜阳	5	高层	6	宁波	8	24层	7
南昌	6	34层	6	绍兴	5	洋房	7
常熟	5	18层	6	温州	5	18层	6
湖州	5	18层	6	重庆	6	26层	7
苏州	6	20层	6	成都	7	10层	7
张家港	6	13层	6	西安	7	33层	6

　　H企要求的平均开盘周期是7个月，南通当地高周转企业的平均开盘周期是8个月，最快开盘周期是6个月。那么，7个月就可以作为H企的预警周期，一旦超过就要预警（见图13-14）。

当地高周转企业最快开盘周期 ≤ H企标准开盘周期 ≤ 当地高周转企业平均开盘周期

6个月　　　　7个月　　　　8个月

图 13-14　H企与南通当地企业开盘工期的阈值范围

H 企追求快速发展，对标的是行业最快的周期。对标的数据要比较细，不仅要有最快的开盘周期，还要有对应的业态、开盘条件。预警阈值需要做相应的内部数据和外部数据的对标。

五、模型设计：追求测算分离，重点解决"测"的问题

爱德地产研究院在模型设计上追求的特点是测算分离，无论是预算模型还是投前、投后模型，都会有固定的模块（比如开发模块、成本模块、签约回款模块等），最终输出关键指标表。

"测"是业务策略、测算方式或测算模型，"算"是固定的算法。因为算法相对比较固定，所以爱德地产研究院重点解决"测"的问题。

"测"要满足策略、业务的要求，而策略包括销售去化策略和回款策略等。策略要细化到多种业态，比如商业的商铺、酒店式公寓。不同业态的去化策略、回款策略和回款节奏不一样，我们要根据企业情况来确定（见表 13-4）。

表 13-4　新增货值销售去化策略

城市	业态	去化周期	第1个月	第2个月	第3个月	第4个月	第5个月	第6个月	第7个月	第8个月	第9个月
三、四线	住宅										
	高层	12 个月	30%	6%	6%	6%	20%	6%	6%	6%	15%
	多层（洋房）	15 个月	20%	6%	6%	6%	6%	20%	6%	6%	6%
	别墅	18 个月	20%	6%	6%	6%	6%	6%	6%	15%	6%
	商业										
	商铺	12 个月	30%	10%	10%	10%	10%	5%	5%	5%	5%
	酒店式公寓	15 个月	20%	6%	6%	6%	6%	6%	6%	15%	5%
	写字楼	18 个月	18%	5%	5%	5%	5%	5%	5%	5%	5%
	地下室										
	车位车库	24 个月	15%	5%	5%	5%	10%	5%	5%	5%	5%
	储藏室	24 个月	15%	5%	5%	5%	10%	5%	5%	5%	5%

销售费用支付也有相应模型，比如在费用构成中，营销人员费用的支付时间和支付比例；推广费用在不同周期、不同年份相应的支付比例划分（见表13-5）。有的推广费用按年份来做费用的分布，有的按照单项目的销售节奏来做费用的分布，比如蓄客期、强销期、尾盘销售期等，这些都是"测"的内容。

表 13-5　销售费用支付模型

销售费用组成结构	
销售费用	占比
营销人员费用与行政费用	35%
营销推广费用	40%
案场服务费	13%
客户服务费	7%
商业管理费	5%

销售费用全周期支付节奏		
指标	计提指标基础	支付节奏
营销人员费用与行政费用	合同销售金额	年度销售指标5亿元以上的项目，次月核发奖金50%~70%，年底考核发放20%，交付考核发放10%~30%；年度销售指标5亿元以下的项目，次月核发奖金70%~80%，年底考核发放20%，交付考核发放10%~20%

推广费用支付节奏						
城市	指标	第一年	第二年	第三年	第四年	第五年及以上
一、二线城市	营销推广费用	30%	40%	20%	10%	—
	案场服务费	20%	50%	20%	10%	—
	客户服务费	10%	25%	25%	35%	5%
	商业管理费	5%	30%	30%	35%	—
三、四线城市	营销推广费用	30%	50%	15%	5%	—
	案场服务费	35%	35%	25%	5%	—
	客户服务费	10%	25%	25%	35%	5%
	商业管理费	10%	30%	30%	30%	—

　　"测"的部分要结合企业、业态、项目、区域情况来做相应的测算和规则设定，爱德地产研究院测算分离的模型设计特点可以让模型跟业务具有高度的贴合性和适用性。

总结

　　综合来看，管理机制服务于场景，经营监控机制、预警机制和测算规则构成管理机制设计的主要内容。在构建管理机制时，房企可以通过梳理经营监控指标确定关注的重点指标，再设计相应的指标预警阈值、预警处理机制以及测算分离模型，来实现企业对经营的监控和测算。

第十四章

主数据管理：构建地产运营管理的数据基石

　　地产运营管理的智能化成为房企高质量发展的一个重要方向。要想实现运营的智能化，房企首先要充分发挥数据的价值，对数据进行拉通治理，这成为线下大运营战略的重要前提。

　　爱德数智搭建的主数据管理平台是针对房企内部数字运营打造的管理系统，涉及房企内部多个业务系统以及大量数据治理。主数据管理系统是房企实施数字化战略和大运营战略的前提。

第一节　主数据构建方法

一、主数据的意义：共享高价值数据

主数据是企业内部能够跨各业务、各部门重复使用的共享高价值数据，有三个主要的特征。

第一，主数据是在业务活动中相对静止的数据，包括管理属性、产品主数据等。例如，某公司开发一个项目，该项目在两三年内地块数量不会发生改变。在确定该栋楼的类型后，商业项目中的酒店、公寓、写字楼的数量通常是固定的。

第二，主数据是具有动态性的交易业务交互共享数据。主数据管理系统一般以共享的交易业务主数据为管理指标。例如，在项目管理过程中，成本测算、销售、货值盘点、运营动态监控等均需要参考面积指标，也需要被即时共享。

第三，主数据作为业务交易数据的派生源头，也可以是母体数据，比如项目主数据等。房企中常见的供应商、项目、公司作为主数据载体，能够产生基本信息、签约信息、付款信息等。主数据在这些系统中生产数据和提供数据服务。

主数据包括业务实体和业务行为。业务行为可以理解为交易数据，所有的业务行为都是在具体的业务开展过程中产生的。例如，获取地块后，设计规划过程会产生相应的面积数据。项目开工过程中产生的质检和质量问题，以及最终产生的业务行为交易数据，均可共享。

二、数据化现状：平台建设事倍功半，数据资产未能发挥价值

1. 业务人员：重复录入，难以维护，工作量大

痛点：多系统重复录入，操作烦琐；不同系统标准不一、名称不一，难以辨识，后期维护难度大；报表出具需从不同的系统抓取数据进行拼凑，并辅以人工维护，工作量大，及时性差（见图 14-1）。

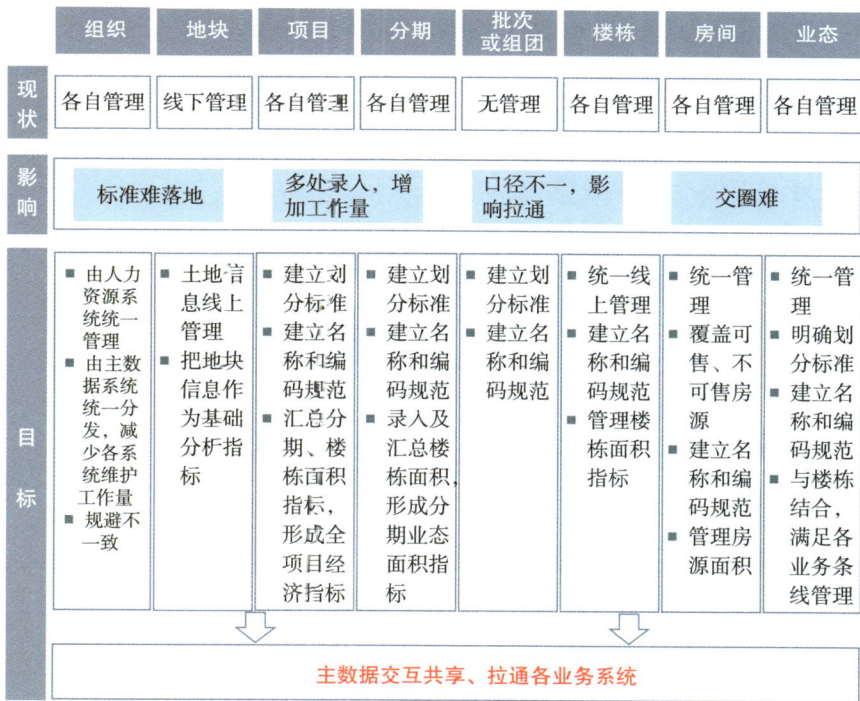

	组织	地块	项目	分期	批次或组团	楼栋	房间	业态
现状	各自管理	线下管理	各自管理	各自管理	无管理	各自管理	各自管理	各自管理
影响	标准难落地		多处录入，增加工作量		口径不一，影响拉通		交圈难	
目标	■ 由人力资源系统统一管理 ■ 由主数据系统统一分发，减少各系统维护工作量 ■ 规避不一致	■ 土地信息线上管理 ■ 把地块信息作为基础分析指标	■ 建立划分标准 ■ 建立名称和编码规范 ■ 汇总分期、楼栋面积指标，形成全项目经济指标	■ 建立划分标准 ■ 建立名称和编码规范 ■ 录入及汇总楼栋面积，形成分期业态面积指标	■ 建立划分标准 ■ 建立名称和编码规范	■ 统一线上管理 ■ 建立名称和编码规范 ■ 管理楼栋面积指标	■ 统一管理 ■ 覆盖可售、不可售房源 ■ 建立名称和编码规范 ■ 管理房源面积	■ 统一管理 ■ 明确划分标准 ■ 建立名称和编码规范 ■ 与楼栋结合，满足各业务条线管理

主数据交互共享、拉通各业务系统

图 14-1　某集团数据管理现状

诉求：需要唯一的数据生产系统与统一的录入平台和口径，从而减少重复的工作量。统一数据标准和管理规范，能够降低数据维护难度；实时、快速提供报表数据，能够减轻汇报工作量，快速满足管理层的不

同需求。

对于普通业务人员而言，他们与数据打交道较多，他们既对主数据平台有操作便利、数据质量等要求，也需要一个共同的数据分析平台。不论是从企业决策角度还是从降本提效的角度来看，数据平台建设的重要性、迫切性都不言而喻。

2. 管理层：数据打架，无法辅助分析决策

痛点：每个月汇报数据难获取，到处找数据；各个系统数据不一致，拼凑出来的汇总数据的真实性、有效性、准确性很难保证，管理层自身对数据都表示怀疑；系统只记录实际发生的数据，即没有未来的数据或数据不具备预测性，对下一阶段的计划没有辅助价值，对日常分析及向上级汇报没有裨益。

诉求：可以实现数据的汇总，并且确保及时汇总、数据真实有效、可在线汇总；确保汇总的数据全面准确，是可信的；确保数据是一手数据，避免数据被过滤；确保数据是能预测的、可分析的。

对于管理层而言，数据的价值在于对总体数据进行直接而及时的监测，更在于辅助分析决策，整体上对数据平台要求较高。

3. 运营总：运营指标不全面，准确性差

痛点：运营指标不全面，同一系列指标覆盖不全面，例如供销存系列的各项指标，受限于现有不全的数据体系，指标和指标之间缺乏逻辑性和穿透性；指标准确性无法保证，相同系列指标来自不同系统，没有进行统一管理，协同性差，数据钩稽关系不够全面，影响对未来数据进行测算及分析的效率和准确性。

诉求：根据现有数据来源基础，丰富和完善各系列指标体系，实现各类指标的体系化和严密逻辑性；全面规划指标体系，完善数据治理，

由同一系统测算和输出相同系列指标。

运营负责人对数据标准和质量的要求较高，急需协同性、准确度更高的数据系统支撑其工作。

4. 决策者：数据适用性差，数据价值没有体现

痛点：数据拓展性差，比如企业的三年战略规划及全景计划系统把线下模型直接照搬到线上，无法进行智能化分析，缺少敏感性分析等功能性进阶方案；数据应用层级比较单一，各项数据颗粒度粗、穿透性弱，主要服务管理层面，指标应用场景集中在集体层面，缺乏集团到公司再到项目层面的穿透管理。

诉求：希望将数据作为核心资产，进行资产化管理，营造可进行功能扩展的开发环境，满足日益增长和优化的各项业务功能需求；全面建立由项目到公司再到集团的层级穿透指标体系及测算逻辑，满足各层级统一指标管理的各项需求。

对于决策者而言，企业的数据资产质量较低、效益较低，没有发挥其应有价值，尤其是对决策分析的支持力度不足。总体上看，企业的数据化战略未能得到有力的贯彻。

三、主数据管理存在的难题

在搭建主数据的过程中，企业往往面临五大难题（见图 14-2）。

第一，主数据定义不统一。例如，企业需要对某个项目搭建分期数据，计划分期包含 10 栋楼，而成本分期包含了 8 栋楼。

第二，主数据共享不及时。例如，企业需要收集的核心数据是项目结构和面积数据。然而，这两个指标在营销部门、设计部门对应的数据不一致。营销部门使用的是可售面积，设计部门使用的是施工图面积，而其他部门使用的是拿地面积，数据共享具有滞后性。

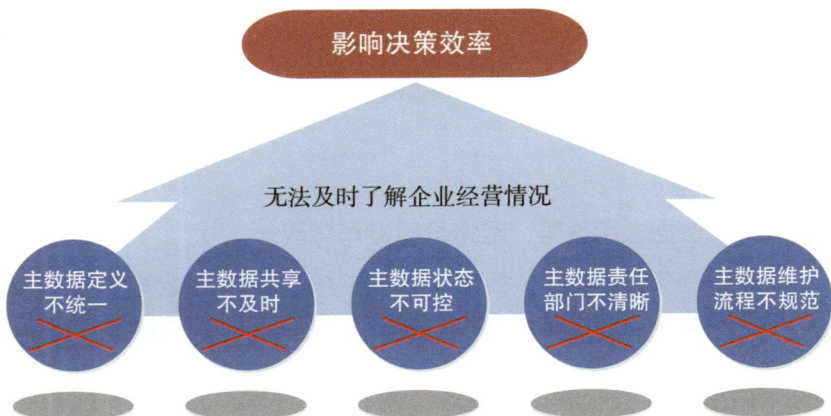

图 14-2　主数据管理面临的五大问题

第三，主数据状态不可控。由于主数据共享不及时，数据滞后。

第四，主数据责任部门不清晰。主数据搭建和维护需要各个系统配合拉通，然而企业没有对各个系统明确权责制度，导致责任部门出现不作为或无作为等现象。

第五，主数据维护流程不规范。由于前述的问题，导致没有统一的管理流程、规范不清晰，因此企业需要核对线下数据，这严重影响工作效率。

四、主数据管理目标：保障数据质量

为了解决主数据管理面临的难题，房企需要对主数据进行有效管理，发挥数据的价值。

房企需要统一数据定义标准，待数据产生后及时与各个系统共享，以保证数据的状态是可控的，从而实现数据拉通，提升公司决策效率。数据管理要实现以下三大核心目标。

第一，数出同源，及时准确。统一主数据定义标准，有望实现主数据来源和标准一致。数据生产后，各个系统需及时共享数据，以保障数出同源。

第二，数据驱动，业务同源。企业的业务开展需要确保系统之间的数据共享与统一，打破业务系统信息孤岛，为企业的业务数据联动应用和多项目、跨业务数据分析提供准确依据。例如，销售系统和成本系统录入的面积数据不一致，但企业需要参考成本系统进行单位定价，因此需要通过数据驱动保证业务同源。

第三，管理流程清晰，保证数据质量。企业需要建立流程清晰的管理保障体系，包括规范主数据创建、变更处理流程。企业需要明确数据职责，完善数据治理机制，保障前两项核心目标的落地执行，保障数据的质量。

五、主数据框架构建：实现主数据统一管理，业务统一应用

为实现数据管理目标，爱德地产研究院的主数据构建方法一般包括需求调研、方案制订、系统实现、上线运维和扩展升级五大方面，如图 14-3 所示。

主数据解决的是数据标准和服务标准建设问题，在此之前，房企还需要解决数据生产的问题。

首先，明确数据生产内容，即项目结构的规范和标准的规范。项目结构规范一般包括项目、分期、楼栋。

其次，明确数据生产和服务，即数据生产阶段、分发对象的服务标准。基于统一的分发标准，企业通过接口将数据分发至各个系统，解决管理内容和生产分发的标准。

再次，数据治理是主数据搭建的重要课题。若企业以往没有搭建主数据系统，那么企业内部的销售系统、成本系统、计划系统和财务系统等各系统信息是互不相通的。因此，数据治理最主要的目的是在这些数据不互通的基础上，建立统一标准完善主数据。

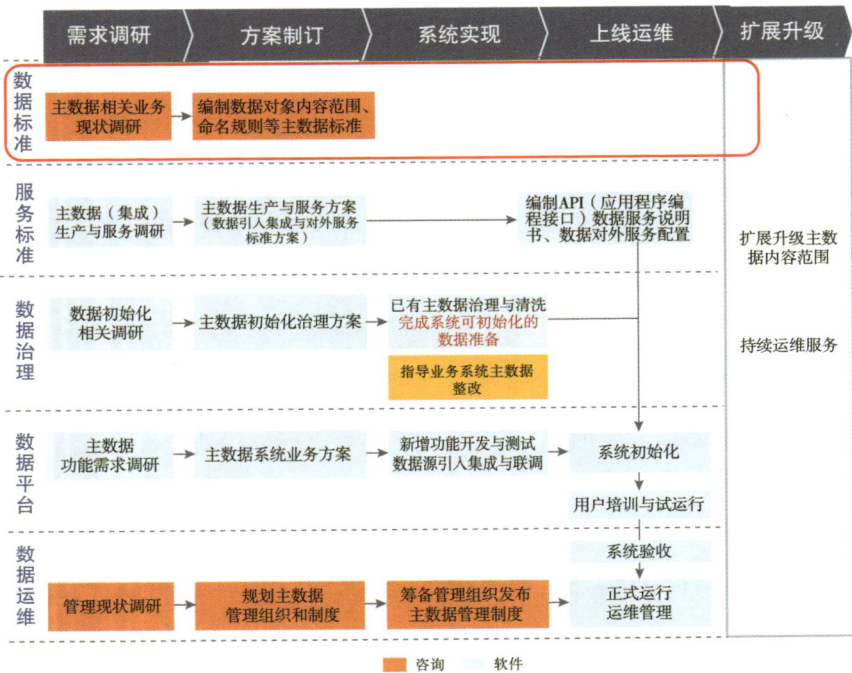

图 14-3　主数据构建方法论

最后，定义各个业务系统标准。各个业务系统数据改造不管是通过全新的主数据植入还是映射的方式，最终要解决的都是逻辑互通。数据治理最核心的目标是以统一口径解决历史数据存留问题。一般来说，统一口径有两种方式：第一种是以全新的标准重新录入数据；第二种是做映射关系。例如，某个成本系统只有一个分期，而财务系统有两个分期，由于数据无法拆分，这时可以考虑做一些映射。映射的过程和重新录入的过程实质上是数据治理。

爱德数智主数据服务主要从主数据系统建设、主数据治理、货值数据治理、全面经营数据治理和经营分析系统建设等方面入手打造，成功完成 10 多家企业类似项目的实施与部署，如图 14-4 所示。

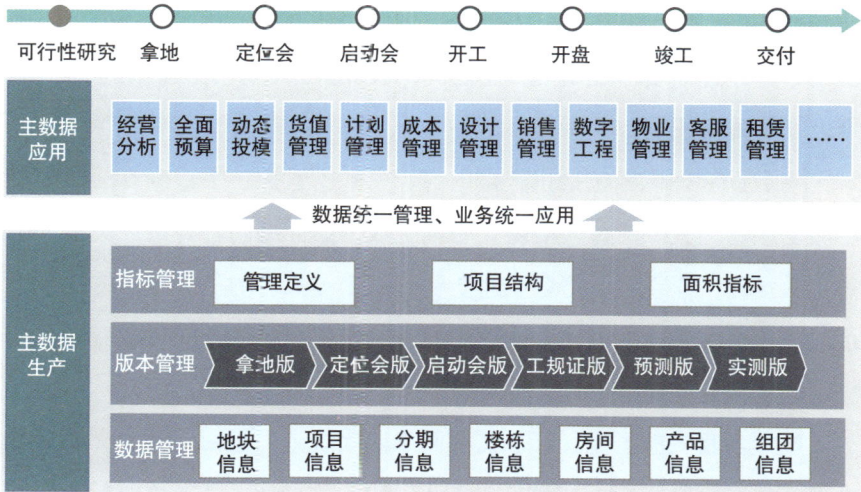

图 14-4　主数据业务应用框架

第二节　数据标准：确立定义、管理、服务 三大标准体系

主数据是集团业务运作所围绕的关键对象，通常包括项目、组织机构、供应商、材料部品、客户等主题，我们也可以根据集团的运作方式、管控要求等加以调整。

落实到具体操作层面，我们以项目主数据为例加以阐述。项目主数据的标准相对统一，成本系统使用的数据可能仅需要项目分期、业态，而销售系统需要用项目分期、楼栋、房源等数据，还需要了解各个业务系统对应的业务管理要求。根据各方面的需求，主数据标准可以分为定义标准、管理标准和服务标准。

一、主数据定义标准

主数据定义标准包括数据梳理、主数据识别和主数据关系梳理。房企一般需要根据项目开发一级流程、业务一级管理流程，梳理出跨专业流转的数据。房企需要定义主数据识别原则与方法，从流转数据中识别出主数据，还需要梳理出主数据之间的关联关系，以及主数据与业务数据之间的关联关系。

主数据管理标准包括主数据内容、主数据管控、主数据管理流程和主数据应用场景。房企一般需要明确主数据的详细内容与相互关系，确定主数据的编码规则。房企还需要明确每个主数据的主责部门的决策事项以及每个主数据的创建和变更流程，制定每个主数据在各业务专业的应用场景和业务规则。

制定项目主数据定义标准需要明确四大规则，包括业务定义、命名规范、编码规则和指标梳理（见图14-5）。例如，项目主数据标准业务定义包含地块、项目、分期、实体楼栋、业态楼栋、房间、组团等模块（见图14-6）。

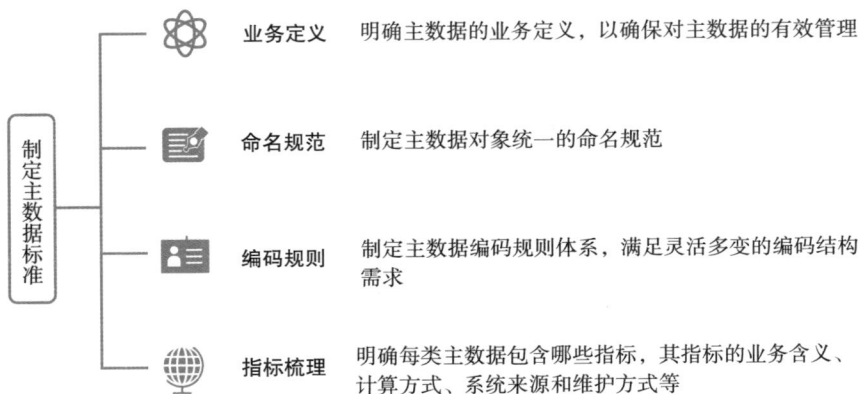

业务定义　明确主数据的业务定义，以确保对主数据的有效管理

命名规范　制定主数据对象统一的命名规范

编码规则　制定主数据编码规则体系，满足灵活多变的编码结构需求

指标梳理　明确每类主数据包含哪些指标，其指标的业务含义、计算方式、系统来源和维护方式等

（制定主数据标准）

图14-5　制定主数据定义标准

第一，爱德的主数据方案可支持建实体楼。一方面，我们可以明确不同楼栋下不同业态的面积和总面积。例如，某栋楼上面是住宅业态，下面是商业业态，若事先建立业态数据，则无法获取该栋楼的总面积。爱德的主数据方案可支持先建物理楼栋，再增加业态属性。另一方面，

物理楼栋能够实现可视化。大部分公司按照结构划分楼栋，而地下跟地上的结构、施工工艺均有差异，因此爱德一般建议先划分地上和地下，而后划分物理楼栋。

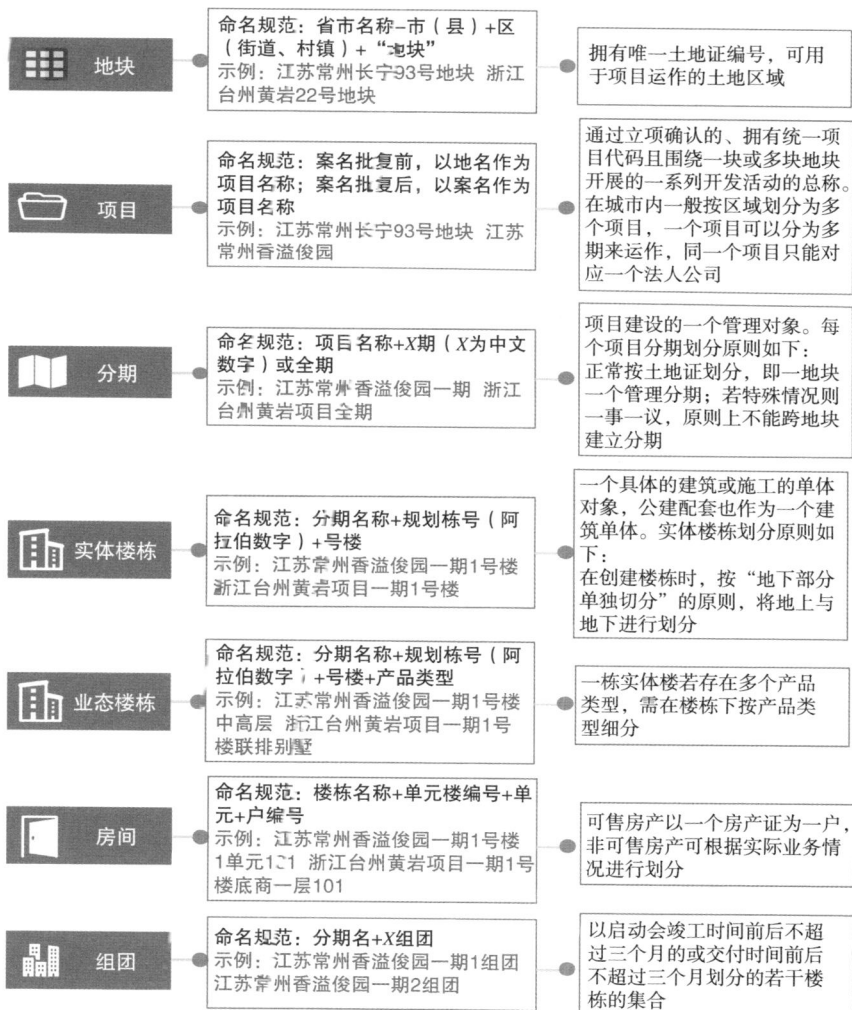

图标	命名规范	说明
地块	命名规范：省市名称–市（县）+区（街道、村镇）+ "地块" 示例：江苏常州长宁93号地块 浙江台州黄岩22号地块	拥有唯一土地证编号，可用于项目运作的土地区域
项目	命名规范：案名批复前，以地名作为项目名称；案名批复后，以案名作为项目名称 示例：江苏常州长宁93号地块 江苏常州香溢俊园	通过立项确认的、拥有统一项目代码且围绕一块或多块地块开展的一系列开发活动的总称。在城市内一般按区域划分为多个项目，一个项目可以分为多期来运作，同一个项目只能对应一个法人公司
分期	命名规范：项目名称+X期（X为中文数字）或全期 示例：江苏常州香溢俊园一期 浙江台州黄岩项目全期	项目建设的一个管理对象。每个项目分期划分原则如下：正常按土地证划分，即一地块一个管理分期；若特殊情况则一事一议，原则上不能跨地块建立分期
实体楼栋	命名规范：分期名称+规划栋号（阿拉伯数字）+号楼 示例：江苏常州香溢俊园一期1号楼 浙江台州黄岩项目一期1号楼	一个具体的建筑或施工的单体对象，公建配套也作为一个建筑单体。实体楼栋划分原则如下：在创建楼栋时，按"地下部分单独切分"的原则，将地上与地下进行划分
业态楼栋	命名规范：分期名称+规划栋号（阿拉伯数字）+号楼+产品类型 示例：江苏常州香溢俊园一期1号楼中高层 浙江台州黄岩项目一期1号楼联排别墅	一栋实体楼若存在多个产品类型，需在楼栋下按产品类型细分
房间	命名规范：楼栋名称+单元楼编号+单元+户编号 示例：江苏常州香溢俊园一期1号楼1单元101 浙江台州黄岩项目一期1号楼底商一层101	可售房产以一个房产证为一户，非可售房产可根据实际业务情况进行划分
组团	命名规范：分期名+X组团 示例：江苏常州香溢俊园一期1组团 江苏常州香溢俊园一期2组团	以启动会竣工时间前后不超过三个月的或交付时间前后不超过三个月划分的若干楼栋的集合

图 14-6　项目主数据标准业务定义

第二，明确项目名称。项目名称具有动态性，一般建议在案名批复之前以项目名称命名，在案名批复后统一用案名命名。

房地产的主数据有两类，第一类是项目主数据。项目主数据包含项目、分期、地块、楼栋、房间、对应的产品类型、面积指标等。例如，在设计系统中，项目主数据是面积加上项目结构。第二类是组织主数据。组织主数据分为两类：一是管理组织主数据，例如 N 企分集团和五大区，每个区域设有若干个城市公司；二是法人组织主数据，通常法人组织为财务做账服务。法人组织可以根据不同的业务场景和项目或者管理组织关联。除了公司内部的主数据，主数据类型还有客商的主数据，包括客户、供应商、材料部品等（见图 14-7）。

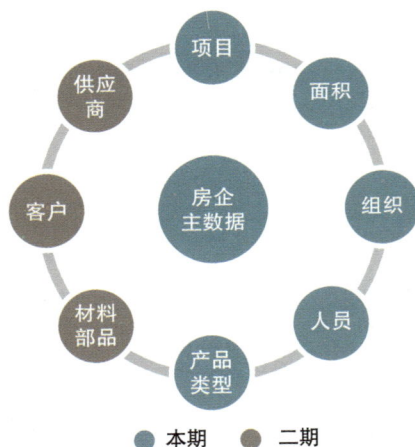

图 14-7　房地产主数据管理对象

例如，爱德为 AS 集团搭建的主数据主要包括组织主数据和项目主数据。组织主数据在人力资源系统完成维护，维护内容包括法人公司清单、管理组织、岗位、人员、账号等。爱德在对组织主数据进行统一标准定义后，进行分发。项目主数据的核心目的是为未来的 AS 集团大运营、货值管理做支撑。

第三，明确编码规范（见表 14-1）。编码规范基于快速了解基本信息及考虑未来可用性的原则进行编制，确保公司能通过编码了解到该项目的基本信息、属性等。

表 14-1　主数据标准编码规则

层级	所在省市	项目	分期	楼栋	单元	楼层	房间
位数	3	3	3	3	2	2	2
编码	021 或 755	004	001	001	03	22	08
说明	城市区号	流水号	流水号	楼栋编号	单元号	楼层号	房间号

推行唯一项目身份证编号，打通各个业务线条的专业系统，经营分析、盈利预测等数据自动获取。

021004：上海 ×× 项目。

021004001：上海 ×× 项目一期。

021004002：上海 ×× 项目二期。

021004001001：上海 ×× 项目一期 1 号楼。

021004001001032208：上海 ×× 项目一期 1 号楼 3 单元 22 层 08 号。

021004001001032208：上海 ×× 项目一期 1 号楼 3 单元 22 层 08 号。

注：业态属性在楼栋号前增加产品类型编码，例如 021004001132001032208 是指上海 ×× 项目一期高层 1 号楼 3 单元 22 层 08 号。

第四，指标梳理（见图 14-8）。整个项目指标梳理包含基础信息指标和经济技术指标。基础信息指标是指标明项目本身最基本的信息，以管理口径满足管理要求的定义，例如项目的名称、编码和经营主体等。经济技术指标是指承载着项目更为细致的内容，满足项目的经济测算、评估要求的定义，例如项目的地块大小、容积率高低以及管理属性。其中，单单项目主数据指标就有 270 余项。

在做指标梳理时，我们要结合实际情况进行动态调整。比如，由于当指标达到一定程度时，企业可以向政府申请奖励，所以爱德在 HY 集团实操时，需要在现有的数据标准上加批次入住率、三板面积（楼板、墙板、地板面积）等指标。

行业内较为普遍的指标可以套用统一的模板，比如面积指标基本上包含土地面积、占地面积、地上建筑面积、地下建筑面积等数据指标。

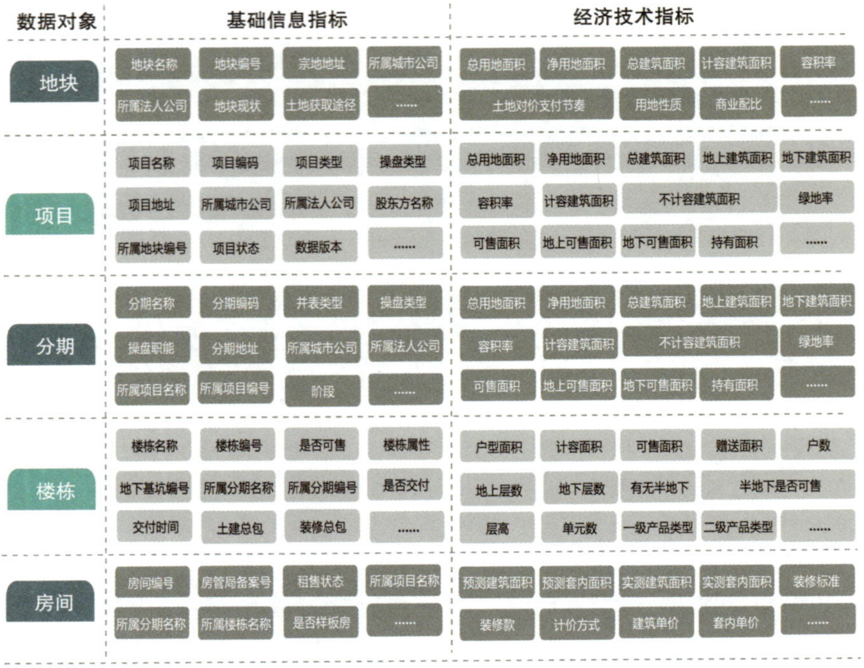

图 14-8　主数据标准基础信息指标和经济技术指标

指标梳理的目的是要形成一本"数据字典"。所有主数据的指标标准包括定义、编码的名称以及对应的管理指标。基础信息指标和经济技术指标的梳理包括梳理指标的基础属性、业务属性、管理属性、技术属性对应的标准管理流程（见表 14-2）。

表 14-2　数据字典模板示例

基础属性		业务属性						管理属性				技术属性	
指标类别	指标名称	单位	指标值集	指标定义或说明	是否必填	计算公式	指标产出阶段	产生及填写部门	数据类型	数据长度	填写方式	填报系统	数据分发系统
基本信息指标													
经济技术指标													

二、主数据管理标准

要想明确主数据管理标准，我们就要明确主数据维护管理流程，制定每个主数据在各业务专业的应用场景和业务规则。

主数据业务管理标准包含七大要素，即主责部门、管理要求、管理细度、创建时机、应用时机、应用系统和风险控制（见图 14-9）。

1. 主责部门

主数据业务管理七要素

2. 管理要求

3. 管理细度

4. 创建时机

5. 应用时机

6. 应用系统

7. 风险控制

图 14-9　主数据管理标准设计七要素

主数据管理一般分为技术管理和业务管理。技术管理由信息部门针对主数据的日常运维、系统改造及数据查询等进行规制管理；业务管理由运营部门牵头制定主数据系统中的所有规制（见图 14-10）。

第一，公司总部设置对应的管理部门，负责主数据工作的日常管理，包括主数据管理规范的制定和发布、主数据系统改造、主数据清理、主数据稽核等。主数据管理部门要根据业务部门需求，提出主数据管理范围调整建议，按照主数据编码规则和主数据管理规划搭建并维护主数据管理平台。

第二，主数据管理部门应设置主数据管理员岗位，主要负责主数据的日常管理和维护主数据管理规范。在管理规则的指导下，主数据管理员为业务部门主数据管理提供技术支持、指导和服务。

第三，总部主数据责任部门要设置主数据兼职管理员，负责对部门主控的主数据进行定义、内容设定、字段管理，收集相关部门对部门主控的主数据需求，并组织相关部门创建、更新主数据。业务部门也要设置主数据兼职管理员，负责收集相关部门的主数据需求，然后创建、更新部门主责的主数据。

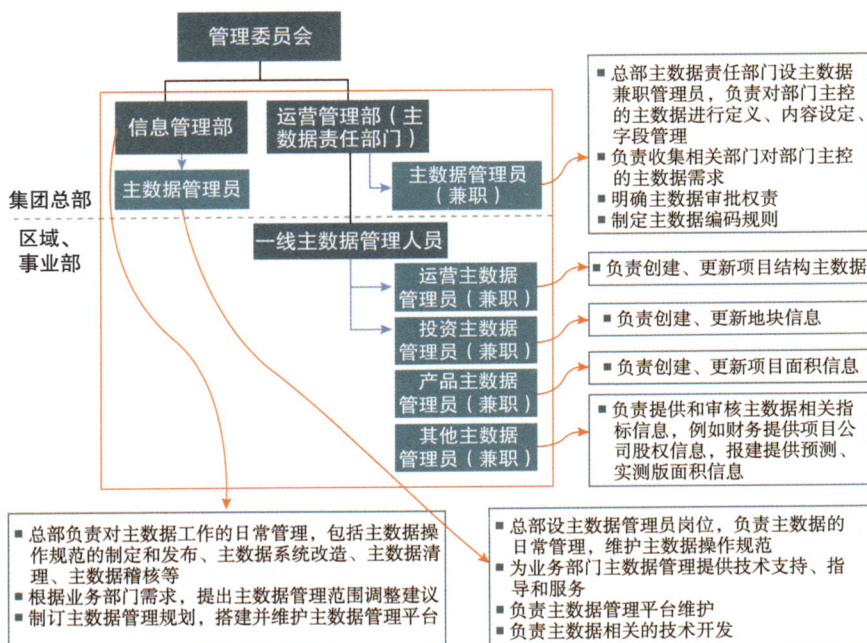

图 14-10　主数据管理架构

　　大部分公司（如 HY 集团、AS 集团）的业务管理规制由运营部门制定，部分公司由财务部门制定。这个制定者成为主数据业务管理规则的主责部门，需要定义职责、明确要求、组织响应生产过程，以及明确每个业务部门相应的职责。例如，设计部门负责录入项目面积，投资部门负责地块数据录入。在预测和实测阶段，部分公司由销售部门录入面积数据。

　　比如，虽然 HY 集团搭建了主数据系统，但是实测面积和预测面积在销售系统中数据不一致，导致主数据需要再录入，因此该集团需要解决数据入口（所有的数据同源）来规避上述风险。

主数据管理阶段一般分为六个阶段，包括拿地、定位会、启动会版、工规证、预测绘和实测绘，如图 14-11 所示。

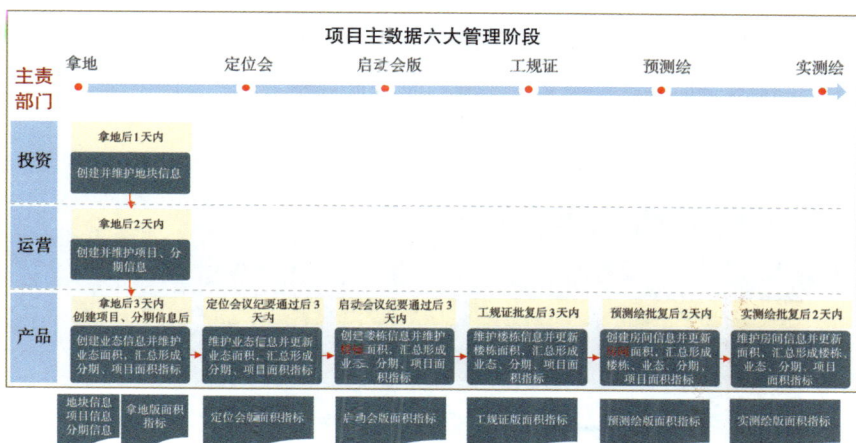

图 14-11 主数据管理六大阶段与责任主体设计

这六大阶段一般按照两大原则进行划分。第一，满足内部管理要求，例如主数据的管理阶段与投模管理阶段一致，也有投资版和启动会版。第二，满足报批报建需求，例如方案批复、施工图以及预测和实测由政府批复的官方文件。因此，整个管理阶段的划分要满足两大原则，简单来说，就是要满足企业内部和政府外部管理需求。

房企梳理主数据管理要围绕每个阶段，明确负责人、权责内容、填报、审批、应用全过程，进行系统标准建立。主数据管理与设计管理内容比较相近，包括工作性质、范围、填报内容。换言之，现在的主数据设计逻辑沿用了部分设计系统的逻辑。例如，预售查丈逻辑中的预售旨在预测实测，而查丈则是对数据的检查、丈量。

三、主数据服务标准

首先，我们需要明确数据服务标准的前提是梳理主数据在各个系统的生产与消费关系（见表 14-3）。数据生产的内容涉及项目结构规范，一般包括项目、分期、楼栋。在操作过程中，我们需要按照数据标准下的管理标准对地块属性、楼栋房源、业态等进行定义。

表 14-3　主数据在各个系统的生产与消费关系

主数据域	主数据	供应商	部品	财务	经营分析	设计系统	售楼	成本	客服	验房	质检	商业管理系统	物业管理系统	供应链系统
项目	生产与服务	消费	消费	消费	消费	生产	消费	消费	消费	消费	消费	消费	消费	
分期	生产与服务	消费	消费	消费	消费	生产	消费	消费	消费	消费	消费			
楼栋	生产与服务	消费	消费	消费	消费	生产	消费	消费	消费	消费	消费	消费	消费	
房间	生产与服务					生产	消费		消费	消费	消费	消费	消费	
部品	生产与服务		生产											消费
供应商	生产与服务	生产		消费		生产				消费	消费			
业务组织	生产与服务	消费	消费	消费	消费	消费	消费	消费	消费	消费	消费	消费	消费	消费
人员	生产与服务	消费	消费	消费		消费	消费	消费	消费	消费	消费	消费	消费	消费

其次，我们要建立统一的数据生产阶段和数据生产分发服务标准。在明确生产关系和分发的技术要求之前，主数据生产与分发的运转机制可以按照"前店后厂"的模式来理解。主数据生产是工厂，主数据分发是前端超市。超市在外面卖数据，剩下的各个系统拿数据去进行消费。主数据系统包含两部分：第一，主数据工厂做主数据生产；第二，主数据对外服务，把数据放到数据超市里，供各个业务系统使用。

主数据系统的生产方式包括两种。

第一，第三方系统生产数据，由主数据采集组合，形成主数据的标准后，再分发到各个业务系统。例如，组织、人员的主数据直接从人力资源系统取用。

第二，主数据集中生产。所有的项目结构、面积指标都由主数据集中生产、统一分发。目前我们在 AS 集团采用的就是这种方式，将数据集中生产，再集中分发，主要针对的是无法直接获取的数据，例如土地、项目结构、楼栋。这部分数据在主数据系统进行生产、维护、新增等管理动作。

所有数据生产出来后存放在数据超市，数据超市对外提供服务，即数据分发。在生产数据和消费数据后，我们需要明确相应的审批流程规范。一般，我们采用统一的服务总线进行分发。

分发方式有两种：第一，实时分发，数据产生后立即分发至各个系统；第二，定时分发，数据产生后设定分发时间，按照分发顺序将数据分发至各个系统，并设置数据分发通知消息提醒（见图 14–12）。

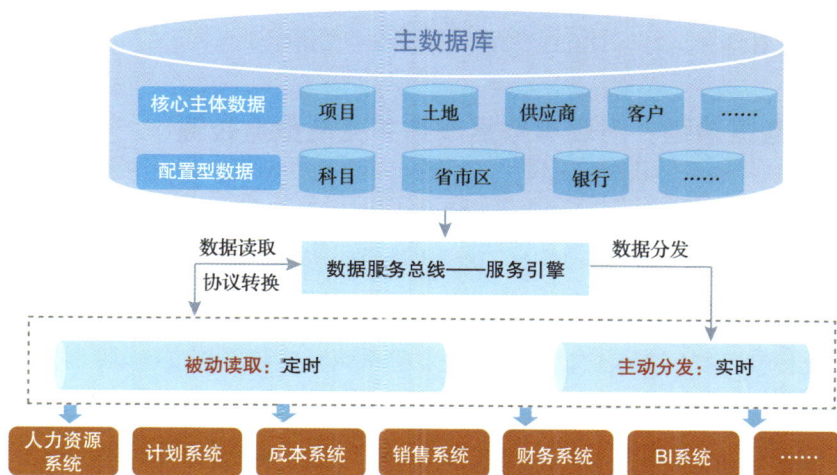

图 14–12　数据服务与分发拉通

目前，我们在 AS 集团采用被动读取方式，统一采用 API。被动分发是指数据使用部门需要向主数据系统申请数据分发。这部分数据的使用范围、过程等不属于主数据系统管理范畴。

数据服务总线与数据分发拉通，支持 Rest API/Web Service 消息队列等传输方式，保障主数据系统与各业务系统之间数据服务的及时性、准确性和稳定性。目前，我们的主数据只能分发到各个业务系统，某些没上系统的业务可以直接导出主数据的数据。

K 企当前使用的数据生产消费设计系统是由爱德地产研究院打造的，主要包括财务、成本、供应商、部品以及其他各类系统。当然，每类系统对于主数据消费的内容会有差别，这需要使用者对每项业务管理深度具有一定的了解。

第三节　数据治理：数据平台与数据运维

在主数据三大标准的基础上，我们需要对现有数据进行治理，以便让数据融通、衔接，从而形成逻辑关联。然后，我们需要在主数据平台上进行管理和运维，让企业经营数据成为企业活资产。

一、数据治理：对现有数据改造并完成数据拉通

数据治理是根据统一标准将企业内部所有子系统（包括销售系统、成本系统、计划系统、财务系统等）的主数据进行完善，实现数据拉通。

解决历史数据是数据治理的核心，即现有数据改造。根据主数据规范及标准，我们需要协助和指导各业务系统完成数据整改建议，完成业务系统历史主数据治理。数据改造是对现有数据统一口径标准，具体包含两种方式：一是以全新定义标准改造，将系统内历史数据重新录入；二是建立数据映射关系。例如，成本系统对某个项目只有一个分期数

据，而财务系统有两个分期数据．鉴于数据无法拆分，项目已到完工阶段，拆分工作量十分大，需要做数据映射。

现有项目及数据的处理方案即数据治理主要包括四个步骤，即业务部门与数据现状调研分析、编制数据治理方案、数据完善与初始化质量检查、传入正式主数据库，如图 14-13 所示。

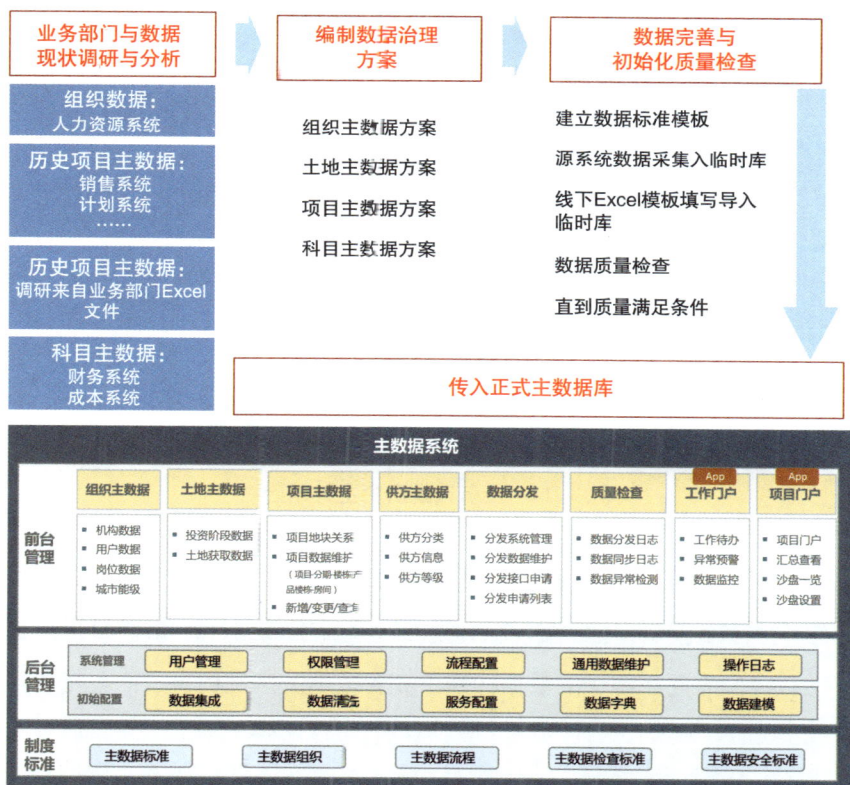

图 14-13　现有数据处理方案

第一，业务部门与数据现状调研与分析。根据主数据的规范，我们需要明确各个业务系统改造的建议。比如成本系统或者销售系统按照当前的主数据管理要求，对相应的需求进行数据增加、减少、填补等动作。对此，我们需要提供对应的数据标准，以及各个业务系统的改进方案，即基于新的主数据标准，梳理现有数据与标准之间的差异，并分析是否需要增加、减少或改造等动作，如图 14-14 所示，例如，定义项目的命名规则，将所有的现有项目名称按照最新的规则来命名。这种数据处理方式也被称作主数据清洗。值得注意的是，这里需要主责人自行核对数据的准确性。

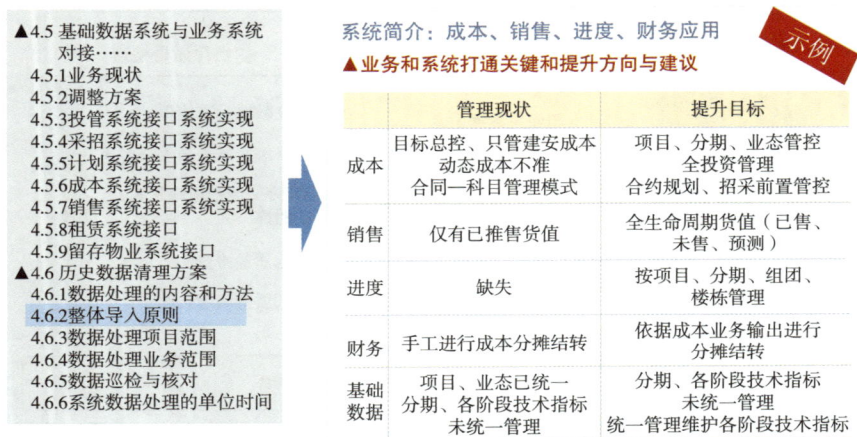

图 14-14　业务系统历史主数据治理

第二，建立好标准后，编制数据治理方案。主数据标准的建立包含组织主数据标准、土地主数据标准、项目主数据标准和科目主数据标准。我们需要在统一的数据标准下完善数据的基础信息、面积指标信息等。

这里需要注意两点：一是保证主数据系统获得相关业务部门的签字确认，数据被认可；二是明确核心数据的生产与核对由主责人完成。

我们要明确数据提供标准及建议方案，包括数据合并、映射和建议。各个系统按照该标准进行数据治理。例如，我们将制定好的项目、分期、楼栋、房间指标录入 Excel 模板，然后设计系统并填写对应面积，导入临时库。

第三，数据完善与初始化质量检查。我们将建立数据标准模板，在源系统数据采集入临时库后，我们需要做的是数据质量检查，直到质量满足条件。

整个治理过程的难点在于：一是数据口径不一致；二是数据录入配合度，配合度影响主数据治理完成度，因此需要搭建完善的管理体系以明确人员职责；三是收集数据的准确度和完整度，我们要严格控制数据治理的时效性，明确控制风险、职责分配。

第四，传入正式主数据库。在完成以上所有步骤后，我们就可将所有数据正式传入主数据库。需要注意的是，所有的数据治理都有系统关闭时间。比如，当数据出现录入错误时，我们在系统关闭前可以做相应的调整。若我们在系统关闭后才发现数据错误的问题，那么整个数据治理就可能需要重新做，这将影响到工作效率。因此，我们要保证数据治理具有可操作性。

二、数据平台：构建统一的主数据工作平台和主数据操作入口

要想完成数据治理和主数据标准管理体系的建立，我们需要在数据平台里操作。数据平台的搭建包含两个方面：一是梳理地产主数据分类，二是主数据功能框架梳理搭建（见图14-15）。

结合地产主数据分类梳理和项目管理阶段，我们需要对各个主数据相关指标进行维护。其中，主数据功能包括满足主数据定义、采集填报变更、数据订阅分发和数据质量监控。

除了梳理主数据分类，在主数据二级细分下，我们还要梳理土地主数据和项目主数据。土地主数据包含地块信息，而项目主数据包含项目结构、项目分期、楼栋以及面积管理等。需要注意的是，客商的主数据不在我们的梳理范围内。

梳理完成后，我们要对数据进行采集填报变更，包括按照标准录

入、减少、增加、删减等动作。随后，我们要对主数据系统进行统一数据分发。大部分公司的组织主数据均从人力资源系统采集。

图 14-15　主数据功能框架

　　数据分发是主数据管理的重要功能之一。数据分发包含两个方面：一是分发管理，我们需要梳理清楚哪些需要使用分发接口，然后进行授权、禁用等操作步骤；二是数据体检，在对数据分发授权后，我们需要每天以分发日志方式监控分发是否成功、处理数据是否完整、分发是否异常、同步是否异常等问题。数据分类梳理后的数据分发是完成主数据构建的基本过程，也是实现主数据功能的重要路径。

　　最后，主数据平台还需要构建统一的主数据监控门户，包括工作门户、项目门户等，对数据进行质量监控检查，满足集团、城市、项目、面积、业态对比分析，可穿透查看明细。

三、数据运维：根据主数据管理标准制定保障系统运维的流程和制度

企业在明确数据生产服务及数据治理的重点后要考虑如何保障运维，因此运营部门需要建立一套管理标准以保障系统运维。

通常来说，管理标准保障系统的搭建包括制度支撑体系，即完善主数据管理流程，制定明确的规范和维护原则，以及明确谁来管、何时管、管什么、如何管与最后的审核确认（见图14-16）。

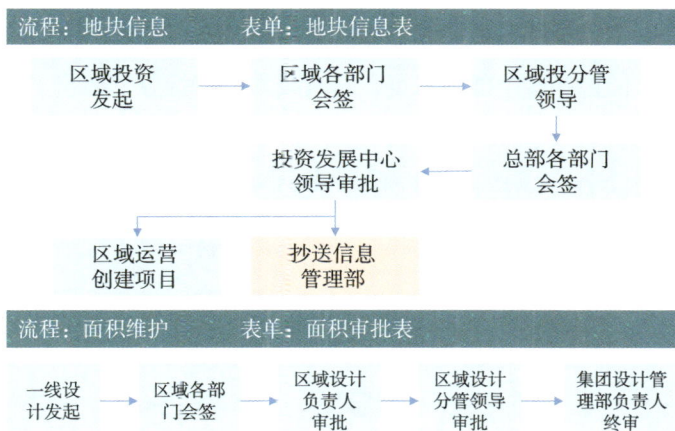

图 14-16　主数据创建项目流程

整个主数据体系围绕主数据管理过程，明确主数据维护时间和维护信息，通过主数据脉络图，清晰界定不同阶段需要录入更新的项目主数据信息。

比如，在获取一宗地块后，在还未明确楼栋的前提下，房企按照虚拟业态楼录入面积数据。若在楼栋明确后，我们按照楼栋数据录入，那么等到预实测算时，我们需要明确面积录入指标，界定清楚。在明确界定标准后，我们需要定义三数据审批权责，以此保障主数据的整体

应用。

我们还需要明确主数据对象的审批节点和流程规范。在明确主数据管理阶段后，我们需要对数据进行维护审批。例如，明确数据生产、变更、新增、失效与维护等决策者。

值得注意的是，一旦主数据系统生效，数据就不可随意调整。例如数据已分发至各个系统，而成本系统少了一个分期或之前的成本出现错误，使得计划系统里没有楼栋，从而影响投模和经营。因此，对于主数据生产、变更以及失效，我们要制定严格的审批流程。

其中，对主数据系统来说，除了新增、禁用较为简单外，修改、删除比较复杂，需要引起我们的重视。例如，ZH、JD集团调整分期需要综合成本、销售等多个部门意见，若对成本进行拆分，那么工作量会十分大，但合并操作稍微简单。假设删除一个楼栋，我们首先要校验计划系统里是否存在楼栋计划和组团关联楼栋，而后才可删除，对面积数据做变更亦是如此。因此，我们要对主数据持有敬畏精神，不可随意删改。

总结

爱德数智通过为房企搭建有效的主数据管理系统，对数据进行高效治理和运用，充分发挥了数据本身的使用价值，推进房企内部运营高效化和数智化，实现数字化大运营战略。爱德主数据实施方法论，将助力地产企业构建主数据平台，以满足管控及未来推展需要。

第十五章

系统开发与平台上线

　　所有的规划、指标、流程，最终都需要数智化平台来承载和固化。系统开发与平台上线，是管理变革的关键环节，也是真正体现科技智能、实现弯道超车的核心手段。

第一节 系统方案设计

我们需要将设计完成的业务方案对技术顾问进行交底，并与开发顾问进行充分讨论，最终形成系统落地方案。

系统落地方案包括三项核心内容：一是数据探源，通过有效梳理数据来源，明确数据集成的业务方法，确保数据、指标的完整展现；二是系统设计，将业务方案转化为系统实现层面的落地方案；三是输出 UI 原型，将设计分析展现给前端和用户。

一、数据探源：梳理指标，对数据来源分类

数据探源有一些标准的格式和要求，比如对业务方案中需要展现的指标进行颗粒度的梳理，对数据来源进行分类（主要通过取数、录入、模型计算几种渠道，还有一部分是先取数或者在录入后，再通过模型计算得到数据）（见表 15-1）。

数据探源一方面可以让我们知道是否得到了业务系统的数据支撑，另一方面有利于设计和开发的承接，让开发部门更加明确开发理念和思路。

比较普遍的数据来源梳理标准包括指标的频率、层级、口径，同时注明了数值是实际数还是计划数，对指标进行了准确定义，并列明了取数来源。

表 15-1　数据来源分类统计示例

数据来源分类			个数
模型计算			45
取数、录入			51
取数、录入 + 模型计算			12
部分指标示例	序号	指标名称	二次梳理分类
产销匹配指标（预售条件）	1	新开工可售面积	取数、录入
	2	新增建设可售面积	模型计算
	3	续建新增建设可售	取数、录入
	4	本期新开工新增建设可售	模型计算
	5	销售面积	取数、录入
	6	"建设可售存量"销售去化面积	取数、录入
	7	"新增建设可售面积"销售去化面积	取数、录入
	8	建设可售存量	模型计算
	9	开发销售比	模型计算
	10	存销比	模型计算
	11	取得预售证面积	取数、录入
	12	销售额	取数、录入
	13	销售均价	模型计算
	14	销售回款	取数、录入 + 模型计算
现房销售指标（竣工备案表）	15	总货值	模型计算
	16	存货保障系数	模型计算
	17	新增备案可售面积	取数、录入
	18	"本期新备案可售"的已销售面积	取数、录入
	19	"上期末已备案现房存量"销售去化面积	取数、录入
	20	已备案现房存量	模型计算
营业收入指标	21	计收入面积	取数、录入
	22	已备案未计入收入存量	模型计算

二、系统设计：进行维度设计和 Cube 设计

在数据的维度和指标梳理完成之后，我们需要对系统进行整体的设计，这个过程需要明确数据流程和走向，厘清每个系统对应的字段和指

标，界定数据和业务系统之间的逻辑关系和颗粒度，将已发生和未发生的数据导入模型，通过系统设计形成标准的方案（见图 15-1）。

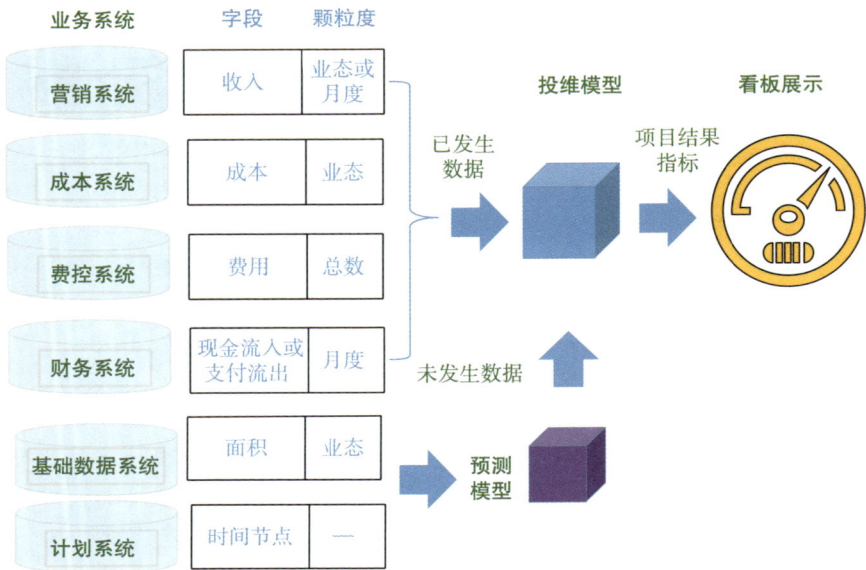

图 15-1　业务系统总体设计的内容和流程

具体来说，系统设计包括两大部分：一部分是维度设计，另一部分是 Cube 设计，即多维模型设计。

1. 维度设计

维度设计应遵循四大原则：一是原子性，即维度成员都是唯一的；二是简约性，即维度成员的名称要尽可能简单，同时要保证能够让用户识别；三是统一性；四是重用性，即维度成员既需要有统一的架构，也需要具备更高的互用特征。

2. Cube 设计

在维度设计好之后，系统还要进行 Cube 设计。Cube 设计同样要遵循四个原则：第一，Cube 设计要求维度成员越少越好，让模型更为简化；第二，颗粒度越粗越好，这同样是基于 Cube 性能的考虑；第三，复用度越高越好，这样通过不同维度组合设计的 Cube 就可以承载更多的业务场景；第四，无效的维度组合越少越好，这是尤为重要的关键原则。因为多维模型是一个交叉组合，增加一个维度成员很可能导致组合数据的倍数式增长，所以我们在设计多维模型时需要考虑维度成员和在同一个模型中跟它交叉组合的维度组合是否都有意义。

三、输出 UI 原型：多元化展现分析结果，形成管理驾驶舱

UI 原型设计能够以多种方式展现分析结果，最终产出的是管理驾驶舱，通过看板结合大屏进行展现。每个企业可以根据不同的管理层需求和各自的风格，对图形展现、颜色搭配和整体布局等方面的最终展示界面进行设计（见图 15-2）。

总结

在业务解决方案形成后，我们需要与开发部门衔接，开始进入系统落地方案的设计阶段。落地方案需要将指标、数据、分析过程和结果展现给企业管理层，真正体现"落地"的意义。这个过程需要对指标相关数据进行分析、分类和溯源，界定数据和业务系统之间的逻辑关系和颗粒度，最终输出 UI 原型图，并通过可视化工具为管理层提供运营分析、监测的平台。

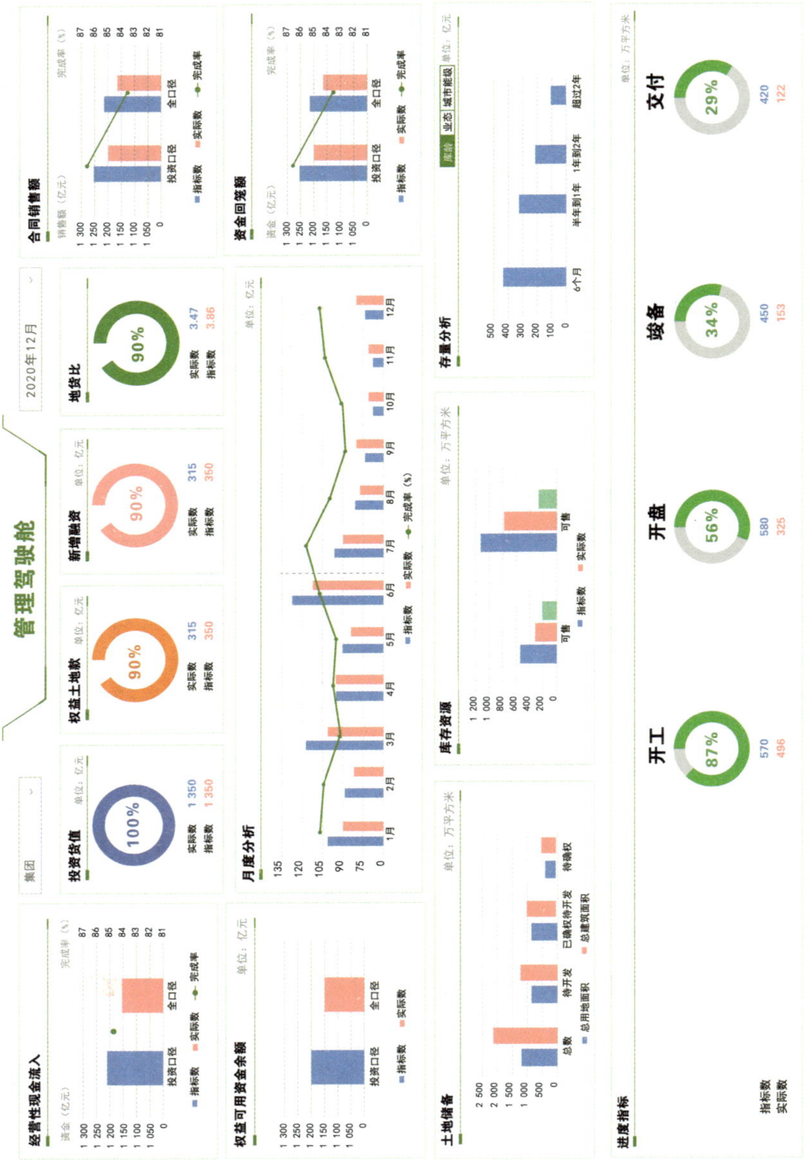

图15-2 通过管理驾驶舱形式导出的 UI 原型设计成果

第二节　系统开发

系统落地方案更重要的作用是指导后一个阶段的开发流程或者开发规范，系统（模型）开发也通过落地方案来承接。

一、模型开发：四步标准流程

模型开发有一个标准的流程，我们将其归纳为四个基本步骤。

第一步，与业务顾问交底，令其加深对业务方案的理解，厘清业务底表的基本关系。

第二步，梳理维度，先抽象出总体的维度和维度成员，再将其分解成公共维度及整体的各项指标，以及一些辅助的综合维度。接下来，我们根据业务表达或者落地方案里所有指标以及颗粒度，将每个维度相对应并形成相应的维度成员。

第三步，对维度进行分门别类，其中重要的工作是统一指标名称，并尽可能做到简约和可复用，同时对所有的维度成员和维度进行整合，最终利用能够复用或者融合的维度和指标，搭建更加精简的维度成员体系架构。

第四步，对经过精简和整合的维度进行抽象化，根据所有输出或者输入的表单，归集出能够支撑输出和输入的维度组合，再形成后台的多维 Cube。同时，根据业务分类和相同的维度组合，我们还可以对 Cube 进行组合和复用，把相同维度组合的业务表单放到同一个 Cube 里面，形成最终的 Cube 体系和所有的多维模型。

二、从业务系统到多维 Cube 数据集成

系统开发还有一个重要的工作，即数据流程的开发和获取。数据

的集成开发体现了从调研指标、分析对接系统、数据溯源、建数据库、ETL（数据仓库技术）过程、数据验证到交付成果的一个标准流程（见图 15-3）。

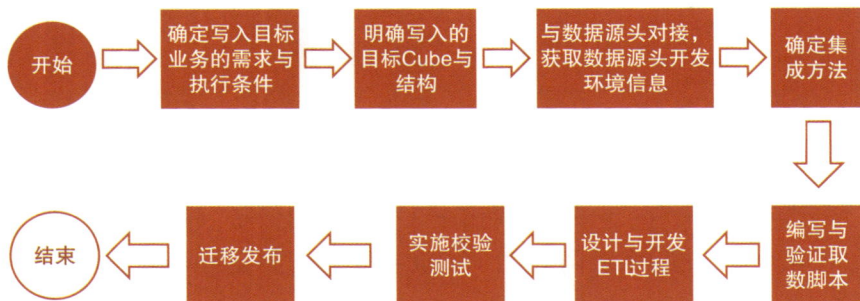

图 15-3　Cube 开发的基本流程

首先，我们要确定写入目标业务的需求与执行条件。其次，我们要明确写入的目标 Cube 与它对应的数据结构，用来确定数据的颗粒度和组合情况。再次，我们要对接数据源头，获取对应业务系统的数据来源以及开发环境的相关信息。最后，我们需要确定一个集成方法，即将数据抓取、导入的工具或者对接的方式。

当上述基础和前提条件都明确以后，我们就可以开始编写取数脚本。我们首先将业务系统编写的脚本作为中间户，然后对中间户的数据进行逻辑分析和清洗，最后再将其写入多维库，这样就完成了从业务系统到多维 Cube 数据集成的过程。

我们还要实施校验与测试，最终目的在于保证项目获取和数据的输出能够符合用户的需求。这个过程需要进行反复验证和测试。对于数据质量不够好的企业来说，这个过程可能会比较漫长。根据企业的数据情况，我们还会在过程中做很多特殊处理以解决数据不标准的问题。

上述所有开发工作都在测试环境中进行，只有在系统测试过程已经得到充分验证之后，我们才进行迁移，将系统数据应用到生产环境中。

三、规范标准化：确保开发过程有章可循

在系统开发过程中，我们还要完成一些开发规范的标准化定义，包含开发规范、数据库中间户建设规范、维度成员命名规范、UI 开发规范、数据 ETL 开发规范等。开发规范能够保证我们在开发过程中有章可循，指引开发工作不会偏离预期目标，最终达成预期，完成项目的交付和方案的落地（见图 15-4）。

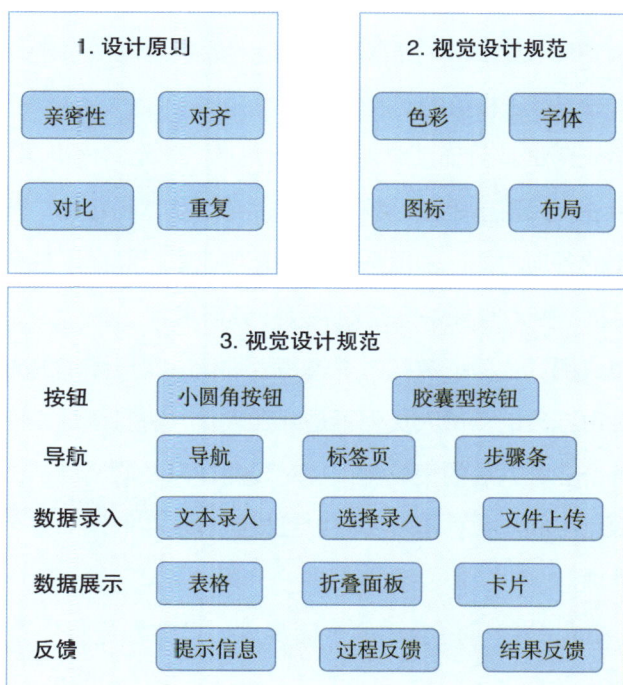

图 15-4　UI 和 ETL 开发规范设计示例

四、上线交付与运维保障

在系统上线交付、实施之前，我们还要采取一系列措施保证系统运行的稳定性、操作的规范性和运维的可靠性，让系统更好地发挥作用，

让客户通过系统实施方案真正解决实际运营问题。

一般来说，系统上线的运行保障工作主要包括三个方面：一是充分测试，包括框定测试范围、准备测试数据和测试人员；二是培训试点，包括准备培训材料、确定培训目标以及历史数据、配置文件等相关的系统初始化；三是人员保障，包括提供在线技术支持和线下的顾问服务。

1. 进行单元、集成和 UAT 三轮充分测试

在系统上线之前，我们需要同时做三个测试：单元测试、集成测试和 UAT（用户验收测试）。所有测试都会形成系统测试报告，我们会根据系统测试报告修正相应的问题。

（1）单元测试：验证系统功能是否完整。单元测试也叫功能测试，相对比较粗放，只用于验证系统功能是否完整和达到目标。开发人员通过验证系统的各项功能，确保系统的所有功能都已经满足最初的业务方案要求和目标，同时也能够完整地展现业务需求。

（2）集成测试：验证数据与逻辑是否准确。集成测试的人员会有所增加，而且由标准的测试人员而不是开发人员来进行测试。同时，我们还要进行各个业务系统的集成测试、对接测试以及联调测试，来验证经过数据溯源、中间户数据清洗和映射且最终展现在前端的整个数据流是否完整和准确。

（3）UAT：关键用户参与的全面测试。只有在进行完整的集成测试之后，我们才会进入 UAT。UAT 是系统试点上线前的最后一道测试，模拟真实用户实际的操作场景，所以需要关键用户参与进来进行全面验证。

UAT 从登录界面、数据录入开始，到流程发起、设置用户权限、相关的流程设置，再到数据展现和结果反馈，是一项全方位、全功能的测试。同时，我们也会模拟各种各样的场景，对一些并发事件做相应的压

力测试，以确保系统试点上线之后能够满足实际用户的需求，也为系统试点的顺利推进和快速全面推广提供保障。

当所有的测试工作完成之后，系统进入了从内部开发到交付的关键阶段。为了全面确保系统最终能够达到上线条件，我们还需要进行试点培训。

2. 远程技术维护 + 本地化顾问服务，提供专业支持

当系统上线之后，我们就进入运维阶段，需要专业的运维人员去承担系统上线之后的维护工作。我们采取了"远程纠错 + 本地化服务"的模式，组建技术客服和服务顾问两个专业支持团队，为及时发现问题、排除故障和制订个性化问题解决方案提供坚实保障（见图 15-5）。

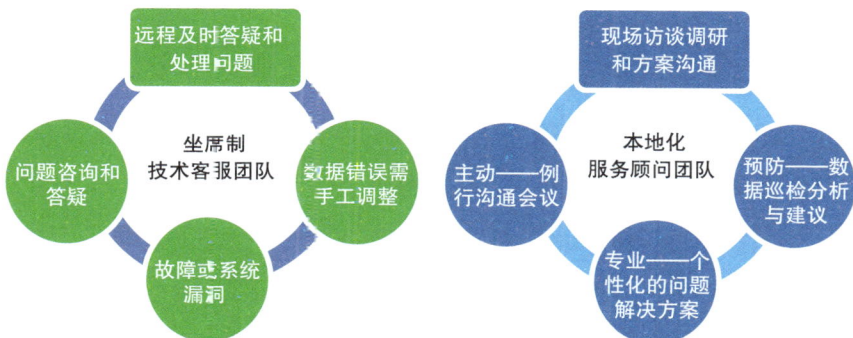

图 15-5　"远程纠错 + 本地化服务"的专业支持模式

技术客服团队采用座席制，及时对咨询问题进行答疑，排查系统故障，调整数据错误，保障系统的正常运行。服务顾问团队则体现本地化的特性，主动提供数据巡检和应用诊断分析服务，采取现场调研和召开沟通会议的方式，制订出专业化、个性化的问题解决方案。

┌──────────────── 总结 ────────────────┐

　　在系统开发过程中，我们要进行反复验证和测试，确保获取
和输出的数据符合客户需求。同时，我们还要对相关的开发规范
进行标准化定义，保障开发工作不偏离方向和系统的顺利交付。

　　在系统上线交付之前，我们需要进行由点到面、由虚拟到真
实环境的充分测试，同时选取试点区域进行培训，进一步检验系
统的稳定性和可操作性。为了保障系统的正常运行，我们需要采
取远程和本地化相结合的运维支持模式，为客户提供个性化的问
题解决方案。

└──────────────────────────────────────┘

第三节　数智化经营分析平台上线

　　线上大运营以数据为核心，以经营目标为主线，旨在提升企业规模
化发展的核心管理能力。数智化经营分析平台（见插页长图）则是将线
上大运营真正落地的有效工具。

　　数智化经营分析平台能对所有生产流程和业务活动的数据进行实时
分析，形成动态化的指标分析系统，将指标完成情况和目标值进行持续
对比，实时反映集团、区域和项目的经营情况，及时提示风险，并通过
建模和计算来预测后续影响及相关指标的变动，用智慧化的手段推动企
业的运营管理，最终实现企业的经营目标。

一、做什么：数智化经营分析平台的功能

　　企业需要的是真正能够实现动态化、可预测的经营指标分析平台，
用动态化的指标分析来评估运营，用可预测的分析结果来指导决策，用
智慧化的手段来真正改善企业运营。

对于房地产企业而言，有效支持大运营的数智化经营分析平台要实现以下价值。

- 实时采集和集成数据，动态展示"集团—区域—项目"的运营情况。
- 通过智能大屏和图表，实时展示各类经营指标的目标值及完成值。
- 对核心指标进行智能联动和动态测算，实现货值、供货、销售进度、回款、现金流等指标的预警和预测。
- 对"投—产—供—销—回"全流程指标进行监控和分析，实现动态经营结果与目标值的即时回溯与纠偏，为集团经营决策提供指导。

二、怎么做：动态预测揭风险，智能测算找原因

爱德数智的数智化经营分析平台可以将集团、区域、项目不同层级的核心指标，通过智能大屏和图表清晰呈现。如同驾驶舱一般，数智化经营分析平台的中间位置显示最关键的指标运行情况，两侧是常规指标和基础信息，各级指标数据可以无缝连接和切换，为全面、实时了解集团和项目的运营情况提供支持。

1. 动态预测，预判核心指标的运营风险

集团 BI 系统左侧显示销售、货值、资金、利润的运营情况，按照区域、月份等不同维度对实际达成情况进行分析，系统右侧对现有项目核心指标达成率进行综合比对，包括现金流回正时间、内部收益率、净利润率、开发进度等指标，用绿灯、黄灯、红灯反映安全、预警和严重问题。

与传统的 BI 系统不同，数智化经营分析平台不仅能对核心指标的目标值和完成值进行比对，而且可以预测将会出现的结果。有了动态预测才能产生预警，一个好的经营管理系统能随时预判核心指标的完成情况。

系统的中间部分最为关键，签约、回款、供货和利润指标被单独列出。根据智能算法和关联指标的影响，系统将对四个重要指标的年度完成值进行预测。系统显示，供货货值预计会减少近 600 亿元，那么年度签约额可能下降 340 亿元，回款预期产生 231 亿元的缺口，全利润也将相应减少 92 亿元。此外，系统还以各区域目标签约、回款额和预测签约、回款额的偏差为依据进行排名，帮助集团了解哪些区域可能出现风险，及时进行干预和调整。

2. 智能测算，及时掌握问题原因和造成的影响

当发现问题之后，我们要及时查找原因，并对未来可能造成的影响进行预判。系统将核心指标体系打通，任一指标都可以成为分析入口，提供关联指标的查看和分析功能，有助于企业进行问题追溯和未来预测的双向分析。

第一，集团层面的核心指标测算。

供货、签约额、利润等核心指标之间的关联可以通过动态测算的模型来计算，这样就可以改变过去单线管理的模式，用一个平台把单项指标的影响汇总起来，最终预测出一定时期内它们对整体目标的影响。

例如，系统预测年度签约额会降低 340 亿元，影响签约的核心指标是供货和销售，我们需要依次排查。我们调取相关指标数据发现，销售去化情况比预计目标上升 6.1%，那么就是总供货出现了问题，系统预警全年的供货货值预计会减少 598 亿元。进入供货指标系统后，我们发现去年结存和今年新增项目的供货都出现了问题。对此，企业可以继续追

溯每个项目的拿地、办证、开二等环节，来查找供货不足的原因。

在分析过程中，系统可以提供详细的表单以供量化分析。同理，假如企业发现供货的实时值与目标值偏差较大，那么系统通过动态测算，可以推导出未来将对签约和利润造成多大的影响。

第二，项目层面的核心指标测算。

如果项目都不能健康运营，那么集团的经营目标自然也无法实现，因此企业必须对具体项目的核心指标进行监控。数智化运营分析平台同样提供具体项目的动态分析和实时预警。

系统对项目的关键指标进行动态监控，将实时计算完成值与目标值之间的偏差，将销售、回款等直接指标转化为核心的经营监控指标，这成为判断一个企业运营是否健康的重要入口。

在选取某一个项目之后，系统的一端会显示该项目的基本信息，包括拿地时间、地价、产品类型、开盘时间、交付时间等，另一端则显示供货、签约和回款的缺口分析数据。获取缺口数据并不难，关键是要知道这些问题会对核心经营指标造成多大的影响，系统的中间位置显示的就是九个核心经营指标发生的变化。

项目的签约净利润、股东净利润指标表现不错，呈现上涨趋势，但内部收益率下降了 2.5%，现金流回正周期延迟了三个月，指标也相应地呈现出红色预警，这就是系统通过动态测算输出的结果，直观呈现出专项指标的偏差对核心经营指标的具体影响程度。

通过输出结算数据，企业可以得知该项指标偏差会带来什么风险，分析问题出现的原因。如果发现销售指标出现较大偏差，企业就可以进一步分析原因是销售价格偏低还是去化速度减慢。这样逐层分解与分析，最终汇总多个指标组合的数据，输出动态指标的偏差。

总结

　　企业需要的经营分析平台首先要具备完整的业务数据体系，还要有围绕业务的核心指标以及未来可预测的指标，实现动态监控和预测，支持企业有效决策，这样才能真正实现运营管理的动态化和智慧化，为企业的健康经营保驾护航。

5

数据篇

在第一章、第二章、第三章分别进行环境分析、经营分析和运营分析的基础上，本篇将进一步通过数据、指标和模型，对房企经营管理的趋势和标杆进行分析，以期给企业管理者更多启发和参考。

第十六章

四大都市圈核心城市发展趋势分析

上接第一章，本章将从人口增长、城镇化、土地供应视角分别对四大都市圈进行深入分析。

未来城市将以协同发展为主要趋势，城市群建设稳步推进，将带动人口持续向有更多发展机会的城市转移。目前重点发展建设的城市群主要有长三角、粤港澳大湾区、京津冀，还有成渝城市群也在逐步落实规划，并将成为新的重要增长极。

第一节　人口增速分析：在低增速背景下，新一线城市具备人口资源集聚优势

以城市群为视角，本节选取了 20 个典型城市为样本，对其近几年人口增长走势进行分析。

一、长三角城市群：杭州、宁波人口涨幅超 4%，是近年人口增长黑马

上海在长三角区域占据中心优势，人口总量达 2 428 万，但近几年保持较严格的人口总量控制政策，人口增幅较小。

杭州 2019 年常住人口增速达 5.7%，实现 55.4 万增量，领跑全国；宁波 2019 年常住人口增速达 4.2%，实现超 40 万增量，排在广州、深圳之后，位于全国第四，也是近几年人口增长黑马。这两地人口增长迅速的原因主要是：杭州发展迅速，人才需求增加，近几年陆续出台各类人才政策，比如放宽落户条件、加大补贴力度等，吸引人才集聚；而宁波则通过不断优化营商环境吸引人口流入。

无锡、南通、常州三地具有自身产业基础，其人口基数相对较大，但近几年人口增长速度缓慢，低于全国平均水平（见图 16-1）。

二、粤港澳大湾区城市群：规划利好明显，佛山人口总量已达 800 万级别

粤港澳大湾区具有较好的经济产业基础和完善的发展配套，一直是人口主要流入区域。一线城市广州、深圳近五年分别保持年均 40 万～50 万的人口增长。

受粤港澳大湾区规划利好，广州、深圳之外的其他城市也逐渐成为房企聚焦点，比如佛山、东莞，人口总量均达到 800 万级别，其中佛山

人口 2019 年实现 25 万增量，位于全国第五。

常住人口（万人）

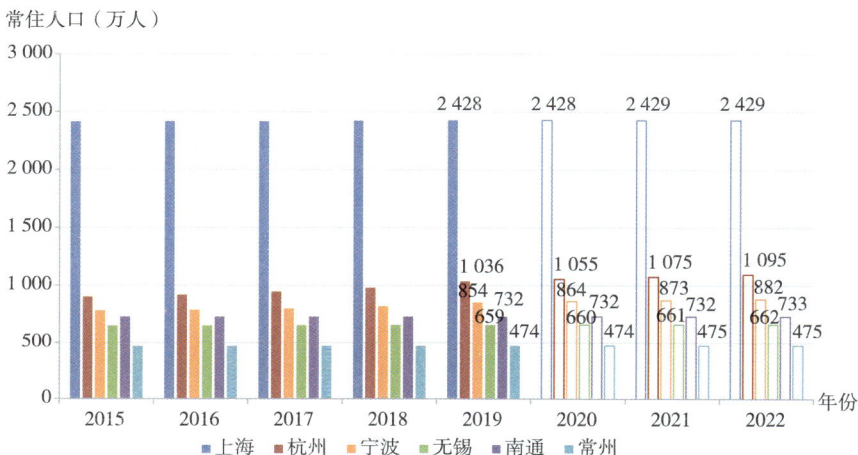

图 16-1　长三角主要城市常住人口走势及预测

注：数据源于 Wird；预测常住人口增速 =2015—2019 年常住人口平均增长速度 × 60%。

珠海人口基数较小，但近两年增速均达到 7%，处于快速发展阶段。因此，粤港澳大湾区总体的房企市场基础较为稳固，增长动力充足（见图 16-2）。

三、京津冀城市群：天津、石家庄人口基数虽大，但人口吸附力较弱

京津冀区域近年的人口流入相对较少。北京同样维持人口总量控制政策，在此不做讨论。

天津、石家庄的人口基数大，均超千万。其中，天津 2019 年总人口达 1 562 万，但近几年增长速度呈现下滑趋势。其主要受北京虹吸效应和自身产业转型的影响，人口吸附力不足，但近几年也在逐步推行人才战略，比如通过"海河英才"计划吸引高层次人才。石家庄 2019 年

3 月全面取消城区、城镇落户限制，是首个实施落户零门槛政策的省会城市，其人口增速排名在区域内相对靠前（见图 16-3）。

常住人口（万人）

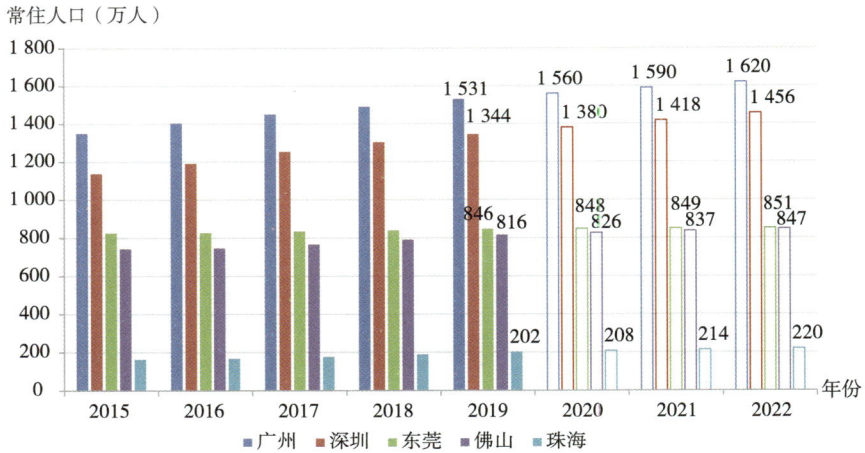

图 16-2　　大湾区主要城市常住人口走势及预测

注：数据源于 Wind；预测常住人口增速 =2015—2019 年常住人口平均增长速度 × 60%。

常住人口（万人）

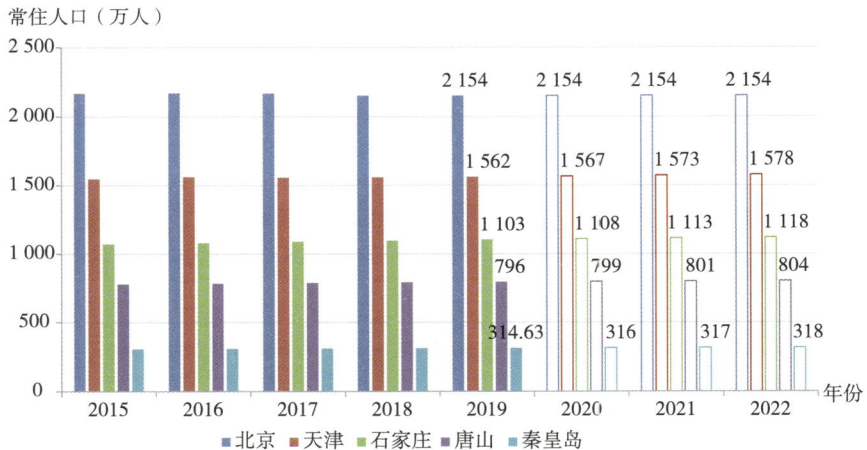

图 16-3　京津冀主要城市常住人口走势及预测

注：数据源于 Wind；预测常住人口增速 =2015—2019 年常住人口平均增长速度 × 60%。

四、成渝城市群：成都、重庆两大核心占据区域人口优势

重庆、成都两地常住人口于 2019 年分别达到 3 124 万、1 658 万，分列全国第一、第四。剔除 2016 年简阳市划归成都导致成都人口大增的因素，近五年成渝两地人口增长平稳，合计年均流入近 50 万人口，预计未来仍将保持该增长趋势。

绵阳、泸州等成渝周边的三、四线城市，总人口在 300 万～500 万区间，属大城市，但经济发展水平相对较低，人口吸附力较弱。

总体来讲，成渝城市群的人口资源相对集中在成都、重庆两大核心城市。成渝两地在逐步加强联系，以支撑成渝城市群的构建。2020 年 3 月，成渝两地公积金正式互通，以此为切入点，未来将有效带动两地人口流动，同时吸引周边城市人口（见图 16-4）。

常住人口（万人）

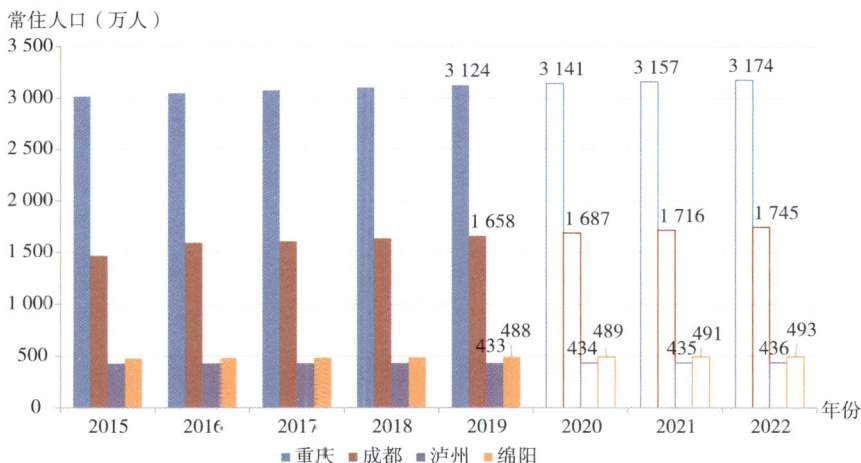

图 16-4　成渝城市群主要城市常住人口走势及预测

注：数据源于 Wind；预测 常住人口增速 =2015—2019 年常住人口平均增长速度 × 60%；2016 年简阳市并入成都导致成都人口大增，因此对成都的预测剔除了 2016 年数据。

五、趋势分析：大湾区的广深珠佛人口吸附力强劲，市场需求稳固

以过去五年城市人口平均增速为基数、中速时期到低速时期的总人口增速变动幅度为调整值，我们可得各城市人口增速的预测值，其排名如下（见表 16-1）：

- A 等级，珠海、深圳以超 2.5% 的增速占据前列。
- B 等级，杭州、成都表现优异，增速超 1.5%。
- C 等级，主要是来自京津冀地区和成渝区域的城市。
- D 等级，东莞、无锡人口增速不到 0.2%。

表 16-1　样本城市人口指标排名

等级	城市	预测增长速度（%）
A	珠海	2.79
	深圳	2.71
B	广州	1.92
	杭州	1.87
	成都	1.72
	佛山	1.27
	宁波	1.09
C	重庆	0.52
	石家庄	0.46
	天津	0.35
	绵阳	0.34
	秦皇岛	0.32
	唐山	0.30

（续表）

等级	城市	预测增长速度（%）
D	泸州	0.22
	东莞	0.18
	无锡	0.17
	常州	0.10
	南通	0.03
	上海	0.01
	北京	0.01

注：预测增速 =2015—2019 年人口平均增速 ×60%。

A 等级：增速≥ 2%　　B 等级：1%≤增速＜ 2%　　C 等级：0.3%≤增速＜ 1%　　D 等级：增速＜ 0.3%

第二节　城镇化分析：各城市群城镇化结构有差异，协同发展为主要趋势

国家新型城镇化建设重点任务要求，继续高质量推进城镇化，实现常住人口和户籍人口城镇化率年均提高 1 个百分点以上。在优化城镇化布局形态方面，政府将深入推进城市群发展，构建现代化都市圈，推动大中小城市协调发展。

以城市群为视角，下文将研究各城市城镇化水平的特征及未来走势。

一、长三角城市群：各城市城镇化水平较均衡

上海保持一线城市优势，其城镇化率达到 88%。

在环沪辐射带动下，周边新一线城市也积极发展建设，构建高水平的城镇化基础，比如杭州城镇化率接近 80%。区域内其他热点城市也有明确的产业基础，发展水平相对较好，比如宁波、无锡、常州的城镇化

率超过 70%。受长三角一体化推进的利好，未来环沪城市发展动力仍较充足（见图 16-5）。

城镇化率（%）

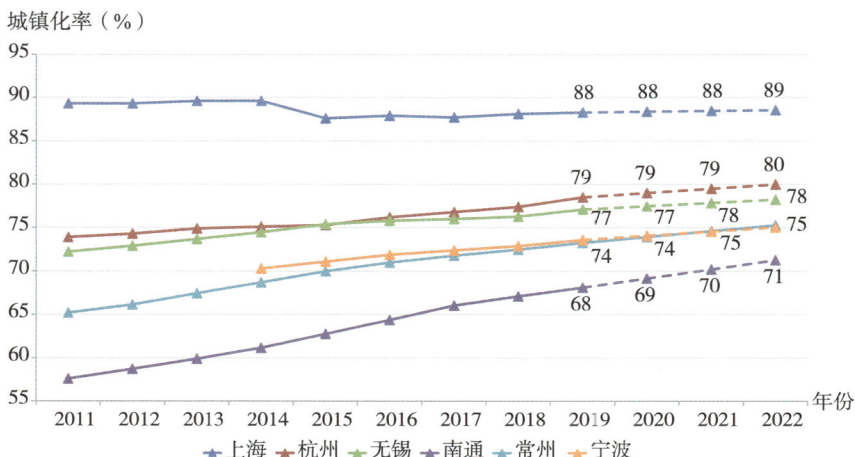

图 16-5　长三角区域主要城市城镇化率对比及走势预测

注：数据源于 Wind；增速预测值 =2015—2019 年城镇化率平均增速 ×70%。

二、粤港澳大湾区城市群：深圳城镇化率已达到 100%

粤港澳大湾区总体城镇化水平较高，深圳是全国唯一一个城镇化率达到 100% 的城市。广州城镇化发展较平稳，目前城镇化率已达 86%。

临近广州、深圳的东莞、佛山、珠海城镇化率均超 90%，位于全国前列。粤港澳大湾区整体经济基础较稳固，各地建设发展相对成熟，未来城镇化发展将更多集中在城市更新方面（见图 16-6）。

三、京津冀城市群：区域内城镇化水平分化严重

京津冀地区城市之间城镇化水平差异大，其中北京、天津的城镇化率在 2019 年分别达到 87%、83%。而河北主要城市的城镇化率与北京、天津相差近 20 个百分点，比如省会石家庄城镇化率仅为 64%。随着京

津冀一体化的发展趋势和北京政治文化中心、天津港口优势的加持，未来河北各城的城镇化水平将有较大提升空间（见图 16-7）。

城镇化率（%）

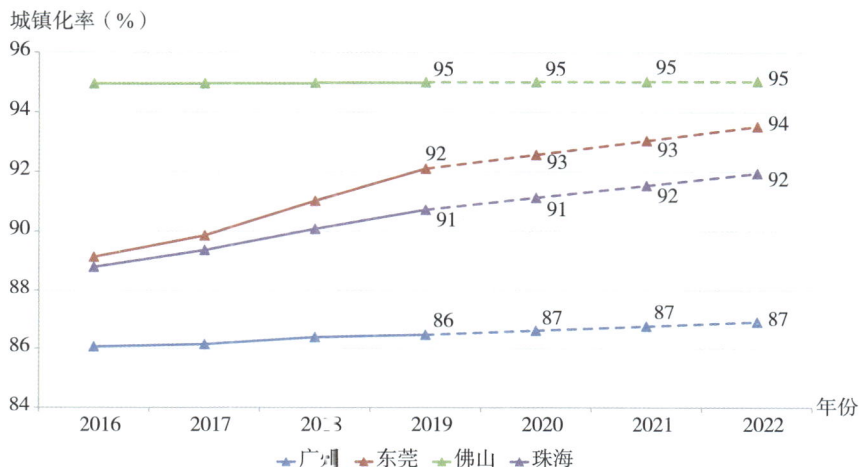

图 16-6 粤港澳大湾区主要城市城镇化率对比及走势预测

注：数据源于 Wind；增速预测值 =2015—2019 年城镇化率平均增速 ×70%。

城镇化率（%）

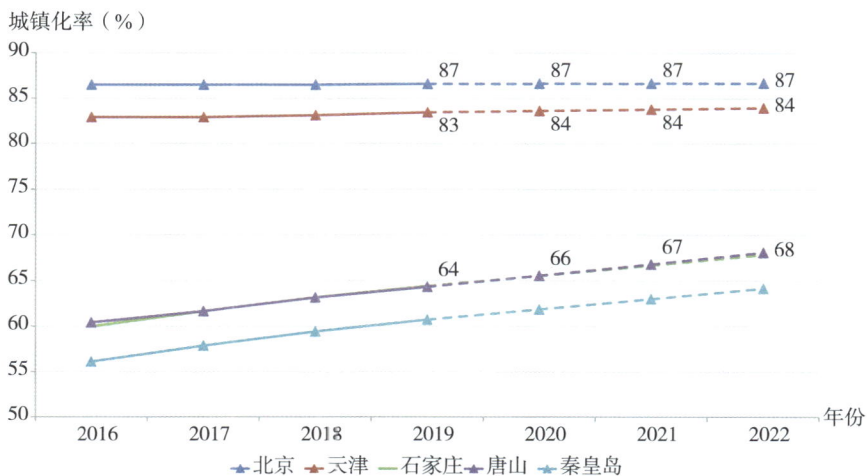

图 16-7 京津冀区域主要城市城镇化率对比及走势预测

注：数据源于 Wind；增速预测值 =2015—2019 年城镇化率平均增速 ×70%。

四、成渝城市群：成都是城镇化率唯一超 70% 的城市

作为成渝圈的两大核心城市，重庆、成都的城镇化水平是该城市群中的第一梯队。其中：成都 2019 年实现常住人口城镇化率 74%，是当前区域城镇化率唯一超 70% 的城市；而重庆紧随其后，2019 年实现 67% 的城镇化率。两城以绝对的经济实力占据优势，通过多年的集聚发展形成"虹吸效应"，与区域内其他城市形成较大的落差。

样本城市数据显示，泸州、绵阳的城镇化率低于 55%，远不及我国整体城镇化率 60.6%。因此，成渝城市群未来需要着重城镇体系的优化（见图 16-8）。

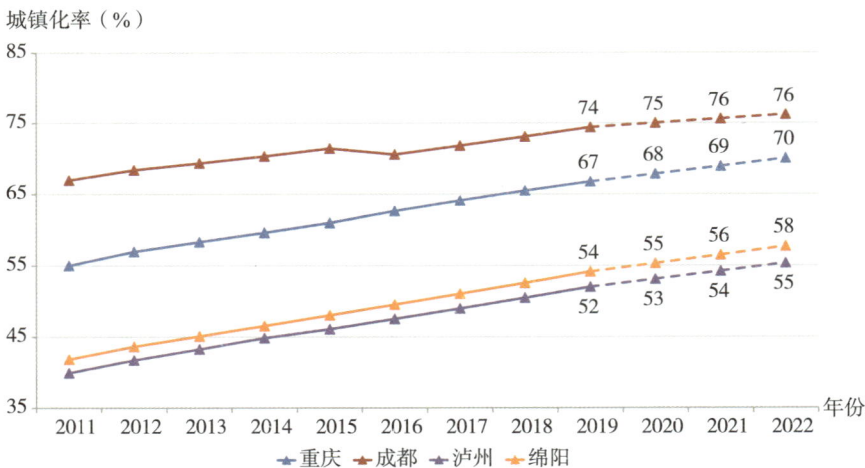

图 16-8　成渝区域主要城市城镇化率对比及走势预测

注：数据源于 Wind；增速预测值 =2015—2019 年城镇化率平均增速 × 70%。

五、走势分析：成渝、京津冀的热点二、三线城市仍将推进城镇化高速发展

以过去五年城镇化率平均增速为基数、中速期到低速期总增速的变

化幅度为调整值，我们可得各城市城镇化率增速的预测值，其排名如下（见表16-2）：

- A等级，主要来自成渝城市群和京津冀城市群，多为二、三线城市。
- B等级，主要是长三角区域的热点城市，其中南通增速为1.5%，远超常州与成都。
- C、D等级，大部分城市已实现高水平的城镇化。

表 16-2　样本城市城镇化指标排名

等级	城市	预测增长速度（%）
A	绵阳	2.2
	泸州	2.1
	唐山	1.9
	秦皇岛	1.9
	石家庄	1.8
B	重庆	1.7
	南通	1.5
	常州	0.9
	成都	0.8
C	宁波	0.6
	杭州	0.6
	东莞	0.5
	无锡	0.5
	珠海	0.4

（续表）

等级	城市	预测增长速度（%）
D	天津	0.2
	广州	0.2
	上海	0.1
	北京	0
	佛山	0
	深圳	0

注：预测增速 =2015—2019 年城镇化率平均增速 × 70%。

A 等级：增速≥ 1.6%　　B 等级：0.8%≤增速＜ 1.6%　　C 等级：0.4%≤增速＜ 0.8%　　D 等级：增速＜ 0.4%

由此可见，城镇化提升的主要动力将来自热点二、三线城市。相对其他城市来说，这类城市也将有更多的投资机会。

第三节　土地供应分析：二线城市的土地成交市场将保持稳势发展

土地供应是房企生产经营的面粉，面粉市场的发展态势如何，将深度影响房企的经营效益。本节着重分析四大城市群的土地供应情况。

一、长三角城市群：杭州、南通等环沪城市高速发展

上海 2019 年实现住宅类土地成交面积 1 465 万平方米，增速达34%。近年来，其成交量呈现明显周期波动，但总体来看仍有小幅的上涨，预计未来几年将出现小幅下滑。

杭州近几年发展迅速，热度趋高。2016 年，杭州住宅类土地成交量超过上海，并保持高增长，2019 年实现 1 779 万平方米成交量，达到历史高位。而南通地理位置优越，受长三角一体化规划利好，近两年住宅

类土地成交量飞涨，已达千万级别。在长三角区域中，城市发展建设处于高速推进阶段，环沪的多个城市具备优势资源的支撑，未来仍将保持稳定增长（见图 16–9）。

成交面积（万平方米）

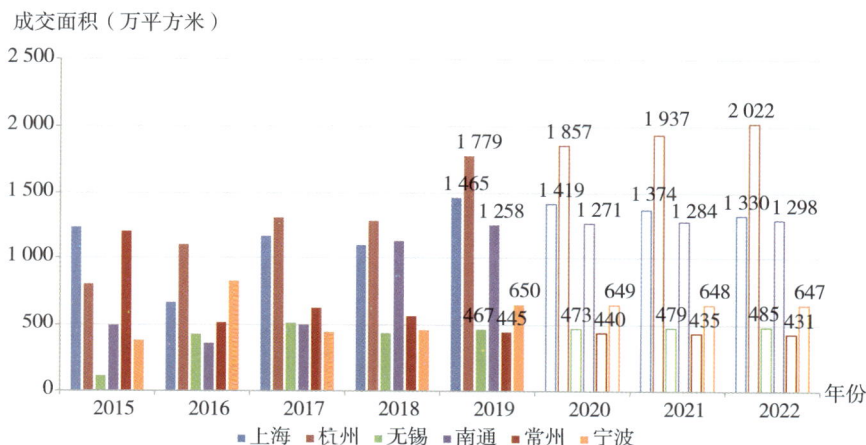

图 16--9　长三角区域主要城市住宅类土地成交面积走势及预测

注：数据源于 Wind；增速预测值 =2017—2019 年土地成交面积平均增速 ×30%；土地成交面积预测值 = 上年度土地成交面积 ×（1+ 增速预测值）；由于各城市发展周期不同，平均增速将根据实际情况进行调整。

二、粤港澳大湾区城市群：广佛土地出让体量保持高水平

广州住宅类土地成交面积连续三年保持上涨，于 2018 年超过成交大户佛山，2019 年实现近 1 225 万平方米成交量，未来商品房供应充足。受粤港澳大湾区规划利好，广州全方位推进各项建设，制定了《广州市 2017—2021 年住宅用地供立计划》，未来仍将秉承"增加宅地供应"的主要思路。

佛山 2019 年实现住宅类土地成交面积 873 万平方米，同比下降 20%。从近几年走势来看，佛山住宅类土地成交相对平稳，保持在 1 000 万平方米左右。未来，佛L土地市场成交将趋于平稳。

深圳的住宅类土地供应稀缺，导致其近几年成交量一直低迷。其2019年的成交量再度突破百万，但相较粤港澳大湾区其他城市，深圳投资难度明显较大。

东莞、珠海2019年住宅类土地成交量大涨，创近五年新高，未来土地市场有望保持稳步增长态势（见图16-10）。

成交面积（万平方米）

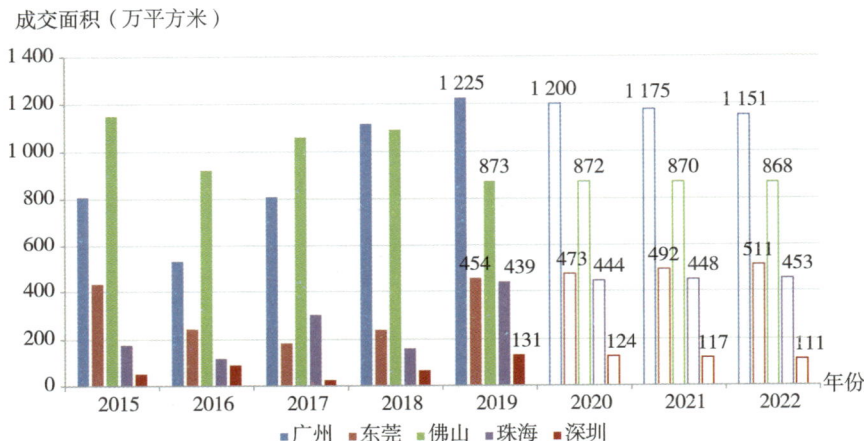

图16-10　粤港澳大湾区主要城市住宅类土地成交面积走势及预测

注：数据源于Wind；增速预测值=2017—2019年土地成交面积平均增速×30%；土地成交面积预测值=上年度土地成交面积×（1+增速预测值）；由于各城市发展周期不同，平均增速将根据实际情况进行调整。

三、京津冀城市群：天津、石家庄土地成交量将下行

在调控背景下，北京2017年土地供应大增，成交量随之上涨。根据供地计划，北京明确2017年到2021年将供应住宅类土地6 000公顷。近两年北京土地成交量维持在600万平方米以上，未来也将延续该态势平稳低速增长。

天津的住宅类土地成交量一直处于区域前列，2019年再创近五年新高，达到1 770万平方米。但由于商品房库存高、去化压力大，天津未

来土地市场成交将放缓。石家庄近几年土地成交量波动幅度逐渐减小，未来将保持平稳。唐山于 2017 年土地成交量突破 400 万平方米后平稳增长，未来将延续该态势（见图 16-11）。

成交面积（万平方米）

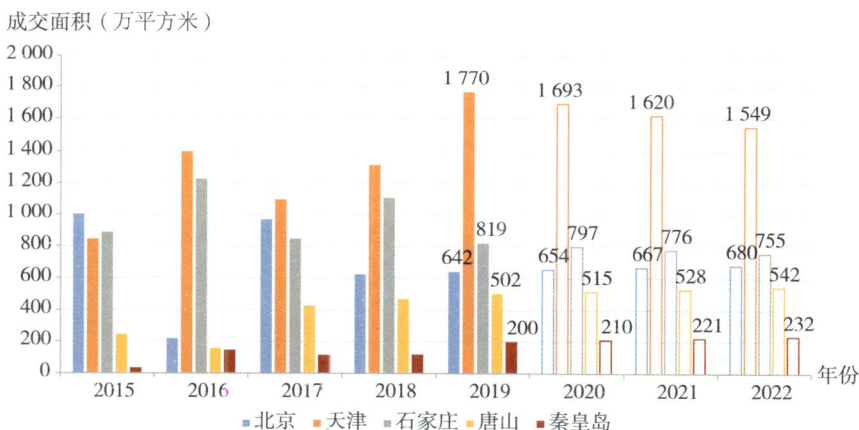

图 16-11　京津冀区域主要城市住宅类土地成交面积走势及预测

注：数据源于 Wind；增速预测值 =2017—2019 年土地成交面积平均增速 ×30%；土地成交面积预测值 = 上年度土地成交面积 ×（1+ 增速预测值）；由于各城市发展周期不同，平均增速将根据实际情况进行调整。

四、成渝城市群：成都土地成交发展平稳

重庆的土地成交量一直处于全国前列。自 2017 年以来，重庆住宅类土地成交量呈下降趋势，2019 年完成 2 306 万平方米成交量。重庆仍是成渝区域土地成交量最大的城市，土地市场供应充足。未来，重庆住宅类土地成交量将保持平稳下降的走势，预测 2022 年其住宅类土地成交量将低于 2 200 万平方米。

成都的土地成交量虽不及重庆的体量，但近几年一直在 1 200 万～1 600 万平方米区间浮动，整体市场基础稳固、发展平稳。未来，成都的土地成交量出现大浮动的可能性较小，在低增长背景下，2022 年将逐

步接近 1 500 万平方米。

　　成渝城市群中的三、四线城市住宅类土地成交量与核心城市相差较大，例如泸州 2018 年成交量达到峰值 800 万平方米，不到成都的 60%。未来，成渝城市群中的三、四线城市土地成交量的突破空间有限（见图 16-12）。

成交面积（万平方米）

图 16-12　成渝区域主要城市住宅类土地成交面积走势及预测

　　注：数据源于 Wind；增速预测值 =2017—2019 年土地成交面积平均增速 ×30%；土地成交面积预测值＝上年度土地成交面积 ×（1+ 增速预测值）；由于各城市发展周期不同，平均增速将根据实际情况进行调整。

第十七章

前 10 强房企经营指标趋势分析

承接第二章对地产的权益净利分析，本章通过同样的方法对前 10 强房企的权益净利和四大子指标进行建模分析（基础数据来源于房企年报和 Wind 数据库）。

第一节　指标原动力：四大维度分析前10强房企权益净利增长的特征

为探究前10强房企权益净利过去和未来变化的原因，下面我们将对净资产、资产产出率、权益乘数和净利润率四个影响权益净利的二级指标进行展开分析。2020—2022年的预测分析是根据企业过去三年（2017—2019年）均值、行业均值，以及企业和行业当下的新变化，做出的综合评测。

一、净资产规模分析：硬实力的比拼

1. 趋势分析：恒大净资产规模遥遥领先

图17-1显示，前10强房企的净资产都保持着平稳上升的态势。

恒大净资产规模排在第一，规模优势显著，2018年后净资产增速开始放缓。

中海净资产规模排行第二，在原有高水平的基础上稳步提升，推动权益净利的快速增长。

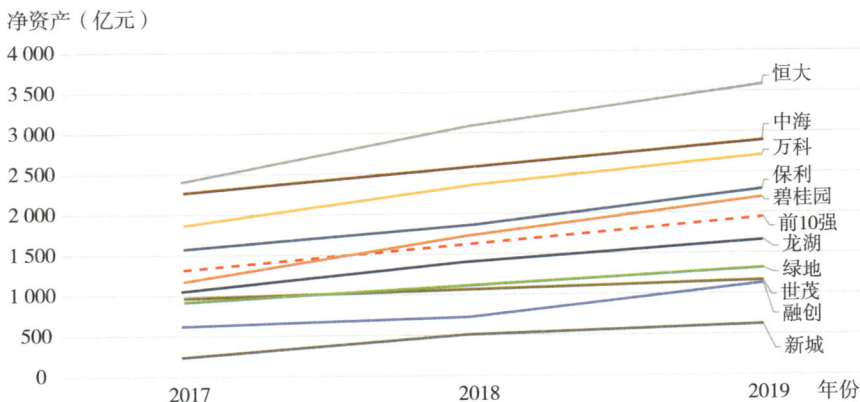

图17-1　2017—2019年前10强房企净资产变化

碧桂园净资产规模稳步提升，2019 年净资产规模直逼保利。

融创净资产规模 2018 年后增速明显加快，2019 年净资产规模超过 1 000 亿元，并追赶上世茂。

2. 增长率分析：新城增长率达 58.8%

表 17-1 显示，前 10 强净资产三年增长率均值为 23.1%，其中 6 家房企的增长率高于均值，新城和融创分别位列一、二。

表 17-1 前 10 强房企净资产增长率均值

排名	企业	2017 年		2018 年		2019 年		三年增长率（%）
		数值（亿元）	增长率（%）	数值（亿元）	增长率（%）	数值（亿元）	增长率（%）	
1	新城	260	59	510	96	619	21	58.7
2	融创	606	71	731	21	1 141	56	49.3
3	碧桂园	1 166	43	1 734	49	2 186	26	39.3
4	龙湖	1 062	41	1 408	33	1 667	18	30.7
5	保利	1 582	34	1 865	18	2 295	23	25.0
6	恒大	2 422	26	3 086	27	3 585	16	23.0
—	前 10 强	1 314	25	1 640	25	1 957	19	23.0
7	绿地	935	21	1 089	16	1 314	21	19.3
8	万科	1 867	15	2 356	26	2 706	15	18.7
9	中海	2 270	12	2 566	13	2 891	13	12.7
10	世茂	967	10	1 053	9	1 167	11	10

为使研究方便，我们以 2019 年的净资产规模和三年增长率均值对企业进行划分。净资产规模小于 1 957 亿元为低基数，高于此值为高基数。三年增长率均值小于 23% 的属于低增长，高于此值为高增长。我们

将前 10 强企业分以下两类。

（1）低基数高增长：企业处于上升期，股东投资多

此类企业经营业绩良好，企业留存资金比重大，将加大力度提高股东权益。

新城三年的净资产增速最快主要得益于高增长的留存收益。2017—2019 年，新城的净利润三年增长率均值为 65%，利润留存率达 79%，超过净利润的增长率。

融创净资产增长率排行第二，达 49.3%。与新城不同的是，融创净资产的增长主要靠股东投入。2017—2019 年，融创股本增长约 108 亿元，远高于其他企业。

（2）高基数低增长：企业处于稳定期，股东投资减少，股利分配率逐渐上升

2017 年和 2018 年，万科的股本都出现零增长，净利润增长缓慢，三年的增长率均值仅有 23%，且利润留存率也维持在 36% 的行业低位。

2017—2019 年，中海留存率均值为 43%，净利润增长平缓，增长幅度为 4%，利润留存的增幅小。加上股本无增长，因此中海的净资产规模增长平缓。

3. 预测分析：恒大净资产规模优势仍可持续

如图 17-2 所示，基于 2017—2019 年变化图和三年增长率均值排行，我们预测 2020—2022 年：恒大的净资产仍维持在行业第一的水平，规模优势显著。恒大通过缩减企业负债规模，完成降低负债的目标，逐步提高股权融资的占比。同时，降低债务融资，减少财务费用，可以有效地提高净利润水平。因此，未来恒大的净资产或将实现逐年增长并保持规模第一。

万科净资产规模超过中海成为第二，两个企业的净资产规模差距渐失。

融创延续上一轮增长周期的优势，其资产规模将赶超绿地。

新城的净资产规模平稳扩张，到 2022 年预计可超过 1 000 亿元。

净资产（亿元）

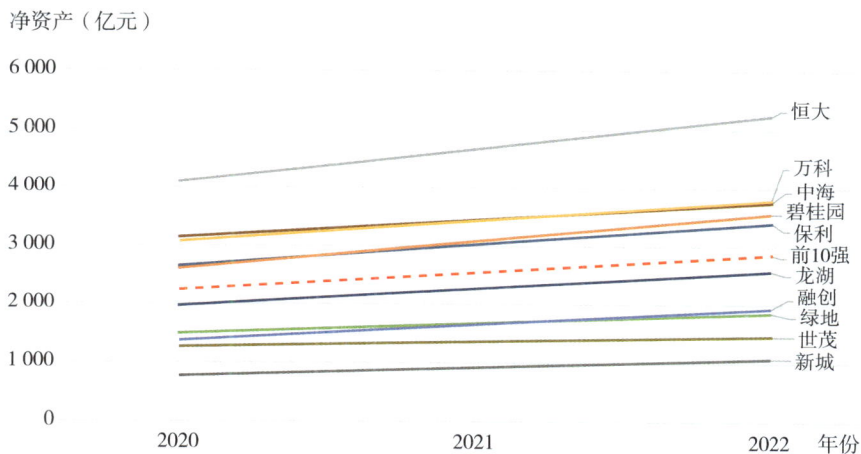

图 17-2　2020—2022 年前 10 强房企净资产预测

二、资产产出率分析：考验下降周期里总资产周转能力

1. 趋势分析：中海资产产出率平稳上升

如图 17-3 所示，2019 年有四家房企的资产产出率高于前 10 强均值，中海和世茂均后来居上。

我们将前 10 强房企资产产出率的变化分为如下几类。

（1）第一类：先升后降

融创通过增加土地储备、高速周转实现销售额的快速增长，推动资产产出率的提升。2019 年二拍市场遇冷，拿地节奏变慢，加上销售增速较之前降低，导致企业的资产产出率有明显的下滑。

资产产出率

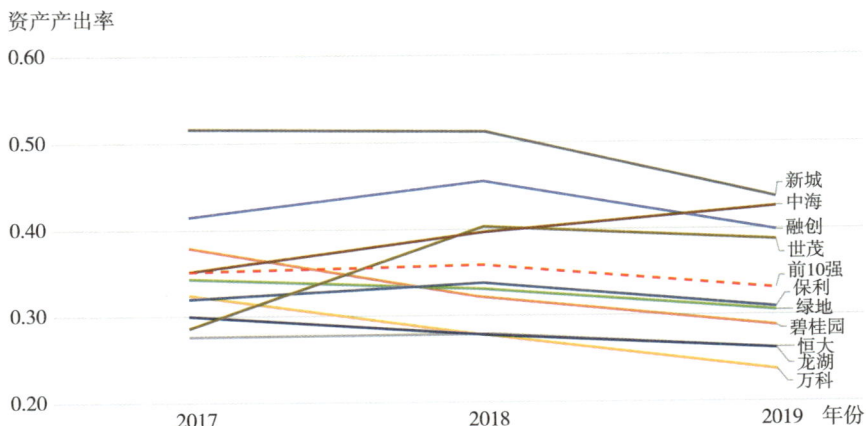

图 17-3　2017—2019 年前 10 强房企资产产出率变化

2017—2018 年，世茂的资产产出率排名从第九名上升到第三名，具体由 0.29 升至 0.40，增长幅度达 38%。2018—2019 年，受行业大环境的影响，世茂资产产出率稳中稍降。

（2）第二类：稳步上升

中海的资产产出率从 2017 年 0.35 稳步上升至 2019 年 0.43，上升幅度达 23%。2017 年，中海权益销售收入约 1 882 亿元，2019 年销售规模扩大，权益销售收入上升至 3 085 亿元。在投资方面，中海的稳健投资心态使得其 2018—2019 年的总资产增速较 2017—2018 年放缓。

（3）第三类：持续下降

2017—2019 年，万科的资产产出率从 0.32 降至 0.24，下降幅度达 25%。虽然万科总资产环比增长有所下降，但其资产规模增速远高于销售规模。

2. 增长率分析：世茂增长率均值高达 19.7%

表 17-2 显示，前 10 强均值增长率为负数，说明 2017—2019 年行业整体的资产产出率是下降的。

表 17-2　前 10 强房企资产产出率增长率均值

排名	企业	2017 年		2018 年		2019 年		三年平均增长率（%）
		数值（比值）	增长率（%）	数值（比值）	增长率（%）	数值（比值）	增长率（%）	
1	世茂	0.29	24	0.40	38	0.39	−3	19.7
2	融创	0.42	21	0.46	10	0.40	−13	6.0
3	中海	0.35	−4	0.40	14	0.43	8	6.0
4	恒大	0.28	5	0.28	0	0.26	−7	0.7
—	前 10 强	0.35	2	0.36	3	0.33	−8	−1.0
5	绿地	0.34	3	0.33	−3	0.30	−9	−3.0
6	龙湖	0.30	0	0.28	−7	0.26	−7	−3.3
7	保利	0.32	−7	0.34	6	0.31	−9	−3.3
8	新城	0.51	−7	0.51	0	0.44	−14	−7.0
9	万科	0.32	3	0.28	−13	0.24	−13	−7.7
10	碧桂园	0.38	−5	0.32	−16	0.29	−9	−10.0

　　为了进一步深入研究，我们以 2019 年的基数和三年增长率均值对企业进行划分。2019 年资产产出率小于 0.33 的属于低基数，高于此数的为高基数。三年增长率均值小于 −1.0% 的为低增长，大于此数的为高增长。据此，房企增长模式分为以下两类。

　　（1）高基数、高增长：企业的造血能力强，去化率快能够保证资金及时回笼

　　世茂增长率均值遥遥领先，高达 19.7%。经过三年的蓄势期，世茂 2017 年的销售收入回归千亿。2018 年，其销售收入同比增长 70% 以上，去化率大，带动资产产出率增长 41%。

　　融创增长率均值为 6.0%，排行第二。得益于 2017 年 21% 的高增长率，之后其增长率逐年下降。

　　中海排行第三，增长率均值基本与融创持平。自 2018 年增长率由负转正后，其 2018 年、2019 年两年的增长率均维持在较高水平。

（2）低基数、低增长：企业受到行业周期性的影响，调整自身的发展节奏

万科三年增长率均值为 –7.7%，资产产出率下降较为显著。

3. 预测分析：未来三年前 10 强房企资产产出率略微上升

2020—2022 年，随着国内新房市场销售稳定、拿地规模控制、生产节奏加快、权益占比提速、头部房企集中度提速等因素影响，前 10 强房企权益销售规模有望明显扩大，带动资产产出率一定程度的提升。我们根据图 17-4 预测：新城和中海资产产出率依然位居前列并有小幅的上涨空间；万科资产产出率有明显的上涨幅度，恒大和碧桂园的资产产出率趋于稳定。

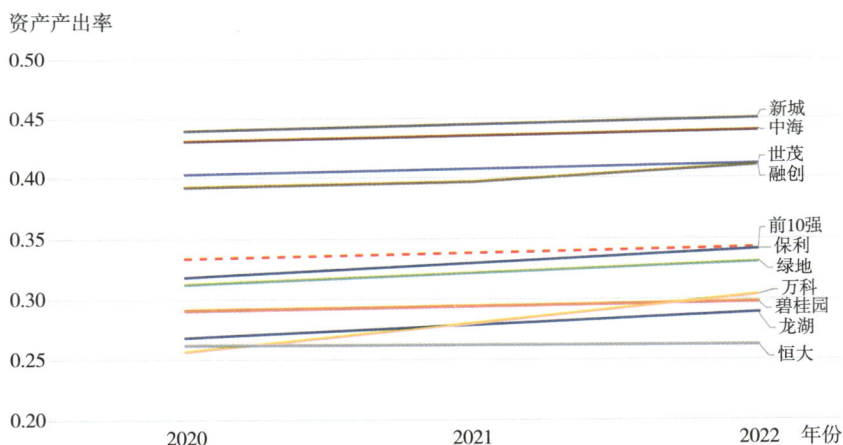

图 17-4　2020—2022 年前 10 强房企资产产出率预测

三、权益乘数分析：寻找安全高效的边界

1. 趋势分析：负债规模下降成趋势

随着行业金融去杠杆的进程不断推进，各大房企的权益乘数有升有

降，但上升的幅度远远小于下降的幅度，前 10 强均值表现出稳中有降的态势。从图 17-5 来看，前 10 强房企 2017—2019 年权益乘数整体变化幅度不大，我们仅分析变化幅度较为明显的三家企业。

（1）持续下降类

2017 年，融创的权益乘数排行第一，之后开始下降，直至 2019 年排行第三。近几年融创通过收并购的模式加快企业整合速度，以股权收购的方式使得其总资产从 2017 年 6 231 亿元上涨至 2019 年 9 606 亿元，上涨幅度超过 50%。其净资产规模增长超过总资产，从 606 亿元上升到 1 141 亿元，导致杠杆比重下降。

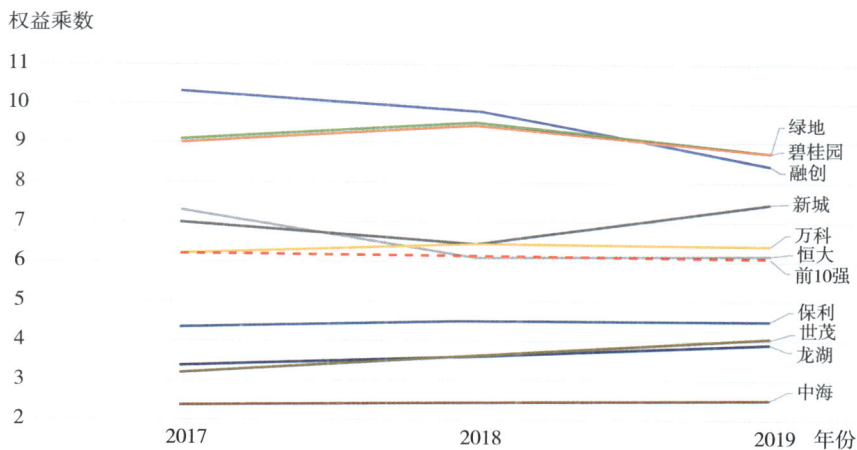

图 17-5　2017—2019 年前 10 强房企权益乘数变化

（2）先降后升类

2017—2018 年，新城的权益乘数下降至 7 以下，之后出现明显回升。其总资产增长了约 40%，净资产仅从 510 亿元上升至 619 亿元，增速放缓。

（3）稳中微升类

2017—2018 年，世茂的权益乘数低位平稳，其杠杆水平与龙湖相当。2018—2019 年，世茂为跑赢同行，加大拿地力度以及增加融资动作。其资产规模从 3 776 亿元扩大到 4 715 亿元，净资产从 1 053 亿元上升至 1 167 亿元，增长了 10% 左右。其负债率略微攀升，实现低位加杠杆稳健增长。

2. 增长率分析：权益乘数增长率正负两极差异显著

根据表 17-3，我们发现，2017—2019 年前 10 强房企权益乘数增长两极分化严重，增长率最高可达到 10.3%，最低已经跌到 -3.3%。

表 17-3　前 10 强房企权益乘数增长率

排名	企业	2017 年		2018 年		2019 年		三年平均增长率（%）
		数值（比值）	增长率（%）	数值（比值）	增长率（%）	数值（比值）	增长率（%）	
1	世茂	3.2	7	3.6	13	4.0	11	10.3
2	龙湖	3.4	14	3.6	6	3.9	8	9.3
3	万科	6.2	21	6.5	5	6.4	-2	8.0
4	碧桂园	9.0	24	9.4	4	8.7	-7	7.0
5	新城	7.1	12	6.5	-8	7.5	15	6.3
6	保利	4.4	11	4.5	2	4.5	0	4.3
—	前 10 强	6.2	11	6.2	0	6.1	-2	3.0
7	融创	10.3	24	9.8	-5	8.4	-15	1.3
8	中海	2.4	-6	2.5	4	2.5	0	-0.7
9	绿地	9.1	-4	9.5	4	8.7	-8	-2.7
10	恒大	7.3	4	6.1	-16	6.2	2	-3.3

为了进一步研究，我们以 2019 年的权益乘数和三年增长率均值对企业进行划分。权益乘数小于 6.1 的为低基数，高于此值的为高基数；三年增长率均值小于 3% 的属于低增长，高于此值的为高增长。我们将

企业分为以下三类。

（1）高基数、低增长：企业有计划地减少债务融资规模，降低杠杆水平，控制财务风险

融创的权益乘数逐年下降，2019 年下降 8.4，三年增长率均值仅为 1.3%。

2017 年，绿地的权益乘数为 9.1，处于行业高位，2019 年下降到 8.7，增长率跌至 –2.7%。

恒大的三年增长率均值为 –3.3%，排名最后，权益乘数从 7.3 下降至 6.2，体现了恒大降负债的决心。

（2）高基数、高稳定：企业目前仍以债务融资为主，利用杠杆撬动更大的收益

碧桂园的三年增长率均值为 7%，排行第四，但其权益乘数基数代表行业的高水平，维持在 9 左右。

（3）低基数、高增长：企业外部融资需求增大，开始通过加杠杆来促进增长

世茂的三年增长率均值为 10.3%，排行第一，但其负债率仍处于较低水平。

龙湖的三年增长率均值为 9.3%，排行第二，其杠杆水平低，有较大的加杠杆发展空间。

3. 预测分析：2020—2022 年前 10 强房企权益乘数整体有小幅下降空间

2020—2022 年，根据上一轮增长情况来看，行业整体的权益乘数将会有小幅度的下降空间，前 10 强均值表现出微降的趋势。权益乘数本身较高的企业会逐渐降低负债水平，而权益乘数较低的企业会随着融资环境的改善和融资成本的降低，充分利用杠杆，实现加杠杆发展（见图 17–6）。

2020—2022 年，龙湖、万科、中海、世茂的权益乘数将持续上涨，绿地、融创的权益乘数将持续降低。

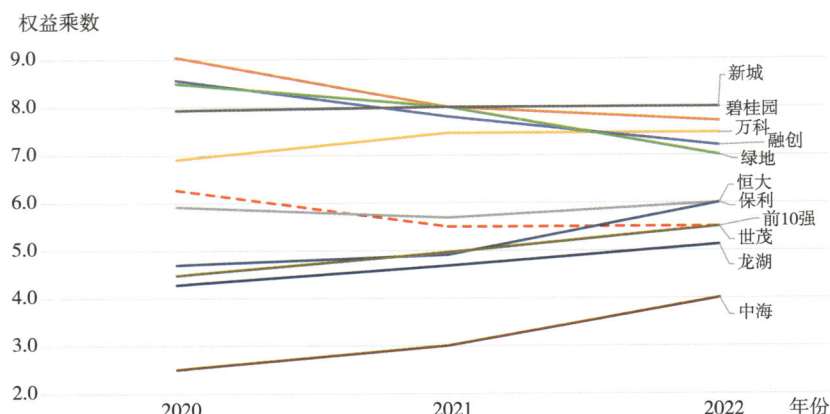

图 17-6　2020-2022 年前 10 强房企权益乘数预测

四、净利润率分析：下降触底

1. 趋势分析：前 10 强房企净利润率水平整体下降 0.7% 左右

受经济环境和政策环境的影响，房企整体的销售规模下降，加上成本的逐年上升，企业的利润空间被不断压缩。修正后的净利润率变化如图 17-7 显示，2017—2019 年前 10 强房企的净利润率呈现出微降的趋势。中海代表着前 10 强房企净利润率的最高水平。

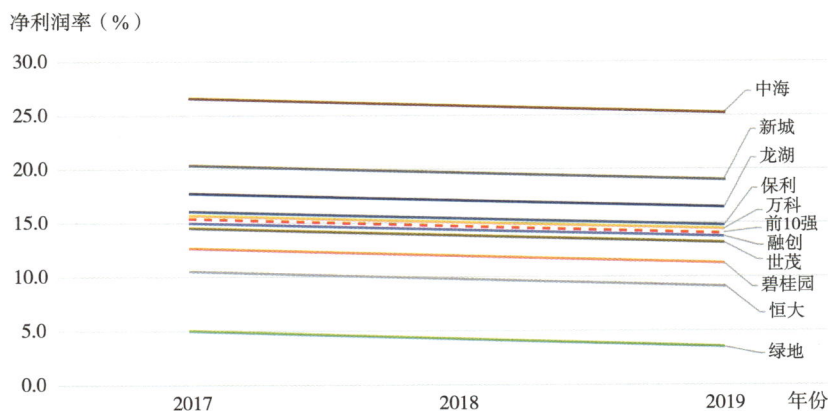

图 17-7　2017—2019 年前 10 强房企净利润率（修正值）变化

2. 增长率分析：净利润率整体下滑

在表 17-4 中，仅保利的三年增长率均值为正数，而其他房企的净利润增长率都为负数。

表 17-4　前 10 强房企三年净利润率（修正值）增长率排行榜

排名	企业	2017 年		2018 年		2019 年		三年平均增长率（%）
		数值（比值）	增长率（%）	数值（比值）	增长率（%）	数值（比值）	增长率（%）	
1	保利	16.10	9.7	15.4	−4.3	14.70	−4.5	0.3
2	中海	26.60	1.0	25.9	−2.6	25.20	−2.7	−1.4
3	新城	20.36	−0.5	19.7	−3.2	18.96	−3.8	−2.5
4	世茂	14.54	−1.1	13.8	−5.1	13.14	−4.5	−3.6
5	万科	15.77	−2.1	15.1	−4.2	14.37	−4.8	−3.7
6	碧桂园	12.66	−0.1	12.0	−5.2	11.26	−6.2	−3.8
—	前 10 强	15.44	−2.8	14.74	−4.5	14.04	−4.7	−4.0
7	融创	15.10	−5.6	14.4	−4.6	13.70	−4.9	−4.4
8	龙湖	17.75	−12.8	17.1	−3.7	16.35	−4.4	−7.0
9	绿地	4.90	2.5	4.2	−14.3	3.50	−16.7	−9.5
10	恒大	10.61	−18.7	9.9	−6.7	9.21	−7.0	−10.8

3. 预测分析：前 10 强房企净利润率水平或将低位盘整

由于受地价和融资的成本限制，2020—2022 年行业净利润率整体会低位盘整。因对净利润率进行整体的调整，前 10 强各房企的净利润率水平排行变化不大（见图 17-8）。

净利润率（%）

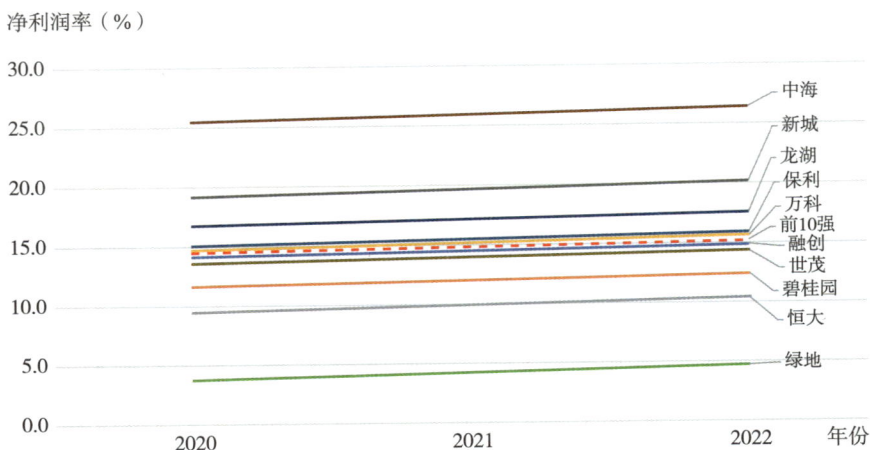

图 17-8　2020—2022 年前 10 强房企净利润率（修正值）预测

第二节　前 10 强房企经营指标能级分析

基于权益净利指标拆解的基础，我们知道权益净利是受净资产、资产产出率、权益乘数和净利润率四个指标共同影响的。为了呈现前 10 强房企经营指标能级的形态，我们进行了进一步的等级划分（见表 17-5）。

表 17-5　各指标等级划分标准

等级划分	净资产（亿元）	资产产出率（%）	权益乘数	净利润率（%）
A	＞3 000	＞0.40	＞7.5	＞15.0
B	2 000～3 000（含）	0.35～0.40（含）	5.5～7.5（含）	12.5～15.0（含）
C	1 000～2 000（含）	0.30～0.35（含）	3.5～5.5（含）	10.0～12.5（含）
D	≤1 000	≤0.30	≤3.5	≤10.0

根据这四类指标对前 10 强房企的影响程度，我们将房企的发展

模式划分成以下三种。2020—2022 年的预测分析是根据企业过去三年（2017—2019 年）均值、行业均值，以及企业和行业当下的新变化，做出的综合评测。

一、"单高"型企业

1. 恒大：高规模

恒大 2016 年主要依靠高杠杆发展，2022 年或将转变为净资产指标带动增长型企业（见图 17-9）。

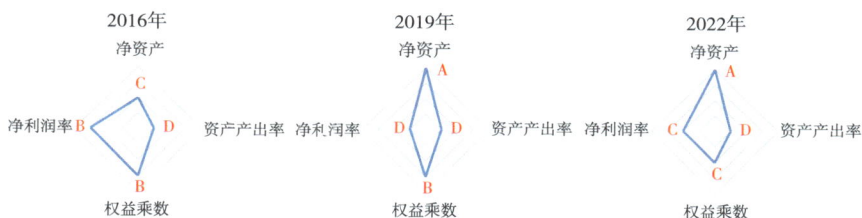

恒大	权益净利（亿元）	净资产（亿元）	资产产出率	权益乘数	净利润率（%）
2016年	464	1 925	0.26	7.0	13.06
2019年	533	3 585	0.26	6.2	9.21
2022年（预测值）	783	5 245	0.26	5.5	10.41

图 17-9　恒大经营模式变化

2. 绿地：高杠杆

2016 年、2019 年及 2022 年三个时点的研究结果显示，加杠杆发展是绿地主要的发展模式（见图 17-10）。

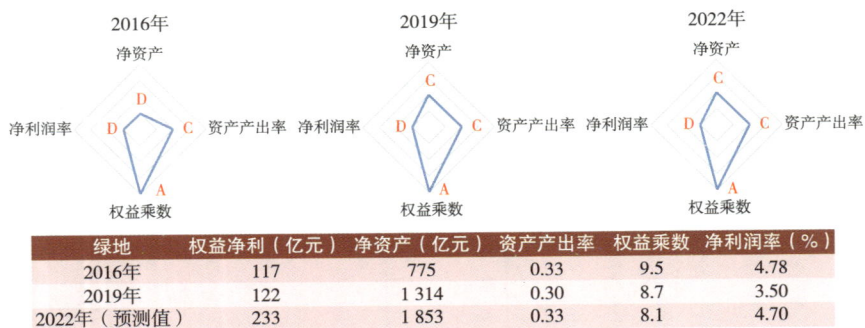

绿地	权益净利（亿元）	净资产（亿元）	资产产出率	权益乘数	净利润率（%）
2016年	117	775	0.33	9.5	4.78
2019年	122	1 314	0.30	8.7	3.50
2022年（预测值）	233	1 853	0.33	8.1	4.70

图 17-10　绿地经营模式变化

3. 世茂：高周转

世茂前期净利润率指标贡献程度高，2022 年或将出现发展结构调整，其权益乘数将有很大的提升，资产产出率的提升成为主要的增长动力（见图 17-11）。

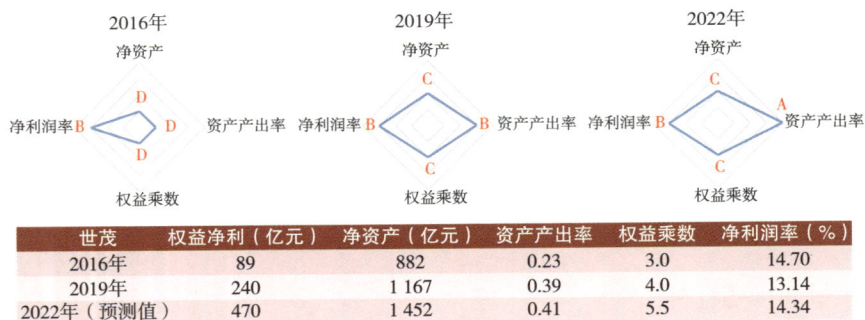

世茂	权益净利（亿元）	净资产（亿元）	资产产出率	权益乘数	净利润率（%）
2016年	89	882	0.23	3.0	14.70
2019年	240	1 167	0.39	4.0	13.14
2022年（预测值）	470	1 452	0.41	5.5	14.34

图 17-11　世茂经营模式变化

4. 龙湖：高利润

2016 年、2019 年及 2022 年，龙湖的利润优势显著（见图 17-12）。

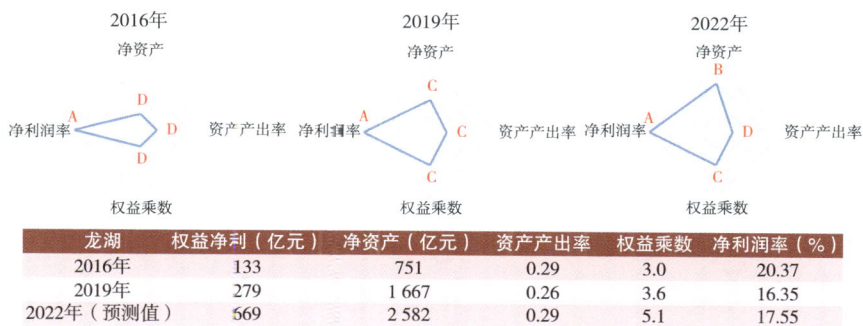

龙湖	权益净利（亿元）	净资产（亿元）	资产产出率	权益乘数	净利润率（%）
2016年	133	751	0.29	3.0	20.37
2019年	279	1 667	0.26	3.6	16.35
2022年（预测值）	569	2 582	0.29	5.1	17.55

图 17-12　龙湖经营模式变化

二、"双高"型企业

1. 融创：高杠杆 + 高周转

2016 年，融创主要依靠净利润率和权益乘数两项指标拉动业绩，2022 年或将转变为由资产产出率和权益乘数拉动增长（见图 17-13）。

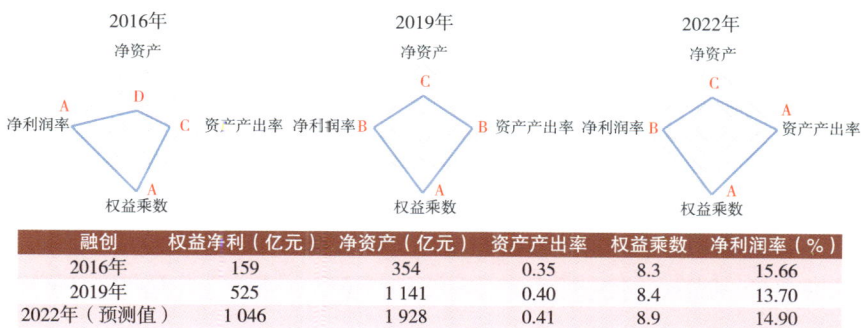

融创	权益净利（亿元）	净资产（亿元）	资产产出率	权益乘数	净利润率（%）
2016年	159	354	0.35	8.3	15.66
2019年	525	1 141	0.40	8.4	13.70
2022年（预测值）	1 046	1 928	0.41	8.9	14.90

图 17-13　融创经营模式变化

2. 碧桂园：高杠杆 + 高规模

2022 年，碧桂园的净资产优势或将后来居上，与权益乘数共同推动权益净利的提升（见图 17-14）。

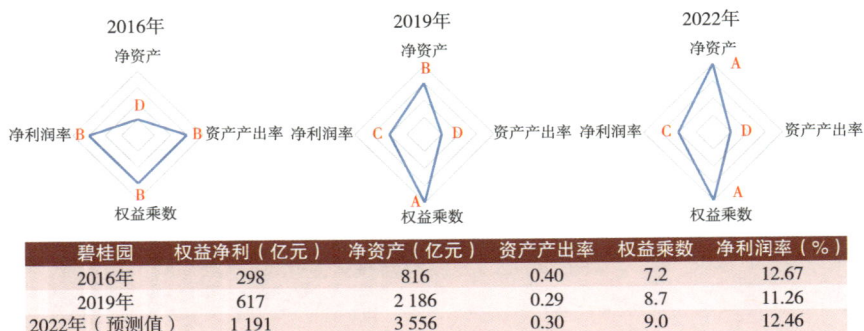

碧桂园	权益净利（亿元）	净资产（亿元）	资产产出率	权益乘数	净利润率（%）
2016年	298	816	0.40	7.2	12.67
2019年	617	2 186	0.29	8.7	11.26
2022年（预测值）	1 191	3 556	0.30	9.0	12.46

图 17-14　碧桂园经营模式变化

3. 保利：高利润 + 高规模

保利一直保持着相对均衡的发展态势，2022 年净利润率和净资产提升，保利或将成为由净利润率和净资产带动增长的双高型企业（见图 17-15）。

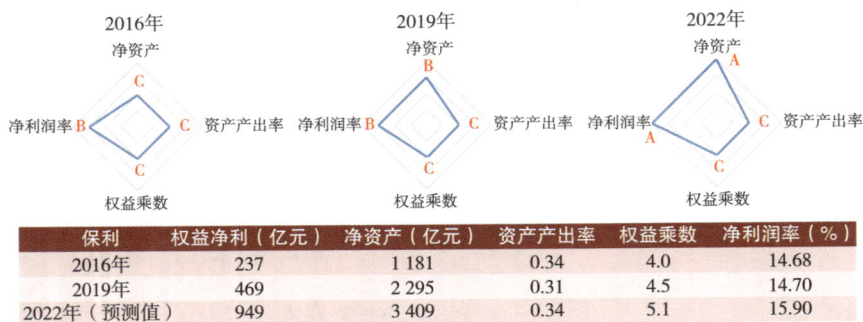

保利	权益净利（亿元）	净资产（亿元）	资产产出率	权益乘数	净利润率（%）
2016年	237	1 181	0.34	4.0	14.68
2019年	469	2 295	0.31	4.5	14.70
2022年（预测值）	949	3 409	0.34	5.1	15.90

图 17-15　保利经营模式变化

三、"三高"型企业

1. 万科：高杠杆 + 高规模 + 高利润

万科 2016 年主要依靠净利润率带动增长，2022 年或将转变为净利润率、净资产和权益乘数三项指标共同发展（见图 17-16）。

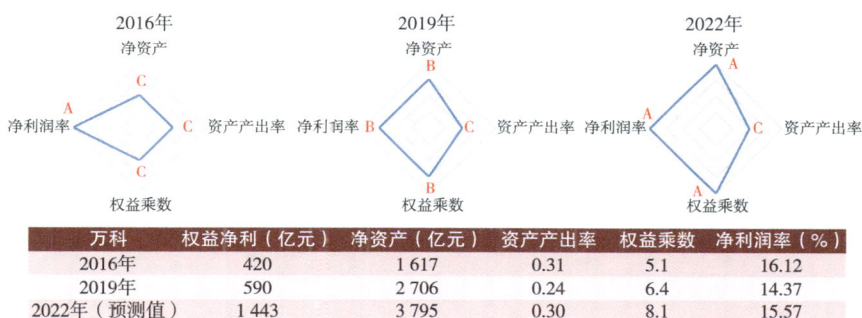

万科	权益净利（亿元）	净资产（亿元）	资产产出率	权益乘数	净利润率（%）
2016年	420	1 617	0.31	5.1	16.12
2019年	590	2 706	0.24	6.4	14.37
2022年（预测值）	1 443	3 795	0.30	8.1	15.57

图 17-16　万科经营模式变化

2. 中海：高周转 + 高规模 + 高利润

中海 2016 年的净利润率指标推动作用显著，中海 2022 年或将实现"净利润率 + 净资产 + 资产产出率"三项指标冠军（见图 17-17）。

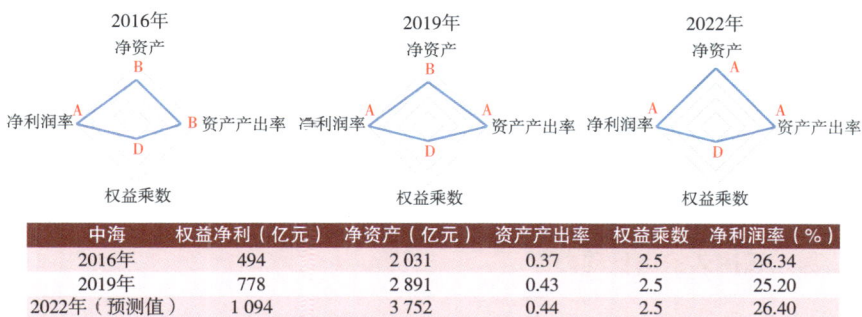

中海	权益净利（亿元）	净资产（亿元）	资产产出率	权益乘数	净利润率（%）
2016年	494	2 031	0.37	2.5	26.34
2019年	778	2 891	0.43	2.5	25.20
2022年（预测值）	1 094	3 752	0.44	2.5	26.40

图 17-17　中海经营模式变化

3. 新城：高杠杆 + 高周转 + 高利润

新城在 2016 年是"净利润率 + 资产产出率"双项冠军，随着权益乘数逐年提高，在 2022 年或将成为"三项全能"型企业（见图 17–18）。

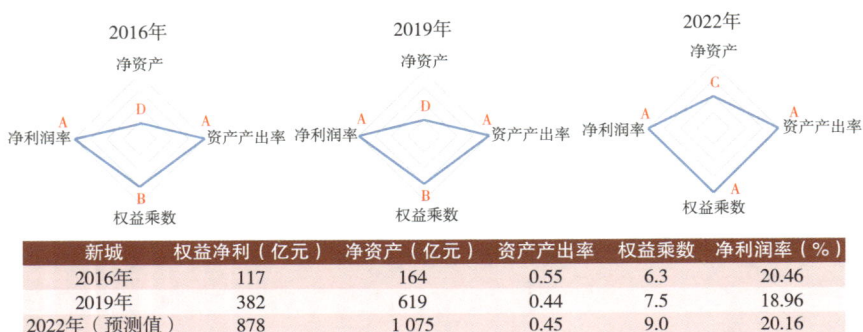

新城	权益净利（亿元）	净资产（亿元）	资产产出率	权益乘数	净利润率（%）
2016年	117	164	0.55	6.3	20.46
2019年	382	619	0.44	7.5	18.96
2022年（预测值）	878	1 075	0.45	9.0	20.16

图 17–18　新城经营模式变化

总结

　　"杠杆—周转—规模—利润"体现了房企各项指标阶段性的推动作用。从成长期到稳定期，从加杠杆增长到寻求利润的增长点，是房企经营实力增长的完整过程。

　　从权益净利对比分析的结果来看，单一指标对权益净利的推动作用始终有限，例如绿地，仅靠权益乘数带动不了现阶段的权益净利向更高增速发展。

　　而权益净利水平始终在均值上方的企业，比如万科、碧桂园、中海和融创，都在逐步调整发展模式，补齐短板，朝着更均衡的方向发展。因此，我们得出结论，只有净资产、资产产出率、权益乘数和净利润率四项指标均衡发展，才能给权益净利带来更为稳定和持久的增长动力。

第十八章

15 家标杆房企运营指标趋势分析

承接第三章对标杆房企精益运营四大核心能力的分析，我们继续以房地产前 15 强三个梯队的房企为研究对象，具体解析它们的核心能力指标，预测它们的运营能力趋势。

第一节　核心能力指标趋势

基础数据来源为近三年房地产前 15 强上市房企年报，预测值结合 2020 年疫情因素、房企未来三年销售目标及行业新周期变化综合测算得出。

一、销售面积增长率：三个梯队将保持低速增长

目前整体来看，在行业增速放缓趋势下，叠加 2020 年初新冠肺炎疫情的暴发，企业销售面积增长率基本在 10% 左右，较 2019 年进一步放缓，且均低于 2019 全年的业绩同比增速（见图 18-1）。

销售面积增长率（%）

图 18-1　2017—2022 年头部房企销售面积增长率趋势

2017—2018 年，一、三梯队房企销售面积增长率大降，二梯队房企却逆势上扬。宏观政策调控的效果开始显现，市场预期下滑，行业增速放缓，市场去化表现普遍不及预期。二梯队资金与经营实力雄厚，应对调控政策更加从容，所以其在行业规模增速放缓的情况下，整体销售面

积增长率仍能保持较好的状态。

2018—2020年，三个梯队的房企整体销售呈现下降的趋势。随着房地产调控的深入，房企逐渐出现了业绩上涨乏力的现象，多家龙头房企都出现了业绩放缓的迹象。在上轮周期，房地产行业经历了规模快速发展，部分房企通过高周转和高杠杆完成了规模的快速增长，同时也带来了较高的财务杠杆和债务压力。2020年又遭遇了"黑天鹅"的影响，所以在2018—2020年这段时间，三个梯队以及整个行业的销售呈现持续下降的趋势。

预测在2020—2022年，行业整体会回温，但房企面对新周期变化，将会处于休整状态，市场行情将经历一段低增长时期。

二、储销比：两极分化态势，一、二梯队降储销比，三梯队升储销比

一、二梯队储销比都在下降，而三梯队却将借势增长、逆势上扬。一梯队储销比下降的原因是，为了控制土地规模，减少资金成本；二梯队土储较稳，整体呈下降趋势；三梯队适度超前存地，冲击销售规模，通过增加大量的土地来快速提升未来的销售规模。预计在2020—2022年，一、二梯队储销比还会保持下降趋势，三梯队仍将保持平稳上升趋势，三梯队的储销比将达到高值（见图18-2）。

一、二梯队的规模已经达到一定的量级，为了提质增效，其投资逻辑、土储策略正悄然改变，也更加注重运营的节奏。例如，从2019年开始，中国恒大便开始着手"控规模"，年末总土储货值从2018年的第1名降至第4位，实现了土储的"负增长"——在销售业绩维持高位的情况下，体现了恒大"提质增效"战略的效果。三梯队趁机加大新增优质土地储备，以获得更好的发展机会。体量庞大的土地储备是房企业绩持续增长的基石。

储销比

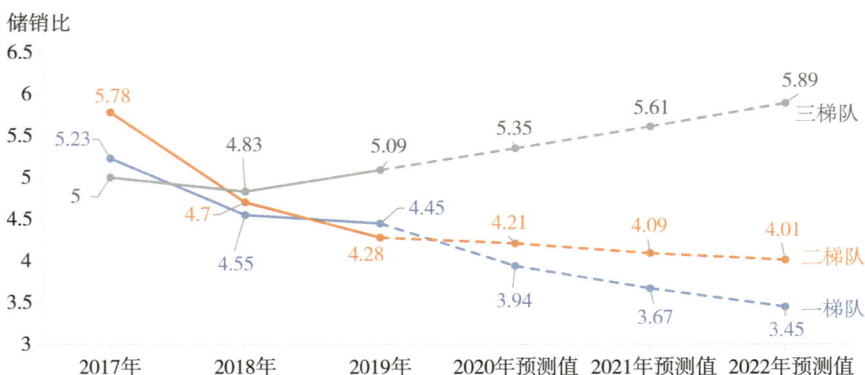

图 18-2　2017—2022 年头部房企储销比趋势

三、地货比：三个梯队发展将以"稳"为主

2017—2018 年，二、三梯队地货比急速下降，房企已开始全国化布局，核心区域向郊区扩张，一、二线向三、四线下沉，这与房企发展阶段有关（见图 18-3）。

地货比

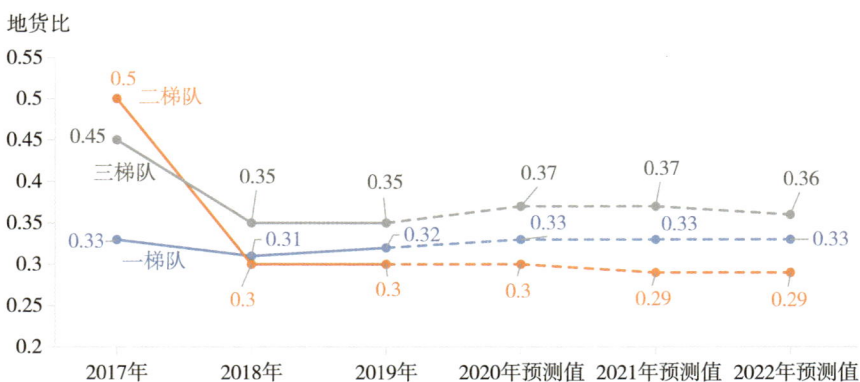

图 18-3　2017—2022 年头部房企地货比趋势

二梯队房企如绿地、中海、新城、华润等多为央企或国企，2018 年在旧改项目上发力较多，较多项目来自三、四线城市。例如，成本把控

能力较强的绿地，2018 年将布局版图向长三角三、四线城市转移，把京沪高铁沿线城市宿州作为深耕"高铁新城"的重要一站，结合"城际空间站"展开长三角的新一轮布局。下个阶段，二梯队将继续维持下沉欲望，三梯队将向三、四线城市快速扩展。

2020—2022 年，因为新冠肺炎疫情叠加时事政策、行业发展周期轮动等多重因素影响，一、二、三梯队及整个行业的地货比变动幅度都不会有较大的变化，以稳为主。

四、销售权益比：三个梯队有微幅增长，二梯队销售权益比居高

较高的销售权益占比是房企高质量发展的重要指标，二梯队房企多为实力超强的央企国企，资金成本低，独立拿地能力强，权益比也较高。2018 年，二梯队权益比达到最高值 0.85。在 2018 年调控政策时点，二梯队不仅受到的影响较小，还能很好地利用政策来提升自己的销售权益比（见图 18-4）。

销售权益比

图 18-4　2017—2022 年头部房企销售权益比趋势

三梯队更多的是发展中的民企，在规模追逐中，为了把握进入新

城市的机会，它们不断扩大合作半径，总体的项目权益也随之降低。例如，金地十分热衷采用小盘股操作的模式，通过合作开发的方式获取更多项目，以维持其增速。

一梯队的销售权益比一直都比较平衡，它们比较注重销售权益比的稳定发展，例如，碧桂园每年财报上都以销售权益金额作为销售口径。一些房企甚至提出了原则上杜绝合营、联营的想法，加强项目的控制权，助推销售回款，增加货币资金的储量。

据统计，前 50 强房企 2019 年的销售权益比超过 0.9 的仅 10 家，包括中国恒大、中海地产、绿地控股等房企。其中，恒大通过大盘拿地，提前锁定了更多郊区大盘项目的低价土地，较少合作拿地、合作开发。

五、存销比：两极分化态势，一、二梯队降存销比，三梯队升存销比

导致存销比过高的两个因素：一梯队存销比 2017—2019 年上升较快，是因为销售不畅，销售速度没有跟上供货速度；二梯队存销比 2017—2019 年整体呈下降趋势，主要是因为 2018 年二梯队受调控政策影响相对较小，去化能力更快。2020—2022 年，在行业新周期下，一、二梯队会加大销售力度，存销比都会逐步缓慢下降（见图 18-5）。

图 18-5　2017—2022 年头部房企存销比趋势

三梯队2017—2022年存销比整体上升趋势较为明显，这与三梯队房企未来的发展战略有关：三梯队为了冲规模，不断增储，加快存地周转，更多的土地变成了商品存货，但是在销售力度上没有加强，于是存销比就出现了持续走高现象，有存货滞重的风险。

六、建销比：三个梯队走势平稳下降，二梯队建销比居高

2017—2019年，一、三梯队建销比呈上升趋势。这段时间，一、三梯队开工建设项目多，土储转化为在建面积，上半年开工下半年供货，但遭遇2018年调控时点，销售速度上没有得到提升，从而导致建销比升高（见图18-6）。

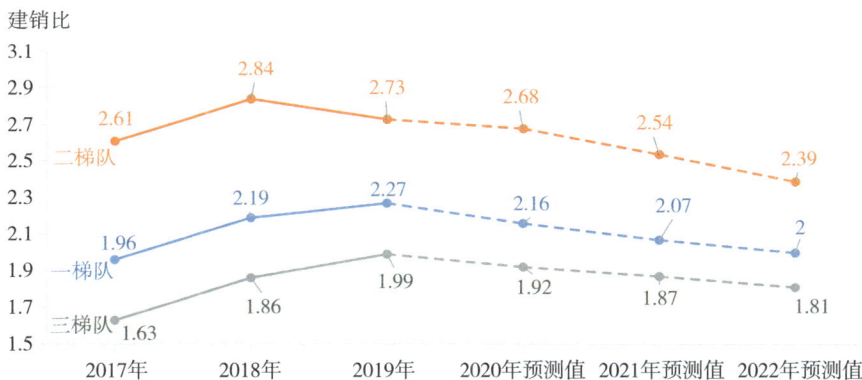

图 18-6　2017—2022 年头部房企建销比趋势

2017—2022年，二梯队整体建销比在三个梯队中居高，因为二梯队的房企在装备式建造、绿色建造中投入较多。

2020年4月14日，住建部官方正式公布将《装配式住宅建筑检测技术标准》作为行业标准，积极推动绿色建造发展，促进建筑业转型升级。2020—2022年，一、二、三梯队房企将响应国家政策要求，加强各方面资源配置力度，装配式和绿色建造力度会越来越高，各地封顶前销

售限制将被慢慢弱化，销售速度有望得到提升，建销比会逐步走低。

七、现金短债比：三个梯队均小幅增长，三梯队现金回笼能力强

一梯队在 2017—2022 年现金短债比走势较为稳定，且在行业正常水平内，说明一梯队房企现金与短债的平衡能力更好。2019 年，一梯队指数达到最低值 1.48。三个梯队的 15 家房企中，只有 2 家房企的现金短债比小于 1——恒大 0.6 和融创 0.9，这两家房企都在一梯队，从而拉低了一梯队整体的现金短债比均值（见图 18-7）。

现金短债比

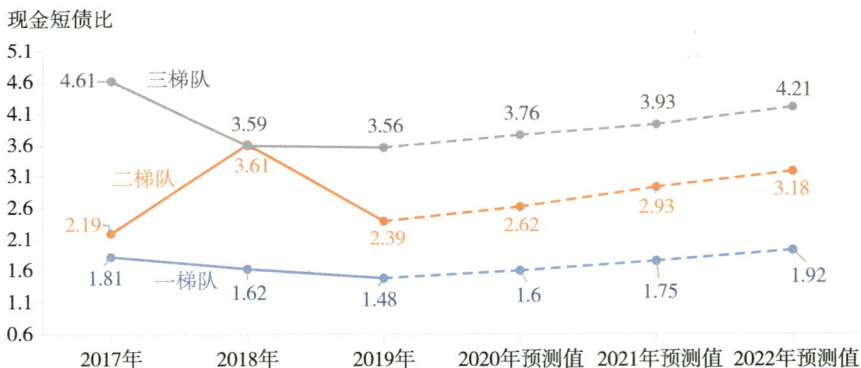

图 18-7　2017—2022 年头部房企现金短债比趋势

二梯队 2017—2018 年现金短债比急速上升的原因是，2018 年销售增长率快速上升、存销比下降。这一年，一、三梯队在各个方面或多或少都受到了调控的影响，而拥有央企或国企背景的二梯队房企则更为稳重，销售去化最快，所以销售回款也较多。

三梯队现金短债比整体上比一、二梯队房企要好，其原因是：三梯队以民企居多，现金回笼能力强，在手现金对流动负债的覆盖能力较好，偿还短期债务的能力相对较高。

2018—2019 年，一、二、三梯队的现金短债比都在下降，大多数房企是以巨额负债为代价来推动规模增长的。这段时间，市场遇冷以及融资监管力度的加强，增加了企业获取资金的难度，从而导致大部分头部房企现金短债比下降。

2020—2022 年，一、二、三梯队的现金短债比都有望呈现逐年上升的趋势，主要原因是：2020 年市场回温，政策有所放松，头部房企在融资端具有优势，自身主体信用强，更容易获取资金，能更好地控制债务结构，将短期债务占比控制在合理期间，以此平抑短期偿债压力。

八、净利润率：三个梯队保持低增长，二梯队央企国企盈利居高

一梯队的房企以均衡型和高周转型居多，整体净利润率在 2017—2022 年都会保持平稳，但比二、三梯队净利润率要低；二、三梯队的房企以利润型房企居多，且二梯队五家房企中有四家都是央企国企，利润把控能力更好，其净利润率将比三梯队的民企还要高（见图 18-8）。

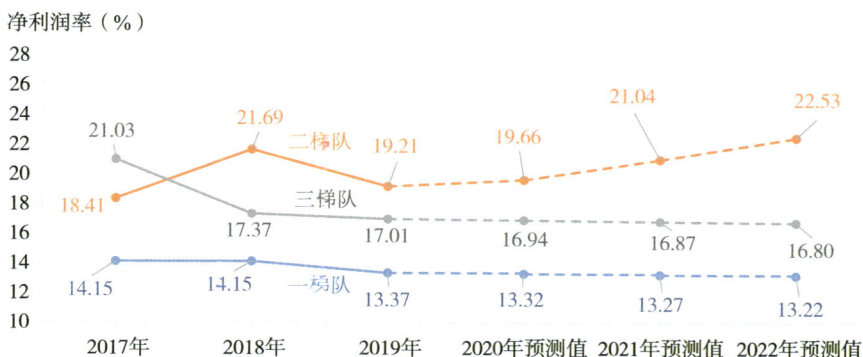

净利润率（%）

图 18-8   2017—2022 年头部房企净利润率趋势

二梯队房企 2018 年净利润率出现小波峰，其原因是：与前文销售

面积增长率的情况类似，面对 2018 年特殊时点，二梯队房企的净利润率依然能够逆势上扬。

三梯队 2017—2019 年净利润率下滑，其原因在于：受 2018 年信贷市场的调控持续影响，融资成本持续增加，企业的赢利空间受到挤压。

2020—2022 年，整个行业的净利润率将以 0.4% 左右的速度震荡下行，其中，二梯队房企的净利润率或将保持低增长的趋势。

九、管理费用率：三个梯队走势平稳下降，二梯队房企综合治理水平最高

三梯队的管理费用率比一、二梯队高，2017—2018 年的管理费用率呈上升趋势。三梯队房企为了实现销售规模，扩张得太快，利润被组织、管理性的费用消耗得太多，导致管理费用率升高（见图 18-9）。

管理费用率（%）

图 18-9　2017—2022 年头部房企管理费用率趋势

二梯队的管理费用率比一、三梯队低，且 2017—2022 年管理费用率变化幅度不大，保持得比较稳定。央企国企在成本的控制方面更占据优势，体制健全，管理水平更好，综合治理水平高，能够用更少的人做更多的事。

一梯队2017—2019年管理费用率逐步下降，加强管理费用控制是提高企业赢利水平和竞争力的重要方式。这段时间，在资金成本明显上涨的情况下，一梯队通过提升管理水平、控制管理费用来保持自身的赢利水平。

2020—2022年，一、二、三梯队管理费用率或将呈微幅下降趋势，它们未来在管理运营方面尚有较大提升空间。

十、营销费用率：三个梯队有小幅增长，三梯队营销费用率逐步走高

从梯度上看，一梯队比二、三梯队的营销费用率高，2017—2019年营销费用率急速下降后又回升，反映了一梯队受到2018年政策调控的影响，其营销策略相对保守，销售增长率也急剧下降。所以，一梯队2018年营销费用率下降，2019年营销费用率有所回升（见图18-10）。

营销费用率（%）

图18-10　2017—2022年头部房企营销费用率趋势

三梯队营销费用率呈逐步上升的趋势，走势与其存销比走势一致。多数房企营销费用率上升，其存销比也相对提升，部分房企可能存在产品滞销，销售压力大，所以需要提高营销力度。

2020—2022 年，一、二、三梯队营销费用率有望保持微幅上升趋势。2020 年，受新冠肺炎疫情影响，一、二、三梯队的房企更关注货值去化，非常重视营销策略的制定。多家房企转向线上营销推广，完善"线上＋线下"营销闭环，打通销售渠道，拓展更多客源，确保实现销售目标。

十一、财务费用率：三个梯队走势平稳下降，三梯队房企资金管理能力较好

在三个梯队中，一梯队财务费用率居高，且波动最大，2017 年财务费用率最高达 2.78%。2017 年是一梯队房企中碧桂园、万科、恒大破 5 000 亿元销售规模，融创和保利破 3 000 亿元销售规模的时点，正值行业高速发展期。销售规模的突破，需要大量的资金进行投资建设，因此融资成本有所上升。另外，负债总额上涨也是造成其财务费用上涨的主要因素。2017 年，一梯队因借贷款所带来的财务压力过大，故其为高负债而支付的利息也较多（见图 18-11）。

财务费用率（%）

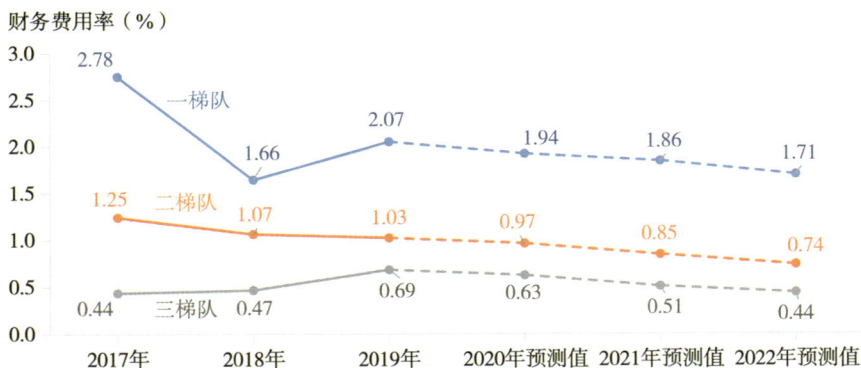

图 18-11　2017—2022 年头部房企财务费用率趋势

因为调控，一梯队 2017—2018 年财务费用率回落。2018—2019 年，

房企财务费用率又有所升高——房企拿地多自然推动了融资需求，房企的资金压力越来越大。

三梯队财务费用率比一、二梯队低。三梯队销售回款能力强，偿债能力强，资金管理能力较好，资金压力相对较小，低杠杆、低负债，财务费用率自然也较低。

结合多种因素影响，在"三道红线"高压之下，2020—2022 年，一、二、三梯队的房企财务费用率或将有所下降。

总结

研究发现，一梯队杠杆能力保持最佳，现金与短债平衡能力好，债务结构稳健。2020—2022 年，一梯队发展能力有望得到快速提升，其四大核心能力发展良好且均衡。

二梯队的销售权益比和净利润率最高，存销比走低，管理费用率最低，企业综合治理水平较高。2020—2022 年，二梯队赢利能力和杠杆能力双项能力或将达到优秀。

三梯队赢利能力突出，现金回笼能力强，现金短债比较高，财务费用率最低，资金管理能力较好。2020—2022 年，其四大核心能力有望发展良好且均衡。

第二节　十大房企运营指标参考

我们梳理总结了前 10 强房企的运营指标数值（见表 18-1 ~ 表 18-10），另外提供了一份"运营指标字典"（见表 18-11），为经营决策者提供参考。

表 18-1　碧桂园运营指标参考

| 运营指标 | | 2016 年 | 2017 年 | | 2018 年 | | 2019 年 | | 增长率 |
		数值	数值	增长率	数值	增长率	数值	增长率	均值
投储	投资规模（万平方米）	7 446	7 079	−5%	5 150	−27%	4 253	−17%	−16%
	投销比	1.97	1.17	−40%	0.66	−43%	0.49	−25%	−36%
	土储规模（万平方米）	16 604	28 183	70%	24 064	−15%	25 856	7%	21%
	储销比	4.39	4.65	6%	3.11	−33%	2.99	−4%	−10%
销回存	销售额（亿元）	3 088.4	5 508	78%	7 286	32%	7 715	—	39%
	权益金额（亿元）	2 352	3 961	68%	5 019	27%	5 522	10%	35%
	权益比	0.76	0.72	−5%	0.69	−4%	0.72	4%	−2%
	销售面积（万平方米）	3 782.7	6 066	60%	7 730	27%	8 630	12%	33%
	回款规模（亿元）	2 842.8	5 003.3	76%	5 412.9	8%	5 898.6	9%	31%
	回款率（%）	92	91	1%	74	−19%	76	3	−5%
	存货规模（亿元）	2 494.72	3 930.6	58%	6 801	73%	8 678.6	28%	53%
	存销比	0.81	0.71	−12%	0.93	31%	1.12	21%	13%
盈支	净利润率（%）	8.92	12.6	31%	12.73	1%	12.57	−1%	10%
	管理费用率（%）	3.24	3.63	12%	4.35	20%	3.6	−17%	5%
	营销费用率（%）	4.82	4.38	−10%	3.28	−25%	3.36	2%	−11%
	财务费用率（%）	0.86	0.95	10%	1.94	104%	1.74	−8%	35%
	现金规模（亿元）	964.91	1484.02	54%	2 425.43	63%	2 683.48	11%	43%
	现金短债比	—	2.17	—	1.92	−12%	2.3	20%	4%
	净负债率（%）	—	56.9	—	49.62	−13%	46.33	−7%	−10%

数据来源：企业年报、Wind。

表 18-2　万科地产运营指标参考

| 运营指标 | | 2016 年 | 2017 年 | | 2018 年 | | 2019 年 | | 增长率 |
		数值	数值	增长率	数值	增长率	数值	增长率	均值
投储建	投资规模（万平方米）	3 157.3	2 615.4	−17%	4681	79%	3 716.5	−21%	14%
	投销比	1.14	0.73	−35%	1.12	53%	0.9	−20%	−0.7%
	土储规模（万平方米）	8 518.6	9 868.6	16%	11 259	14*	12 031	7%	12%
	储销比	3.08	2.74	−11%	2.79	2%	2.93	5%	1%
	地货比	0.54	0.54	0	0.36	−33%	0.41	14%	6%
	开工规模（万平方米）	3 136.75	3 651.6	16%	4 993	37%	4 241.1	−15%	13%
	开销比	1.13	1.01	−11%	1.23	22%	1.03	−16%	0%
	在建规模（万平方米）	5 442.4	3 257.6	−40%	4 975	53%	6 143.9	23%	12%
	建销比	1.97	0.91	−54%	1.23	35%	1.49	21%	0.7%
销回存	销售额（亿元）	3 647.7	5 298.8	45%	6 070	15%	6 308.4	4%	21%
	权益销售额（亿元）	2 605.5	3 772.1	45%	4 248	13%	4 102.9	−3%	18%
	权益比	0.71	0.71	0	0.7	−1%	0.65	−7%	−3%
	销售面积（万平方米）	2 765.4	3 595	30%	4 038	12%	4 112	2%	15%
	回款规模（亿元）	2 865.3	3 684	29%	3 981	8%	4 327	9%	15%
	回款率(%)	79	70	11%	70	0	70	0	4%
	存货规模（亿元）	4 673.61	5 980.9	28%	7 503	25%	8 970.2	20%	24%
	存销比	1.28	1.13	−11%	1.24	9%	1.42	14%	4%
结盈支	交付结转规模（万平方米）	2 053.3	1 980.5	−4%	2 191	11%	2 460.3	12%	6%
	结转率（%）	74	55	26%	54	−2%	60	11%	12%
	管理费用率（%）	2.82	3.65	29%	3.79	4%	3.28	−13%	7%
	营销费用率（亿元）	2.14	2.57	20%	2.64	3%	2.45	−7%	5%
	财务费用率	0.66	0.85	29%	2.01	136%	1.56	−22%	47.7%
	现金规模（亿元）	870.32	1 741.2	100%	1 884	8%	1 662	−12%	32%
	现金短债比	1.85	2.65	43%	2.37	−11%	1.71	−28%	1%
	净利润率（%）	11.78	15.31	30%	16.55	8%	14.98	−9%	10%
	净负债率（%）	25.87	9.39	−64%	31.16	232%	34.84	12%	60%

数据来源：企业年报、Wind。

表 18-3　中国恒大运营指标参考

运营指标		2016 年 数值	2017 年 数值	2017 年 增长率	2018 年 数值	2018 年 增长率	2019 年 数值	2019 年 增长率	增长率 均值
投储建	投资规模（万平方米）	10 238	12 600	23%	4 933	−61%	6 703	39%	0.3%
	投销比	2.29	2.5	9%	0.9	−64%	1.2	33%	−7.3%
	土储规模（万平方米）	22 900	31 200	36%	30 300	−3%	29 300	−3%	10%
	储销比	5.12	6.2	21%	5.8	−6%	5	−14%	0.3%
	地货比	0.24	0.2	0	0.2	0	0.2	0	0
	开工规模（万平方米）	5 137.5	9 631	87%	7 567	−21%	6 513	−14%	17%
	开销比	1.15	1.91	66%	1.44	−25%	1.11	−23%	6%
	在建规模（万平方米）	8 036.5	8 170	2%	8257	1%	6 454	−22%	−6%
	建销比	1.8	1.62	−10%	1.57	−3%	1.1	−30%	−14%
销存	销售额（亿元）	3 733.7	5 010	34%	5 513	10%	6 011	9%	18%
	权益金额（亿元）	3 550.6	4 880	37%	5 241	7%	5 782	10%	18%
	权益比	0.95	0.97	2%	0.95	−2%	0.96	1%	0.3%
	销售面积（万平方米）	4 469	5 030	13%	5 243	4%	5 846	12%	10%
	存货规模（亿元）	6 588.57	9 536.47	45%	10 900	14%	13 300	22%	27%
	存销比	1.76	1.9	8%	1.98	4%	2.21	12%	8%
盈支	净利润率（%）	8.28	11.89	44%	14.22	20%	7	−51%	4%
	管理费用率（%）	4.51	3.93	−13%	3.16	−20%	4.13	31%	−1%
	营销费用率（%）	7.51	5.52	−26%	3.86	−30%	4.86	26%	−10%
	财务费用率（%）	2.5	2.48	−0.8%	1.71	−31%	3.66	114%	27%
	现金规模（亿元）	3 043.29	2 877.22	−5%	2 042.09	−29%	2 287.67	12%	−7%
	现金短债比	—	0.8	—	0.41	−48%	0.61	48%	0%
	净负债率（1）	119.8	183.7	53%	151.9	−17%	159.3	5%	14%

数据来源：企业年报、Wind。

表 18-4　融创中国运营指标参考

运营指标		2016 年 数值	2017 年 数值	2017 年 增长率	2018 年 数值	2018 年 增长率	2019 年 数值	2019 年 增长率	增长率 均值
投储	投资规模（万平方米）	1 967	6 764.2	244%	4 820	−29%	5 066.8	5%	−117%
	投销比	2.71	3.07	13%	1.6	−48%	1.33	−17%	−17%
	土储规模（万平方米）	7 291	14 173	94%	16 561	17%	23 387	41%	51%
	储销比	10.03	6.43	−36%	5.48	−15%	6.14	12%	−13%
	地货比	0.33	0.12	−64%	0.24	100%	0.29	21%	19%
销回存	销售额（亿元）	1 506.2	3 620.1	140%	4 308.3	19%	5 562.1	29%	63%
	权益金额（亿元）	1 012.3	2 595.3	156%	3 262	28%	3 834.3	18%	67%
	权益比	0.67	0.72	7%	0.76	6%	0.69	−9%	1%
	销售面积（万平方米）	726.7	2203	203%	3 020	37%	3 809	26%	89%
	回款规模（亿元）	80.3	831.6	936%	632.5	−24%	404.6	−36%	292%
	回款率（%）	5.3	23	334%	14.7	−36%	7.3	−50%	83%
	存货规模（亿元）	1 306.21	3 140.32	140%	3 392.65	8%	4 824.63	42%	63%
	存销比	0.87	0.87	0	0.79	−9%	0.87	10%	0.3%
盈支	交付结转规模（万平方米）	216.1	486	125%	951.5	96%	1 200.1	26%	82%
	结转率（%）	29.7	22.1	−26%	31.5	43%	31.5	0	6%
	净利润率（%）	8.23	17.5	113%	13.8	−21%	16.37	19%	37%
	管理费用率（%）	3.75	8.34	122%	5.82	−30%	4.81	−17%	25%
	营销费用率（%）	2.56	5.13	100%	3.45	−33%	3.58	4%	24%
	财务费用率（%）	6.04	8.02	33%	1.34	−83%	2.28	70%	7%
	现金规模（亿元）	698.13	967.19	39%	1 201.98	24%	1 257.31	5%	23%
	现金短债比	—	1.22	—	1.3	7%	0.93	−28%	−10%
	净负债率（%）	—	317	—	149	−53%	176.4	18%	−17%

数据来源：企业年报、Wind。

表 18-5　保利发展运营指标参考

| 运营指标 | | 2016 年 | 2017 年 | | 2018 年 | | 2019 年 | | 增长率 |
		数值	数值	增长率	数值	增长率	数值	增长率	均值
投储建	投资规模（万平方米）	2 404	4 520	88%	3 116	−31%	2 680	−14%	14%
	投销比	1.5	2.02	35%	1.13	−44%	0.86	−24%	−11%
	土储规模（万平方米）	10 160	13 757	35%	15 468	12%	16 230	5%	17%
	储销化	6.35	6.14	−3%	5.59	−9%	5.2	−7%	−6%
	地货比	0.39	0.44	13%	0.42	−5%	0.39	−7%	0.3%
	开工规模（万平方米）	2 039	3 075	51%	4 396	43%	4 983	13%	36%
	开销比	1.28	1.37	7%	1.59	16%	1.6	1%	8%
	在建规模（万平方米）	5 708	7 504	31%	10 390	38%	13 158	27%	32%
	建销比	3.56	3.35	−6%	3.76	12%	4.21	12%	6%
销回存	销售额（亿元）	2 101	3 092	47%	4 048	31%	4 618	14%	31%
	权益金额（亿元）	1 614	2 237	39%	2 876	29%	3 190	11%	26%
	权益比	0.77	0.72	−6%	0.71	−1%	0.69	−3%	−3%
	销售面积（万平方米）	1 599	2 242	40%	2 766	23%	3 123	13%	25%
	回款规模（亿元）	2 041	2 644	30%	3 562	35%	4 312	21%	29%
	回款率（%）	97	85.5	−12%	88	3%	93	6%	−1%
	存货规模（亿元）	3 033.04	4 396.69	45%	4 745.05	8%	5 840.01	23%	25%
	存销比	1.44	1.42	−1%	1.17	−18%	1.26	8%	−4%
盈支	净利润率（%）	11.03	13.44	22%	13.44	0	15.91	18%	13%
	管理费用率（%）	1.46	1.94	33%	1.81	−7%	1.81	0	9%
	营销费用率（%）	2.29	2.64	15%	3.03	15%	2.83	−7%	8%
	财务费用率（%）	1.44	1.63	13%	1.33	−18%	1.09	−18%	−8%
	现金规模（亿元）	469.84	680.51	45%	1 134.31	67%	1 394.19	23%	45%
	现金短债比	2.96	2.19	−26%	2.12	−3%	1.87	−12%	−14%
	净负债率（%）	55.28	86.45	56%	80.55	−7%	56.91	−29%	7%

数据来源：企业年报、Wind。

表 18-6　中海地产运营指标参考

| 运营指标 | | 2016 年 | 2017 年 | | 2018 年 | | 2019 年 | | 增长率 |
		数值	数值	增长率	数值	增长率	数值	增长率	均值
投储建	投资规模（万平方米）	972	1 741	79%	1 764	1%	1 146	−35%	15%
	投销比	0.7	1.2	71%	1.1	−8%	0.6	−45%	6%
	土储规模（万平方米）	5 677	6 375	12%	7 010	10%	6 522	−7%	5%
	储销比	4.4	4.4	0	4.4	0	3.6	−18%	−6%
	开工规模（万平方米）	690	1 954	183%	2 375	22%	2 157	−9%	65%
	储销比	0.53	1.33	151%	1.49	10%	1.2	−19%	47%
	竣工规模（万平方米）	1 335	1 135	−15%	1 364	20%	1 634	19%	8%
	竣销比	1.02	0.78	−24%	0.86	10%	0.91	6%	−3%
销回存	销售额（亿元）	1 923	2 119	10%	2 750	30%	3 444	25%	22%
	权益金额（亿元）	1 875	1 182	−37%	2 512	113%	3 084	23%	33%
	权益比	0.98	0.56	−43%	0.91	63%	0.9	−1%	6%
	销售面积（万平方米）	1 304	1 466	12%	1 593	9%	1794	13%	11%
	回款规模（亿元）	1 725	1 770	3%	2 488	41%	2 991	20%	21%
	回款率（%）	89.7	83.5	−7%	90.4	8%	86.8	−4%	−1%
	存货规模（亿元）	2 618	3 356	28%	3 598	7%	4 090	14%	16%
	存销比	1.36	1.58	16%	1.31	−17%	1.19	−9%	−3%
盈支	净利润率（%）	14.43	21.87	52%	27.4	25%	20.23	−26%	17%
	管理费用率（%）	1.01	1.57	55%	2.5	59%	1.04	−58%	19%
	营销费用率（%）	1.45	1.75	21%	2.69	54%	1.59	−41%	11%
	财务费用率（%）	0.56	0.7	25%	1.01	44%	0.72	−29%	13%
	现金规模（亿元）	1 571.62	1 040.51	−33%	878.85	−15%	954.48	9%	−13%
	现金短债比	4	3.42	15%	6.57	92%	2.98	−55%	17%
	净负债率（%）	—	27	—	33.7	25%	33.7	0	12%

数据来源：企业年报、Wind。

表 18-7 新城控股运营指标参考

	运营指标	2016 年	2017 年		2018 年		2019 年		增长率
		数值	数值	增长率	数值	增长率	数值	增长率	均值
投储建	投资规模（万平方米）	1 424.2	3 392.8	138%	4 773.2	41%	2 508.4	−47%	44%
	投销比	2.5	3.7	48%	2.6	−30%	1	−62%	−15%
	土储规模（万平方米）	3 531.2	6 005	70«	10 952.1	82%	12 358.7	13%	55%
	储销比	6.14	6.47	7%	6.04	−6%	5.1	−15%	−5%
	开工规模（万平方米）	850	2 066.3	143%	4 957.3	140%	3 197.8	−35%	83%
	开销比	1.47	2.22	51%	2.74	23%	1.31	−52%	7%
	在建规模（万平方米）	1 307.4	2 665.6	104%	7 158.9	169%	8 497.8	19%	97%
	建销比	2.27	2.87	26%	3.95	38%	3.49	T2%	52%
销回存	销售额（亿元）	650.6	1 264.7	94%	2 211	75%	2 708	22%	64%
	权益金额（亿元）	570.4	942.1	65%	1 698	80%	2 016	19%	55%
	权益比	0.88	0.74	−16%	0.77	4%	0.74	−4%	−5%
	销售面积（万平方米）	575	928	61%	1 812	95%	2 432	34%	63%
	回款规模（亿元）	382.4	555	45%	1 057	90%	1 666	58%	64%
	回款率（%）	58.8	43.9	−25%	47.8	9%	61.5	29%	4%
	存货规模（亿元）	394.93	763.79	93%	1 455.73	91%	2 312.59	59%	81%
	存销比	0.61	0.6	−2%	0.66	10%	0.85	29%	12%
盈支	交付结转规模（万平方米）	326	507.8	56%	574.6	13%	1 149.2	100%	56%
	结转率（%）	56.7	54.7	−3%	31.7	−42%	47.3	49%	4%
	净利润率（%）	11.28	15.44	37%	22.55	46%	15.52	−31%	17%
	管理费用率（%）	4.54	4.89	8%	4.18	−15%	4.44	6%	3%
	营销费用率（%）	3.69	4.38	19%	4.18	−5%	5.09	22%	12%
	财务费用率（%）	0.97	1.1	13%	1.55	41%	1.04	−33%	1%
	现金规模（亿元）	134.01	219.47	64%	454.09	107%	639.41	41%	71%
	现金短债比	1.49	1.46	−2%	3.08	111%	2.22	−28%	27%
	净负债率（%）	85.2	63	26%	49.2	−22%	16.36	−67%	−39%

数据来源：企业年报、Wind。

表 18-8 世茂房地产运营指标参考

	运营指标	2016 年	2017 年		2018 年		2019 年		增长率
		数值	数值	增长率	数值	增长率	数值	增长率	均值
投储建	投资规模（万平方米）	396	1 060	168%	1615	52%	3 092	91%	103%
	投销比	0.51	1.8	72%	1.5	−17%	2.1	40%	32%
	土储规模（万平方米）	3 079	4 790	56%	5 538	16%	7 679	39%	37%
	储销比	3.97	7.9	98%	5.2	−34%	5.2	0	21%
	地货比	—	0.7	—	0.3	−57%	0.3	0	−19%
	在建规模（万平方米）	—	1416.8	—	1 833.3	29%	2 885.7	57%	29%
	建销比	—	2.34	—	1.72	−26%	1.96	14%	−4%
销回存	销售额（亿元）	681.2	1 007.7	48%	1761.5	75%	2 600.7	48%	57%
	权益金额（亿元）	607	882	45%	1 523	73%	1 825.5	20%	46%
	权益比	0.89	0.88	−1%	0.86	−2%	0.7	−19%	−7%
	销售面积（万平方米）	492	606	23%	1 069	77%	1 469	37%	46%
	回款额（亿元）	600	807	31%	1 374	70%	1 950	42%	48%
	回款率（%）	88	80	−9%	78	−3%	75	−4%	−5%
	存货规模（亿元）	376.7	122	−68%	135	10%	169	25%	−11%
	存销比	0.55	0.12	−78%	0.08	−33%	0.07	−13%	−41%
盈支	净利润率（%）	12.66	15	18%	14.39	−4%	17.91	24%	13%
	管理费用率（%）	5.16	4.98	−3%	3.98	−20%	4.09	3%	−7%
	营销费用率（%）	2.28	2.07	−9%	2.36	14%	1.82	−23%	−6%
	财务费用率（%）	1.98	1.88	−5%	0.39	−79%	1.61	312%	76%
	现金短债比	1.24	1.8	45%	1.58	−12%	1.38	−13%	7%
	净负债率（%）	50.87	55.47	11%	56.57	0	59.7	6%	6%

数据来源：企业年报、Wind。

表 18-9　华润置地运营指标参考

	运营指标	2016 年 数值	2017 年 数值	2017 年 增长率	2018 年 数值	2018 年 增长率	2019 年 数值	2019 年 增长率	增长率均值
投储	投资规模（万平方米）	1 052	1 196.6	12%	2 213	85%	2 020	−9%	29%
	投销比	1.4	1.25	−11%	1.84	47%	1.52	−17%	6%
	土储规模（万平方米）	4 485	4 897.8	9%	5 957	22%	6 868	51%	27%
	储销比	5.8	5.1	−12%	5	−2%	5.2	4%	−3%
	地货比	0.43	0.6	50%	0.4	0%	0.4	0%	17%
销存	销售额（亿元）	1 080.4	1 521.2	41%	2 106.8	38%	2 425	15%	31%
	权益金额（亿元）	929	1 300.3	40%	1 811.2	39%	1 675.5	−7%	24%
	权益比	0.86	0.85	−1%	0.86	1%	0.69	−20%	−7%
	销售面积（万平方米）	776	954.3	23%	1 198.9	26%	1 324.8	11%	20%
	存货规模（亿元）	1 964.25	2 244.44	14%	3 055.95	36%	3 562.1	17%	22%
	存销比	1.82	1.48	−19%	1.45	−2%	1.47	1%	−7%
结支	交付结转规模（万平方米）	733	721	−2%	608	−16%	754	24%	2%
	结转率（%）	94	76	−19%	51	−33%	57	12%	−13%
	净利润率（%）	20.45	21.32	4%	22.43	5%	23.16	3%	4%
	管理费用率（%）	2.8	3.54	26%	3.42	−3%	3.87	13%	12%
	营销费用率（%）	2.95	3.27	11%	3.43	5%	3.41	0%	5%
	财务费用率（%）	1.13	1.3	15%	1.31	1%	0.76	−42%	−9%
	现金规模（亿元）	466.74	537.74	15%	709.69	32%	636.99	−10%	12%
	现金短债比	—	2.09		3.21	53%	2.98	−7%	23%
	净负债率（%）	—	36		33.8	−6%	30.3	−10%	−8%

数据来源：企业年报、Wind。

表 18-10　龙湖集团运营指标参考

	运营指标	2016 年 数值	2017 年 数值	2017 年 增长率	2018 年 数值	2018 年 增长率	2019 年 数值	2019 年 增长率	增长率均值
投储	投资规模（万平方米）	1 255	2 023	61%	2 189	8%	1 731	−21%	16%
	投销比	2.08	1.89	−9%	1.77	−6%	1.21	−32%	−16%
	土储规模（万平方米）	4 147	5 458	32%	6 636	22%	6 814	3%	19%
	储销比	6.9	5.1	−26%	5.36	5%	4.78	−11%	−11%
	地货比	0.28	0.4	43%	0.3	−25%	0.4	33%	17%
销存	销售额（亿元）	881.4	1561	77%	2 006	295	2 425	21%	42%
	权益金额（亿元）	652	1 092.2	67%	1 405	29%	1 703	21%	39%
	权益比	0.74	0.7	−6%	0.7	0%	0.7	0%	−2%
	销售面积（万平方米）	602	1 070	78%	1 236	16%	1 424	15%	36%
	存货规模（亿元）	1 005.12	1 630	62%	2 473.89	52%	3 319.73	34%	49%
	存销比	1.14	1.04	−8%	1.23	18%	1.37	11%	7%
结支	净利润率（%）	18.1	22.77	26%	17.96	−21%	17.54	−2%	1%
	管理费用率（%）	3.68	4.51	23%	4.63	3%	4.3	−7%	6%
	营销费用率（%）	2.6	2.48	−5%	2.74	10%	2.66	−3%	1%
	财务费用率（%）	0.1	0.06	−40%	0.06	0%	0.05	−16%	−19%
	现金规模（亿元）	173.55	267.61	54%	452.64	69%	609.52	35%	53%
	现金短债比	—	4.79		3.85	−19%	4.38	13%	−3%
	净负债率（%）	—	47.7		52.9	10%	51	−3%	−4%

数据来源：企业年报、Wind。

表 18-11　运营指标字典

指标名称	单位	取值来源	计算公式
投资规模	万平方米	取值房企年报，本年新增土储面积	签约销售面积 × 投销比
投销比	—	以销定投	新增土储面积 / 签约销售面积
土储规模	万平方米	取值房企年报，本年总土储面积	签约销售面积 × 储销比
储销比	—	衡量储销合理性	总土储面积 / 签约销售面积
地货比	—	反映资金投入与土地质量	本年拿地均价 / 本年销售均价
权益比	—	反映房企土地权益占比	权益金额 / 合同销售金额
开工规模	万平方米	取值房企年报，本年新开工面积	新开工面积 × 储销比
开销比	—	反映存地周转速度	新开工面积 / 签约销售面积
在建规模	万平方米	取值房企年报，本年度在建面积（不含累计在建）	签约销售面积 × 建销比
建销比	—	反映在建周转速度	本年在建面积 / 签约销售面积
销售额	亿元	取值房企年报，本年签约金额（不含累计销售额），已签订商品房买卖合同中的签约面积	—
销售面积	万平方米	取值房企年报，本年签约面积（不含累计销售额），已签订商品房买卖合同中的签约面积	—
回款规模	亿元	取值房企年报，本年销回款额，或企业现金流表中"销商品或提供劳务的收入"指标	签约销售金额 × 回款率
回款率	%	反映当年签约当年回款的效率	销售回款额 / 签约销售金额
存货规模	亿元	取值房企年报，资产负债表中的"存货"指标	—
结转规模	万平方米	取值房企年报，本年正式交付的建筑面积（不含累计结转）	签约销售面积 × 结转率
结转率	%	反映结转效率	结转面积 / 签约销售面积
净利润率	%	取值 Wind，房企赢利能力分析，当年净利润与营收入的比率	净利润 / 营业总收入
管理费用率	%	取值 Wind，包括人工费用、行政费用、折旧摊销及公共宣传费、开办费等，不包含开发间接费；管理费用与签约金额的比率	管理费用 / 营业总收入
营销费用率	%	取值 Wind，包括营销设施建造费、装修费、营销推广费、护日摊销、客服费用等；营销费用与签约金额的比率	营销费用 / 营业总收入
财务费用率	%	取值 Wind，企业在生产经营过程中为筹集资金而发生的各项费用	财务费用 / 营业总收入
现金规模	亿元	取值房企年报的资产负债表中"货币资金""现金及现金等价物"指标	—
现金短债比	—	取值 Wind，反映资金安全性。现金短债比是企业在一定时期内，货币资金同流动短期负债的比率，它可以从现金流角度来反映企业当期偿付短期负债的能力	货币资金 / 短期债务
净负债率	%	取值 Wind，参考设定房企经营安全线。净负债率也叫净借贷比率，是一个更能反映房企债务真实情况的指示	（有息负债 − 货币资金）/ 所有者权益

数据来源：企业年报、Wind。

附件

2020 年下半年，房地产融资监管新规要求控制房地产企业有息债务增长，并设置了"三道红线"。以"三道红线"为标准，我们根据龙头房企年报、中报、业绩交流会等公开信息，梳理出地产行业的十大变化、十大风险和十大判断。

一、融资监管的三道红线

融资监管的三道红线如下：

- 红线一：剔除预收款的资产负债率不得大于 70%。
- 红线二：净负债率不得大于 100%。
- 红线三：现金短债比不得小于 1。

根据"三道红线"的触线情况，监管部门将房企分为"红、橙、黄、绿"四档：

- 红色档：如果三道红线都触碰到了，则不得新增有息负债；
- 橙色档：如果碰到两道线，负债年增速不得超过 5%；
- 黄色档：碰到一道线，负债年增速不得超过 10%；
- 绿色档：三道线都未碰到，负债年增速不得超过 15%。

二、地产经营管理十大变化

- 政策趋严：年度调控从前松后紧到一严到底。
- 现金为王：从追求扩张速度到追求回款、回款、回款。
- 业绩增速：前 30 强房企平均业绩增速从 40% 下降到 10%。
- 投资拿地：投销比从 60% 下降到 30%。
- 集中度：前 30 强房企市场占有率年均提升 7%。
- 城市布局：一二线、三四线，都有机会都有坑。
- 布局策略：从全国扩张到聚焦深耕。
- 拿地方式：从并购火热到城市更新火热。
- 产品策略：严守产品底线，提升产品力。
- 多元化：回归基本盘，收缩多元化。

三、地产经营管理十大风险

- 资金回笼：回款率低于 50%。
- 销售去化：开盘首月去化率低于 50%。
- 运营资金：销售回笼资金低于 50%。
- 投资质量：地王项目货值超过 20%。
- 现金流：经营现金流连续 3 年为负。
- 偿债能力：手上现金短债比小于 1。
- 负债水平：净资产负债率超过 100%。
- 融资成本：融资成本超过 15%。
- 合作风险：合作项目占比高于 40%。
- 建造质量：同一城市被业主群诉 3 次。

四、地产经营管理十大判断

- 趋势判断：挑战大于机遇，市场不再单边上扬。
- 市场判断：一二线、三四线，城市轮动仍要把握。
- 土地市场：土地市场上半年热，下半年稳。
- 投资机会：投资机会和并购机会共存，竞争力度加大。
- 拿地方式：城市更新成为高利润项目的拿地热选。
- 融资政策：越收越紧，数量化，常态化。
- 融资判断：优质资产需求越来越旺盛。
- 持有经营：商业运营持续加码。
- 产品回归：回归刚改，回归地段、价格、质量。
- 经营趋势：少投资、多卖房、快回款。

后记　万亿时代的数智化起点

房企销售规模的万亿门槛就在眼前。

碧桂园，将在 2021 年第一个越过 1 万亿元。

恒大，将在 2022 年实现 1 万亿元。

万科、融创将在 2023 年突破 1 万亿元。

行业排名第十的龙湖，大概率会在 2027 年超 1 万亿元。

万亿时代，房企巨头们在智能化经营决策上的一个重要赛点是预见性决策。总裁们期望用数智化决策为经营管理装上望远镜、显微镜和雷达系统。富有远见的房企管理者们，纷纷规划投入数十亿元，进行长达十年的战略探索和突破。

以实时数据驱动为基础，以预测、预演、预警、预控为手段的新一代管理决策数智化，实现全层级、全流程、全天候，覆盖业务流、财务流和审批流，让经营管理从事后考核、过程管控向预见性决策转变。我们把这套体系叫作"预见性经营决策 4P 体系"。

在预测方面，以实时数据为基础的投资决策模型，更容易获得投资总、运营总、营销总、工程总们的公认。只要在线上跑一遍，房企基本能够确保拿地质量，从而避免投决会上的明争暗斗。

在预演方面，以集团三年战略目标为抓手，4P 体系将助力房企深挖企业潜能，提前破除潜在风险与内耗，朝着共同目标奋楫前进。

在预警方面，基于内外部数据的经营平台，4P 体系可以对各区的销量进行分析和监控。如果销售情况异常，它就会及时预警，并把自动寻源的结论和处理方案及时反馈给相关负责人。

在预控方面，头部房企正在尝试通过全面预算、经营标尺和业财一体化等手段，实现经营决策流程线上固化，从而提前锁定业绩，规避风险。

知易行难。预见性决策不仅仅需要高投入、高起点、高效能，更需要高专注、高韧劲、高策略。本书尝试把行业的最新实践经验梳理总结，为决策者提供参考。

让我们携手，共同掀起地产数智化经营的新篇章。

注：本文还引用了少量未能查到出处的图片和资料，请相关作者及时联系我们，以便处理。电话：400-112-3968。